Rhint y Gelaets a'r Grug

Tafodiaith Sir Benfro

Rhint y Gelaets a'r Grug

Tafodiaith Sir Benfro

Wyn Owens

Cyflwynaf y gyfrol i drigolion
Mynachlog-ddu heddiw ac yfory.

Diolch o waelod calon i Betty ac Einir am deipio'r llawysgrif wreiddiol
a'i bwydo i'r cyfrifiadur. Mae fy nyled yn fawr i'r ddwy ac oni bai amdanyn nhw
fyddai'r gyfrol ddim wedi gweld golau dydd.

Diolch hefyd i'r rhai y bûm i'n eu holi'n
gyson ynglŷn ag union ystyr rhai geiriau ac ymadroddion.

Diolch i'r Lolfa am ymgymryd â chyhoeddi'r gyfrol.

Argraffiad cyntaf: 2013

Dymuna'r cyhoeddwyr gydnabod cymorth ariannol
Cyngor Llyfrau Cymru

Cynllun y clawr: Huw Aaron

Rhif Llyfr Rhyngwladol: 978 1 84771 684 2

FSC

Cyhoeddwyd, rhwymwyd ac argraffwyd yng Nghymru gan
Y Lolfa Cyf., Talybont, Ceredigion SY24 5HE
gwefan www.ylolfa.com
e-bost ylolfa@ylolfa.com
ffôn 01970 832 304
ffacs 832 782

RHAGAIR

Nid geiriau tafodieithol yn unig a restrwyd yn y gyfrol hon oblegid ceir geiriau sydd yn gyfarwydd ym mha le bynnag y siaredir Cymraeg heddiw. Weithiau ceir arlliw lleol i rai o'r geiriau hynny. Wrth lunio'r casgliad hwn roedd dau nod gen i mewn golwg, sef cyflwyno'r iaith leol i bwy bynnag sydd â diddordeb mewn tafodieithoedd. Ac yn ail, ceisio agor peth o'r drws i'r dysgwyr, fel y caent hwythau flas ar geisio siarad iaith naturiol, bob dydd y rhan hon o'r wlad.

Mae llawer o gyfoeth geirfaol wedi mynd i ddifancoll mae'n sicr ond mae'r casgliad hwn yn rhoi ar gof a chadw y dafodiaith fel y'i clywais ac y'i clywaf hi yn cael ei siarad.

"Hil y gwynt a'r glaw a'r niwl a'r gelaets a'r grug," minte Waldo am drigolion ir ardal in 'i gerdd 'Preseli'. Y gelaets/gellhesg (*yellow flag, Iris pseudacorus*) yw'r blodyn melyn 'na sy'n tiddu ar lan ir afon a miwn manne llaith. Mae e'n cinrichioli'r tir ishel a'r gwrug in cinrichioli'r llethre a copaon i tir uchel. Rhint i ddou wedyn 'te, ma pobol i plwy in byw 'u bowide o ddydd i ddydd, in gwmdeithas sy'n dala'n ddigon parod 'i chwmwynas, er gweitha'r newid jogel y'n ni wedi'i weld in istod i ddeugen mline dwetha 'ma. Rhint i geletsh a'r gwrug fel 'ny 'te, cewch sgap ar Gwmrâg 'Nachlog-ddu a'r gwmdogeth in i casglad hwn sy'n cisho creu pictwr o'r ardal a'i phobol drwy'u geire a'u ffor nwy o weud pethe.

Ma diléit wedi bod 'da fi miwn iaith a geire os wen i'n grwt isgol. Wdw i'n cofio câl en nisgu i reito 'gaeaf' a finne'n ffeili diall, achos 'geia' wen i'n cliwed trw'r amser in en hiaith bob dydd. Cofio wedyn lwêth câl stracen goch trw eire fel 'eirw' a 'lletwith'. Dina'r cifnod in in amser pan droiodd 'wsnoth' in 'wythnos' a'r 'Gwmrâg' in 'Gymraeg'. Wdw i'n falch ofnadw bod y Gwmrâg in câl 'i disgu in ir isgolion ond alla i ddim llai na phoeni bod geire fel 'pilipala' ac 'enfys' in cwmryd lle geire pert fel 'iâr fach ir ha' a 'bwa'r ach'. Ond na fe, dilen i fod in falch bod i plant in pwlffagan a panso i siarad rhyw fath o Gwmrâg na dim Cwmrâg o gwbwl.

Bues i'n ffodus o gâl i nghodi miwn teulu a chwmdogeth wedd in uniaith Gwmrâg mwy neu lai per'ny. We hinny in whechdege'r ganrif ddwetha – biti diwedd ir amser 'ny dachreuodd i mewnlifiad, sy wedi para ers 'ny. In istod im mlinidde dwetha in ir isgol fach dâth tri teulu o Seison i fyw ir ardal gida pedwar plentyn in dou o'r teuluodd a un rhoces in i llall. In ir isgol per'ny we ddim tamed o bwyse o gifeiriad y titshers i ddisgu Cwmrâg i'r plant hyn a wen ni'r plant in galled siarad Sisneg â nw heb unrhw balafa.

Falle wir bo 'i'n ddeugen mline'n rhy ddiweddar i neud i gwaith hwn in iawn, wath per'ny we cenedleth in fang-gu in fyw, cenedleth a siarade'r dafodieth fel pwll i môr a mor naturiol fel na silwen nw arni, os gwedo Waldo am ir heniaith. O wen, wen nw'n diall ir iaith fain in brion ond weni nw'n gwffwrddus in 'i siarad. Ond wedyn wêth, er cistel we'u Cwmrâg, weni nw'n hiderus iawn in honno whaith, a fe gliwen ni nw wastod in gweud na wedd 'u Cwmrâg in ddigon da. We hinny'n tarddu glei o'r diffyg addysg Gwmrâg pan wen nwy in ir isgol. We cwili 'da nw o'r iaith i radde a bidde browlan Cwmrâg o flan rhiwun uniaith Sisneg in ddifaners ofnadw, os nad in beth tshîci ar jain i neud. Ma pethe wedi altro'n jogel ers 'ny a diolch am 'ny weda i, 'no.

Wyn Owens

CYFLWYNIAD

Mae cael eich geni yng Nghymru ac yn siaradwr Cymraeg yn golygu eich bod yn mynd i fod yn ymwybodol o iaith. Mae cael eich geni yn Sir Benfro yn eich gwneud chi ddwywaith yn fwy ymwybodol oherwydd mae'r sir honno yn gartref i ddwy iaith: y Gymraeg a'r Saesneg. Dwi'n gwybod fod hyn yn wir am weddill Cymru bellach, ond rhywbeth diweddar ydyw. Ond yn Sir Benfro mae'r ddwy iaith hyn wedi byw ochr yn ochr â'i gilydd ers cannoedd o flynyddoedd.

Roedd ffin ieithyddol bendant iawn yn arfer rhedeg reit ar draws y sir o'r gorllewin i'r dwyrain (neu o'r dwyrain i'r gorllewin, os yw hynny'n well gyda chi). A'r hyn oedd yn ddiddorol am Sir Benfro yw hyn: er bod siaradwyr Cymraeg a Saesneg yn byw yn agos at ei gilydd yn aml, doedden nhw bron byth yn cymysgu gyda'i gilydd. Er bod y ffin ieithyddol hon rhwng y Gymraeg a'r Saesneg wedi erydu dros y can mlynedd diwethaf, ac yn arbennig ers yr Ail Ryfel Byd, mae unrhyw un o oed arbennig yn cofio yn union lle'r oedd y ffin honno yn rhedeg yn iawn – ble roedd y Gymraeg yn gorffen a'r Saesneg yn dechrau – ac mae'n ymddangos nad oedd y ffin wedi newid llawer iawn am ganrifoedd cyn hynny.

Dyma'r ffordd y disgrifiwyd hyn gan yr hanesydd George Owen o Henllys ym mhlwyf Nanhyfer yn ei waith *The description of Pembrokeshire* a ysgrifennwyd yn 1603.

Now will I speak of the second division thereof, as it now stands divided between the Englishmen and Welshmen of that shire. And first, as before I have declared, the same being in ancient time, inhabited wholly by Welshmen, a great part thereof was won from them by the Englishmen under the conduct of Earl Strongbow and diverse others, and the same planted with Englishmen, whose posterity enjoy it to this day and keep their language among themselves without receiving the Welsh speech or learning any part thereof, and hold themselves so close to the same as that to this day they wonder at a Welshman coming among them, the one neighbour saying to the other: 'Look there goes a Welshman.' The shire is well near equally divided into two parts between English speech and the Welsh, for the hundreds of Castlemartin, Rhos, and all Narberth, excepting the parishes of Llanddewi and Lampeter (Velfrey) and all Daugleddau, excepting the parishes of Llanfallteg, Llangan, Llandysilio, Llanycefn and Crinow, do speak the English, and then the hundreds of Cemais, Cilgerran and Dewisland all the Welsh tongue, so that about seventy-four parishes are inhabited by the Englishmen, and sixty-four parishes mere Welsh, and the rest, about six, speak both languages, being as it were the marches between both those nations. (George Owen, *The description of Pembrokeshire* gol. Dillwyn Miles, 1994)

A'r rhaniad hwnnw rhwng siaradwyr Cymraeg a siaradwyr Saesneg a wnaeth ysbrydoli'r rhigwm bach cyfarwydd am sefyllfa ieithyddol y sir.

Mae dwy ochor yn Shir Bemro,
Un i'r Sais a'r llall i'r Cymro.
Melltith Babel wedi rhannu
Ir hen shir o'r pentigili.

Un o'r pethau sydd wedi gwneud pobl Sir Benfro mor ymwybodol o iaith yw'r ffaith eu bod nhw'n byw gydag iaith arall a bod meddwl am bethau fel hyn yn rhywbeth roedden nhw'n ei wynebu yn aml wrth groesi'r ffin honno o'r gogledd i'r de i fynd i Hwlffordd, Aberdaugleddau, Penfro, Arberth neu Ddinbych-y-pysgod.

Mae'r gyfrol hon yn ymdrin â thafodiaith un o'r ieithoedd hynny, sef y Gymraeg, er y byddai digon i'w ddweud am Saesneg Sir Benfro hefyd. A rhaid cofio nad yw tafodiaith yn dilyn ffiniau y mae unigolion wedi eu gosod ar fap a bod yr hyn sy'n cael ei alw yn iaith Sir Benfro yn ymestyn tu hwnt i'r sir i dde Ceredigion ac i orllewin Sir Gâr. Dyna pam y bydd rhai yn ei galw yn Ddyfedeg yn hytrach na sôn amdani fel iaith Sir Benfro: Dyfedeg am ei bod yn perthyn i'r darn o dir ehangach a gysylltir â theyrnas Dyfed yn bennaf. Ac wrth ichi deithio i'r gogledd a'r dwyrain dim ond yn raddol y mae nodweddion y dafodiaith yn newid – ychydig wrth ychydig – nes eich bod wedi gadael ei thiriogaeth ar ôl ond heb sylwi ar hynny bron.

Mae Christine James a David Thorne yn eu llyfr ar dafodieithoedd yr hen Sir Dyfed yn dweud wrthym am wahanol fathau o dafodiaith:

Iaith pobol mewn ardal arbennig. Fe allwch chi gael tafodiaith pobol sy'n gweithio mewn diwydiant arbennig – un o'r enghreifftiau gorau yw pysgotwyr sy'n treulio amser hir ar y môr. Fe allwch chi gael tafodiaith yn seiliedig ar ddosbarth – mewn llawer man mae is-ddosbarth yn datblygu eu 'hiaith' eu hunain. Efallai taw'r esiampl fwyaf nodedig yr ŷn ni'n gyfarwydd yw *rhyming slang* y cockney. (*Dyfed: golwg ar ei thafodieithoedd*)

Tafodieithoedd daearyddol yn perthyn i ardal arbennig yr ŷn ni'n fwyaf cyfarfwydd â nhw yng Nghymru a dyna yw iaith Sir Benfro. Mae tafodiaith o ddiddordeb i ni am ein bod, oherwydd ein hanes, yn medru adnabod y fan o ble mae pobol yn dod yn ôl y ffordd maen nhw'n siarad Cymraeg. Ac mae tafodiaith Sir Benfro yn bendant yn dweud o ble mae unigolyn yn dod.

Ond sut rydyn ni'n cydnabod bod rhywun yn siarad tafodiaith wahanol? Beth yw'r pethau hynny sy'n cyfrif fel tafodiaith? Beth sy'n gwneud tafodiaith Sir Benfro yn wahanol i dafodieithoedd eraill y Gymraeg? Wrth ddarllen drwy'r llyfr hwn gellid nodi tair nodwedd neu grŵp o nodweddion sy'n 'creu' tafodiaith: geiriau arwahanol neu eiriau ag ystyron gwahanol i'r safonol, sŵn neu acen wahanol, a gramadeg gwahanol.

Mae'r llyfr hwn gan Wyn Owens yn llawn 'hys i fil' o'r geiriau arwahanol hynny a gysylltir â thafodiaith Gymraeg Sir Benfro neu'r Ddyfedeg neu sydd wedi diflannu o Gymraeg y rhan fwyaf o ardaloedd eraill: 'rhocesi' (merched) a 'perci' (caeau), 'feidir' (lôn fferm) a 'bowlyd' (brwnt), 'moddion tŷ' (celfi) a 'phentigili' (bob cam, yr holl ffordd). Wedyn fe geir y geiriau sydd ag ystyr wahanol hefyd: 'jogel' (tipyn) a 'gwylltu' (brys, brysio), 'tewill' (dall) a 'dinion' (pobl); a'r geiriau hynny sydd wedi'u benthyg o Saesneg oherwydd amgylchiadau hanesyddol: 'walpyn' (mawr ei faint) a 'ffrwcs' (sothach mân), 'pâm' (gwely mewn gardd) a 'jocôs' (diddig), 'pango' (cael haint) a 'stîl' (haearn smwddio).

Efallai taw'r nodwedd sydd yn rhoi i iaith Sir Benfro yr enw am fod yn wahanol yw'r hyn sy'n digwydd i'r sŵn sy'n cael ei ysgrifennu 'oe' mewn geiriau unsillafog. Hon yw gwlad y 'wês wês' wedi'r cyfan, lle mae'r 'oe' yn cael ei ddweud fel 'wê' neu 'ŵe'. Felly 'twês' (toes) a 'cwês' (coes), 'pwên' (poen) a 'wên' (oen), 'dwê' (doe) a 'cwêd' (coed) a geir yma. Ond nid yw hyn ond yn digwydd mewn geiriau unsill ac wrth ichi fynd o'r gorllewin i'r dwyrain yn y sir mae'n mynd yn fwy anghyson. Er enghraifft dyna ichi'r gair 'wêr' sy'n rhoi ichi'r ferf 'oiri' ac erbyn ichi gyrraedd y ffin â Sir Gâr fe gewch chi'r ffurf 'ôr' yn cyd-fyw gyda 'wêr' neu'n bodoli ar ei ben ei hunan.

Nodwedd arall sy'n gwneud sŵn yr iaith yn wahanol yw'r duedd i'r sain 'dd' ddiflannu ar ddiwedd gair. Felly 'nedwi' (nodwydd) a 'tewi' (tywydd), 'perfe' (perfedd) ac 'allwe' (allwedd), 'claw' (clawdd) a 'mini/mwni' (mynydd). Ond os ychwanegir terfyniad at y gair, mae'r sain 'dd' yn dod yn ei hôl, felly 'allweddi', 'cloddie' a 'nedwidde'.

Mae'r gair 'mini' yn dangos nodwedd arall yn sŵn iaith Sir Benfro, neu'n hytrach rywbeth sy'n diflannu mewn rhannau helaeth o Gymraeg y sir, sef y sain dywyll 'y' sydd ar ddechrau geiriau fel 'mynydd' neu 'cysgu'. Ar y cyfan ni all siaradwyr Cymraeg Sir Benfro oddef y sain hon a rhaid cael gwared ohoni trwy roi sain arall yn ei lle – weithiau 'i' neu weithiau 'w'. Felly ni fydd neb yn dweud 'mynydd' ond 'mini' neu 'mwni', nid 'cysgu' ond 'cisgu' neu 'cwsgu' ac yn y blaen: 'disgu' (dysgu), 'Cwmrâg' (Cymraeg), 'wmla' (ymladd), 'tiddu' neu 'twddu' (tyfu), 'cinnar' (cynnar), 'isgol' (ysgol), a 'bwgwth' (bygwth).

Mae i'r dafodiaith nodweddion gramadegol neu gystrawennol sydd yn ei gosod ar wahân ac mae Wyn yn tynnu sylw'r darllenydd at nifer ohonynt yn y llyfr. Noda'r Dr Gwenllian M Awberry, arbenigwr ar dafodiaith y sir, taw'r "ffurfiau mwyaf trawiadol yn sicr ddigon yw'r negyddion. Cawn rediad llawn o'r ferf *bod* yn y negydd, gyda therfyniadau gwahanol i bob person a rhif. Mae'r ffurfiau hyd yn oed yn gwahaniaethu rhwng gwryw a benyw yn y trydydd person unigol" (yn *Abergwaun a'r fro,* gol. Eirwyn George). Ystyr hynny yw hyn:

sana i (dwi ddim)	sanon ni (dŷn ni ddim)
sanat ti (dwyt ti ddim)	sanoch chi (dŷch chi ddim)
sano fe (dyw e ddim	sanyn nhw (dŷn nhw ddim)
seni hi (dyw hi ddim)	

Ond mae Wyn yn ychwanegu amrywiadau niferus at y rhain!

O roi'r holl nodweddion hyn – y geiriau, y synau a'r cystrawennau – at ei gilydd, rydym yn dod yn nes at ddeall arwahanrwydd a rhamant Cymraeg Sir Benfro, neu'r Ddyfedeg.

Ond nid Wyn yw'r cyntaf i gael ei hudo gan iaith Sir Benfro a chael ei ysgogi i gofnodi rhai o'i hynodion. Un ohonynt oedd William Meredith Morris o Gwmgwaun. Gweinidog gyda'r Bedyddwyr oedd e'n wreiddiol a ddaeth yn ddiweddarach yn offeiriad yn yr Eglwys ac a gyhoeddodd *A glossary of the Demetian dialect of Pembrokeshire: with special reference to the Gwaun Valley* yn 1910 pan oedd yn ficer yng Nghwm Clydach, y Rhondda. Mae'r gyfrol hon yn drysorfa werthfawr iawn. Un o'r camgymeriadau mwyaf y gwnes i erioed oedd peidio â phrynu'r copi gwreiddiol a welais mewn siop lyfrau ail-law ddechrau'r 1980au a finnau'n fyfyriwr tlawd (er nid mewn dyled fel myfyrwyr heddiw) ac yn methu fforddio ei brynu. O'r ffolineb! Bûm yn crwydro mewn anialwch am dros ddeng mlynedd ar hugain wedyn yn chwilio am gopi arall ac yn methu'n deg â dod o hyd iddo yn un man. Roedd gen i arian yn fy mhoced bellach, ond roedd gen i ofod gwag ar fy silff lyfrau nad oedd modd i ddim byd arall i'w lenwi ond *Glossary* Meredith Morris. Daeth gwaredigaeth imi yn Eisteddfod Genedlaethol Bro Morgannwg 2012 pan gefais afael mewn copi, o'r diwedd, yn stondin Llyfrau Gwynedd Williams. O ddydd o lawen chwedl!

Yn y gyfrol hon mae Wyn Owens yn darparu cydymaith teilwng i gyfrol Meredith Morris. Yn debyg i Morris, nid yn unig y mae wedi dal rhai o rythmau'r iaith honno yn wych y mae hefyd wedi rhoi blas inni o'r gymdeithas a'r filltir sgwâr a wnaeth gynnal yr iaith ar hyd y blynyddoedd. Oherwydd nid casgliad yn edrych yn ôl yn unig yw hwn, mae yn ddigon realistig i weld fod yr iaith yn newid ac yn addasu ac nid yw'n ymatal rhag cofnodi rhai o'r newidiadau diweddaraf hyn hefyd.

Yn ei ragair i'w gyfrol yntau nododd Meredith Morris ei ofnau am y dafodiaith.

The pity is that in these days of general 'levelling down' dialectical distinctions are fast disappearing, making one apprehensive that in another generation all the sub-dialects (at least) will have vanished. Many agencies conspire for the overthrow of the dialect of Dyfed, one is that of imported labour. The sons of the working class migrate in large numbers from North Pembrokeshire to the mining districts of Glamorganshire, where wages are higher and social restraints fewer, and their place is taken by English lads from industrial 'Homes' and reformatory schools. The result is bad in every respect, not least in the disturbing effect it has on the dialect.

Ofnau yw'r rhain sydd wedi'u gwireddu i raddau helaeth, ond nid yn gyfan gwbl, a diolch i'r gyfrol hon bydd gan genhedlaeth arall eto yr arf sydd ei angen arnynt i sichrau na chaiff proffwydoliaeth Morris ei gwireddu am ychydig eto.

Un peth arall hynod am dafodiaith Sir Benfro yw ei bod wedi'i defnyddio fel cyfrwng ar gyfer ysgrifennu creadigol ar hyd y blynyddoedd. Un o'r rhai mwyaf toreithiog oedd yr addysgydd, y bardd a sylfaenydd Bois y Frenni, W. R. Evans; a throes Waldo

Williams yntau i ysgrifennu yn y Ddyfedeg ar adegau hefyd. Efallai yr esiampl fwyaf nodedig yw'r gyfres o lyfrau o dan y teitl *Wês Wês* a ddechreuodd o dan olygyddiaeth Gwyn Griffiths a John Phillips yn y 1970au. Ac i ddangos fod y traddodiad hwnnw yn dal i fod yn un byw dyma ymgais at drosi darn o'r Beibl i iaith Sir Benfro.

Dameg yr howr (Marc 4:1–9)

Dachreuodd Iesu ddisgu wrth lan i llyn wêth, a dâth shwt i growd mowr rownd 'ddo fe fel âth e i gwch ar i llyn a ishte fan'ny. We'r dinion wedyn i gyd ar i lan, ar ochor i dŵr. Disgodd e lot o bethe iddon nhwy wrth weud damegion, a wrth u disgu nhwy medde fe, "Grondwch! Âth howr mas i hou. Nawr fel ddigwyddodd i, wrth iddo fe hou fe gwmpodd peth hade i'r claish ar ochor i feidir, a dâth ir adar a'u bita nhwy. Cwmpodd peth hade ar dir llond cerrig lle we ddim lot o bridd, fe diddon nhw whap achos bo dim dwnder pridd 'na; ond pan ddachreuo'r houl sheino fe geson u llosgi, a wywon nhw achos bo dim gwreidde 'da nw. Cwmpodd peth hade in ganol drisi, a fe diddodd i drisi a'u tagu nhw, a dâth dim byd o'r hade 'ny. A cwmpodd peth hade ar dir da, fe wreiddon nhw, tiddu a rhoi cinheia o ddeg ar ugen, trigen a chanweth gwmint o hade nôl." A gwedodd Iesu, "Os wes cluste 'da chi, iswch nhwy."

Lyn Lewis Dafis

A

Yr abiéc

A **a**	B **bi**	C **ec**
CH **ech**	D **di**	DD **edd**
E **e**	F **ef**	FF **eff**
G **eg**	NG **eng**	H **haetsh**
I **i**	L **el**	LL **ell**
M **em**	N **en**	O **o**
P **pi**	PH **phi**	R **er**
RH **rhi**	S **es**	T **ti**
TH **eth**	U **u**	W **w**
Y **y**		

abal (a)

cyfoethog *rich*

Mae e'n ddigon abal i fyw'n gwfforddus.

Mae e'n ddigon cyfoethog i fyw'n gyfforddus.

He is rich enough to live comfortably.

abo (eg)

corff anifail marw (WWST) *carcass*

abŵf

gwell na'i gilydd *above* (WWST), *of someone who thinks of himself as being superior*

abwth (eg)

ofn *fear/fright*

Ces i abwth. Cefais ofn *I had a fright.*

Carnabwth – cartref Twm, un o arweinwyr terfysgoedd Beca.

Twm Carnabwth, local leader of the Rebecca Riots.

acshion (eb) **acshwne/achshone** (ell)

arwerthiant, arwerthiannau *auction(s)*

acto (be)

gweithio *to work*

Sdim byd in acto 'da fi heddi.

Does dim yn gweithio gennyf i heddiw.

Nothing works with me today.

ach (eb) **ache** (ell)

ach(-au) *lineage*

ache'r teulu *the family tree*

'Nôl imbell in ir ache.

'Nôl ymhell yn yr achau.

Far back in the lineage.

os ache ers achau

os oese ers oesoedd *for ages*

Sena i wedi'u gweld nw os ache.

Dw i ddim wedi eu gweld nhw ers oesoedd.

I haven't seen them for ages.

achán! (ebych)

fachgen! (ar ddiwedd gosodiad neu gwestiwn) *boy! man!*

Peida siarad wast, achán!

Paid â siarad yn ofer, fachgen!

Don't speak nonsense, man!

('es' wrth gyfarch merch neu fenyw)

achles (egb)

manure

Rhoid achles ar ir ardd.

Gwrteitho'r ardd.

To put manure on the garden.

achos (eg)

cause

"Shwt ma'r achos?"

"Sut mae pethau?"

"How's things?"

achub i blân

achub y blaen/cael mantais

to steal a march upon (GDD)

achwedyn/achodyn (adf)

wedi hynny/wedi'r cwbwl/
oherwydd/beth bynnag

after that/after all

Ewn ni i gâl bwyd nawr achodyn bydd
rhaid inni glatsho mlân â'r gwaith.

Awn ni i gael bwyd yn awr ac
wedyn bydd rhaid inni barhau â'r
gwaith.

*We'll go and have something to eat
now, and then we'll have to carry on
with the work.*

achwin (be)

achwyn *to complain*

Sdim fowr o hwyl arno'r dwarnode 'ma,
mae e'n achwin in jogel.

Does fawr o hwyl arno'r
diwrnodau hyn, mae e'n achwyn
tipyn.

*He is not in the best of health these
days, he complains quite a lot.*

achwingar (a)

achwyngar *complaining*

Mae'n achwingar iawn.

Mae hi'n achwyngar.

*She is complaining. (She is fond of
complaining.)*

adar adarn derinod (ell**) deryn**
(eg)

adar aderyn *bird(s), character*

Ma nw'n adar jogel!

Maen nhw'n gymeriadau direidus.

They really are characters.

adar Tembi (ell) **whilanod**

gwylanod *seagulls*

Pan wê ni'n blant in gweld i whilanod
in hedfan uwchben i plwy wê nw'n in
hatgoffa ni o whilanod Tembi.

Pan oedden ni'n blant, yn gweld
y gwylanod yn hedfan uwchben y
plwy, roedden nhw yn ein hatgoffa
o wylanod Dinbych-y-pysgod.

*When we were children, seeing the
seagulls flying over the parish, they
reminded us of the seagulls of Tenby.*

adar pring (ell) **deryn pring** (eg)

adar prin aderyn prin *rare bird(s)*

Ma'r whibanwr wedi mind in dderyn
pring in ir ardal.

Mae'r gylfinir wedi mynd yn
aderyn prin yn yr ardal.

*The curlew has become a rare bird in
the area.*

aden (eb) **adenydd** (ell)

wing(s)

We'n fang-gu in arfer dwsto gidag aden
gŵydd neu whiaden.

Roedd fy mam-gu yn arfer tynnu'r
llwch gydag aden gŵydd neu
hwyaden.

*My grandmother used to dust with a
goose or duck wing.*

ar aden godi

byth yn aros yn hir yn yr un man,
ar fin mynd i rywle

*never staying long in one place, on the
point of going somewhere*

Ma pawb fel se nw ar aden godi'r
diddie 'ma a neb in setlo lawr in ir un
man.

Mae pawb fel petaen nhw'n symud

y dyddiau hyn a neb yn ymgartrefu yn hir yn yr un man.

Everybody seems to take wing these days without settling down for long in one place.

adle (eg) **radle adladd** (eg)

after grass

Porfa las sy'n tiddu ar ôl câl gwair o'r parc.

Glaswellt sy'n tyfu ar ôl cael gwair o'r cae.

The grass that grows after the harvest.

addo (be)

to promise

Addo'n dda i neud ffŵl in llawen.

To promise well to keep a fool happy.

afiach (ans)

unhealthy/loathsome

Ma rhwbeth in afiach in 'i safbwynt e.

Mae rhywbeth yn ffiaidd yn ei safbwynt.

There is something loathsome in his standpoint.

aflan (ans)

ofnadwy *exceedingly nice/terrible*

I ni'n câl tewi aflan.

Rydyn ni'n cael tywydd ofnadwy.

We're having terrible weather.

rhyfeddol *wonderfully*

Ma'r darten fale 'ma'n ffein aflan.

Mae'r darten afalau hon yn rhyfeddol o flasus.

This apple tart is exceedingly nice.

aflan o lân

rhyfedd o lân/rhyfeddol o lân

exceptionally clean

afloni (a)

aflonydd/rhwyfus *restless*

Mor afloni â gwenhinen miwn stên.

Mor aflonydd â gwenynen mewn ystên.

(lit. As restless as a bee in a pitcher.)

afol (eg) **fale** (ell)

afal(-au) *apple(s)*

Cwmryd hansh o'r afol.

Cymryd cegaid o'r afal.

To take a bite of the apple.

afol bita afal bwyta *eating apple*

afol cwcan afal coginio *cooking apple*

fale sirion bach *crab apples*

afreswmol (a)

afresymol *unreasonable*

affdrôrs (eg)

chest of drawers

Dodranyn gida drore i gadw dillad.

Celficyn â droriau i gadw dillad.

A piece of furniture with drawers to keep clothes.

agor pen (be)

dylyfu gên *to yawn*

Wedd e wedi bleino cwmint wedd e'n agor 'i ben drw'r gwasaneth.

Roedd e wedi blino cymaint roedd yn dylyfu gên drwy'r gwasanaeth.

He was so tired he yawned throughout the service.

agos (a)

near

Weni nw'n agos berwi.

Roedden nhw ymhell o fod yn berwi.

They were far from boiling.

ange (eg)
angau *death*

angel (eg) **angilion** (ell)
angel (angylion) *angel(s)*
Angel pen ffordd, diawl pen pentan.
*An angel on the highway and a devil
at home.*

angla (eb) **angladde** (ell)
angladd(-au) *funeral(s)*
angla fowr   angladd fawr
a large funeral
angla gwta   angladd breifat
a private funeral

ali/ale (eb) **aleie** (ell)
ali(alïau) *garden path(s)*
Ma ishe whinnu aleie'r ardd.
Mae eisiau chwynnu alïau'r ardd.
The garden paths needs weeding.

altrans (eg)
newid *change*
Ma altrans in i tewi.
Mae'r tywydd wedi newid.
The weather has changed.

altro (be)
newid *to change*
Ma pethe wedi altro'n imbed in i plwy
'ma in istod ir ugen mline dwetha.
Mae pethau wedi newid yn enbyd
yn y plwyf hwn yn ystod yr ugain
mlynedd diwethaf.
*Things have changed a lot in this
parish during these last twenty years.*
Mae'n ffein heddi, ond fe altrith hi
erbyn fory, gewch chi weld.
Mae'n braf heddiw ond fe newidia
erbyn yfory, cewch chi weld.

*It's fine today, but it will change
tomorrow, you'll see.*

allwish (be)
arllwys/tywallt *to pour*
Mae'n allwish y glaw.
Mae'n arllwys y glaw.
It's pouring with rain.

allwe (eb) **allweddi** (ell)
allwedd(-i) *key(s)*

ame (be)
amau *to doubt/ to suspect*
Wdw i'n ame a yw e'n gweud y gwir.
Rwy'n amau a ydyw'n dweud y
gwir.
I doubt whether he is telling the truth.

amell (a)
amell waith   ambell waith   *sometimes*

aminedd (eg)
amynedd *patience*
Ma ishe aminedd Job 'da rhei.
Mae eisiau amynedd Job gyda rhai.
*One needs the patience of Job with
some.*

amirllyd (ans)
ymyrllyd/busneslyd (CShB)
meddlesome

amlwgu (be)
dannod *to reproach/to be indignant/
to begrudge* (nid amlygu)
Wedd Ann in amlwgu'n ofnadw bod 'i
whâr in câl mynd i'r parti a hithe ddim.
Roedd Ann yn dannod yn
ofnadwy bod ei chwaer yn cael
mynd i'r parti a hithau ddim.

Ann was quite reproachful that her sister was allowed to go to the party while she herself wasn't allowed.

Wên i'n amlwgu talu cwmint am i llifir.

Roeddwn in dannod talu cymaint am y llyfr.

I resented having to pay so much for the book.

amod (eg)

cyflog *pay*

Faint o amod we'r gwas in 'i gâl?

Faint o gyflog oedd y gwas yn ei gael?

How much pay did the farm-hand have?

anal (eg)

anadl *breath*

tinnu anal tynnu anadl *to breath in/inhale*

wmla am anal ymladd am anadl *to gasp for breath*

wasto'n anal gwastraffu'ch anadl *to waste one's breath*

Câth hi gwmint o abwth wedd 'i hanal in twll 'i gwddwg.

Cafodd gymaint o ofn roedd ei gwynt yn ei gwddf.

She had such a fright that she was on the brink of losing her breath.

dwgu anal

tynnu anadl pan na ddylid mewn cymal o gerddoriaeth wrth ganu *to take a sly breath in a musical phrase when singing*

andras (eg)

cnaf/diafol *knave/devil*

Beth ma'r andras! *What the heck!*

hen andras o ddyn *a devil of a man.*

'Rhen andras bach digwili ag e!

Yr hen gnaf digywilydd ag ef!

The shameless little rascal!

anfolon (ans)

anfodlon *unwilling/discontented*

Wedd hi'n anfolon gweud.

Roedd hi'n anfodlon dweud.

She was unwilling to say.

anner (eb) **aneirod** (ell)

buwch ifanc heb ddod â llo

heifer – a young cow not having calved

anialwch (eg)

desert

Ma'r lle 'ma fel anialwch.

Mae'r lle hwn fel anialwch.

This place is like a tip.

annwid (eg)

annwyd *a cold*

in gors o annwid

yn gors o annwyd *to have a heavy cold*

ano (ans)

anodd *difficult*

Mae'n ano gweud.

Mae'n anodd dweud.

It's difficult to say.

Ma'r gwaith in mind in fwy ano bob dydd.

Mae'r gwaith yn mynd yn fwy anodd bob dydd.

The work is getting harder every day.

annwil (ans)

annwyl *dear*

Wel i mowr annwil! O'r annwil! (ebych)

Wel yr annwyl mawr!
Oh dear!

aped (be)
ateb *to reply/answer*

arna i (ardd)
We nw mor neis, se ddim byd arna i gâl mwy.
Roedden nhw mor flasus faswn i ddim yn malio cael mwy.
They were so tasty, I wouldn't mind having more.

âr (eg)
aer /awyr iach *air*
Ma rhwbeth in ir âr in gweud 'tho i 'i bod hi'n mind i fwrw eira.
Mae rhywbeth yn yr aer yn dweud wrtha i ei bod hi'n mynd i fwrw eira.
There's something in the air that tells me it's going to snow.

arddel (be)
cydnabod *to own/to acknowledge*
Seni'n arddel 'i theulu ddim mwy.
Dyw hi ddim yn cydnabod ei theulu mwyach.
She doesn't acknowledge her family any more.

arddyd (be)
aredig *to plough*

arfeithu (be)
arfaethu/cynllunio/bwriadu (CShB) *to intend*

arfog (ans)
eiddgar/brwd/bod â chwant/ awydd mawr am rywbeth
to be eager
Weno Deio'n arfog iawn am fwyd heddi.
Doedd Deio ddim ag awydd mawr am fwyd heddiw.
Deio wasn't very eager to eat today.

argol (eb)
argoel *sign*
'Rargol wen! 'Rargol fowr! *Heavens above!*
Sdim argol iddin nw ddwâd, clo!
Does dim arwydd iddyn nhw ddod, beth bynnag!
There's no sign of them coming, anyway!

arian (eg)
silver/money
arian cochion *copper coins*
arian gleishon *silver coins*
arian papur *notes*
In ir hen ddiddie fe fidde nw'n câl casgliad arian gleishon in unig in i Tŷ cwrdd.
Yn yr hen ddyddiau fe fydden nhw'n cael casgliad arian gleision yn unig yn y capel.
In the chapel in olden times they would have a collection of silver coins only.

ariôd (adf)
erioed *ever/at all*
'Na'r peth penna 'riôd i fi gliwed.
Dyna'r peth rhyfeddaf i mi glywed erioed.
That's the most surprising thing I've ever heard.

aros (be)
to wait/stay
Dyfodol

arsa i arhosaf fi
arsi di arhosi di
arsith e erys ef
arsith hi erys hi
arsw ni arhoswn ni
arsw chi arhoswch chi
arsa nw arhosan nhw
Amodol
arsen i arhoswn i
arse ti arhosit ti
arse fe arhosai ef
arse hi arhosai hi
arse ni arhosen ni
arse chi arhosech chi
arse nw arhosen nhw
Arses i lan his riwbridodd.
Arhosais i fyny hyd oriau mân y bore.
I stayed up until the small hours.
Arsa! Arhosa! *Stay! (singular and familiar)*
Arswch! Arhoswch! *Stay! (polite and plural)*

arwen (be)
arwain *to lead*
arwen i da i'r glowty arwain y gwartheg i'r beudy
to lead the cows into the cowshed
Arweines i arweiniais i *I lead*
Arweina i arweinaf fi *I will lead*
Nei di arwen? Wnei di arwain?
Will you lead?

asen (eb) **eis** (ell)
rib(s)
Min asen i! (ebych) Myn asen i!
My word!

asoch
achos *because* (cymharer wsnoth/wthnos)

atal weud/gweud (be)
atal dweud/cecial *to stammer*
Mae e'n atal weud cwmint, fel 'i bod hi'n ano 'i ddiall e weithe.
Mae e'n atal dweud cymaint fel ei bod hi'n anodd ei ddeall weithiau.
He stammers so much that it is difficult to understand him sometimes.

ateb diben
to serve a purpose
Ma'r got 'ma wedi troilo, ond fe atebith hi'r diben.
Mae'r got hon wedi treulio, ond gwnaiff y tro.
This coat is rather worn, but it will serve the purpose.

atgifodaid i cilion
(lit. The resurrection of the flies.)
Biddw ni 'ma his atgifodiad i cilion.
Byddwn yma tan ddydd Sul y pys (Gogledd).
We'll be here until the cows come home.

awchu (be)
dyheu *to be eager*
Wedd e'n awchu am gâl mind 'nôl i'r gwaith.
Roedd yn dyheu am gael dychwelyd i'r gwaith.
He was eager to return to work.

awel (eb) **awelon** (ell)
breeze(s)
Mae'n siarad Cwmrâg fel ir awel.
Mae hi'n siarad Cymraeg yn rhugl.
She speaks Welsh with ease.

awffus (ans)
barrus /gwancus (CShB) *greedily*

Llwncodd 'i fwyd in awffus.

Llyncodd ei fwyd yn farrus.

He gulped his food down.

awgrimu (be)

awgrymu *to suggest*

Awgrimes i iddi nw find at i polîs.

Awgrymais i iddyn nhw fynd at yr heddlu.

I suggested they went to the police.

awiddus (ans)

awyddus *eager*

Wedd e'n awiddus i ddisgu Cwmrâg.

Roedd e'n awyddus i ddysgu Cymraeg.

He was eager to learn Welsh.

babïedd (ans)

fel baban *babyish*

bacse'r brain (ell)

traed y brain/clychau glas *bluebells* (CP)

bacwno (be)

crasu/twymo (gwair in bacwno)

(WW) *to warm (of hay)*

bachan! (ebych)

bachgen *boy*

bachan, bachan! fachgen, fachgen!

boy, oh boy!

bach a latsh

dau sy'n gymharus *two persons who are compatible*

Ma Siôn a Siân fel bach a latsh.

Mae Sion a Sian yn bâr da.

Sion and Siân are a compatible couple, they suit one another.

bachancrwn (eg)

bachgenyn/glaslanc *lad* (WWST)

bache (ell)

bachau *hooks(s)*

pitshwr gwair offeryn i godi gwair i ben y rhic

an implement to lift hay onto the hay rick

dwylo *hands*

Cadw di fache 'da ti, w!

Cadw dy ddwylo gyda thi!

Keep your hands to yourself!

Ble ma'r bache 'na wedi bod 'to? Ma nw mor ddu â jet?

Ble mae'r dwylo bach yna wedi bod eto? Maen nhw mor ddu â huddygl.
Where have those little hands been again? They are black as soot.
Ma rhyw fache bach wedi sgwlcan i bwyd.
Mae rhywun wedi mynd â'r bwyd.
Someone has been pilfering the food.

bachu (be)
gafael *to hold / to take*
Bachodd e'r cwbwl lot.
Gafaelodd yn y cwbl.
He took the whole shoot.

bâdd (eg)
baedd *boar*
Mynd â'r hwch at i bâdd.
Mynd â'r hwch at y baedd.
To take the sow to the boar.

bagal (eb) **bagle** (ell)
coes(-au) *foot feet*
Y crechi â'i fagle hir.
Y crychydd â'i goesau hir.
The heron with his long legs.
dwy fagal fain   dwy goes denau *two thin legs*
sgathryd 'i fagle   crafu ei goesau *to graze his legs*
Wedd dim bagal dano in dwâd getre o'r Cross.
Roedd e'n feddw gaib yn dod adre o dafarn y Cross.
He was blind drunk coming home from the Cross Inn.

ffon fagal (eb) **ffyn bagle** (ell)
ffon fagl ffyn baglau *crutch(es)*
Wedd hi'n mynd obiti'r lle ar 'i ffyn bagle wedi iddi dorri 'i chôs / chwês.
Roedd hi'n mynd o gwmpas ar ei ffyn bagle wedi iddi dorri ei choes.
She was going about the place on her crutches after breaking her leg.

colli'ch bagal
baglu / hanner cwympo *to stumble / to trip / to lose one's balance*

baglyd (be)
brysio / ei gwadnu hi / rhedeg i ffwrdd *to hasten*
Baglodd e bant i Gardydd wedi ffeilu câl job lawr ffor' hyn.
Brysiodd i ffwrdd i Gaerdydd wedi methu cael gwaith y ffordd hon.
He hastened away to Cardiff after failing to find a job down this way.
Bagla 'i, 'nei di! Cer ymaith, wnei di! *Scarper, will you!*
Wêdd hi'n 'i baglyd hi drw'r glaw.
Roedd hi'n brysio drwy'r glaw.
She hastened through the rain.

bang (eg)
gair i gyfleu rhywbeth a ddigwydd yn ddisymwth
a word used when something happens all of a sudden
Âth lawr bang.
Cwympodd yn ddisymwth.
He/she fell suddenly.

bango (be)
cau'n glep *to bang*
Paid â bango'r drws. *Don't bang the door.*

bali wen (eb)
Seren neu streipen wen ar dalcen ceffyl.
A white star or stripe on a horse's forehead.

banal (ell)

banadl *broom* (*Cytisus scoparius*)
Llainbanal (enw lle) (*place name*)

banco (be)

dibynnu ar *to depend on*
New nw addo pŵer ond alli di ddim
banco arnyn nw.
Fe wnân nhw addo tipyn ond elli
di ddim dibynnu arnyn nhw.
*They will promise a lot but you can't
depend on them.*

bandyn (eg)

cylch olwyn trol (CBA) *iron band
around a cartwheel*

bapa (eg)

babi mam *cry baby*
'Rhen fapa mam â ti!
'Rhen fabi mam â thi!
You cry-baby!

bara (eg)

bread
bara llâth bara wedi ei fwydo
mewn llaeth *bread soaked in milk*
bara planc bara gradell torth gron
denau wedi ei phobi ar blanc/
radell *a thin, round loaf baked on a
griddle*
bara te bara menyn wedi ei roi
mewn cwpanaid neu fasnaid o de
*bread and butter in a cup or basinful
of tea*
Miwn 'da'r bara, mas 'da'r bwns.
Rhywun nad yw'n llawn llathen.
*Said of someone who is not a full
shilling.*

barlish (e.torf) (**barlysh** CShB)

barlys *barley*

Sadwrn Barlish – fe'i cynhelir yn
nhre Aberteifi ym mis Ebrill.
*Barley Saturday held in Cardigan in
April.*

barn (eb)

opinion/sentence
digon o farn (*lit. Enough of a
sentence.*)
Ma'r plant 'ma'n ddigon o farn gida'u
conan.
Mae'r plant hyn yn ddigon o
drafferth gyda'u cwyno.
*These children are quite a nuisance
with their moaning.*

barnaru/birnaru bwrnaru (CBA)
(be)

braenaru/troi a thrin y tir *to fallow*

basin/basn (eg) **basnys** (ell)

basin(s)
basin cawl *broth basin*
basned llawn o gawl a sêr ar 'i wmed
*a basinful of broth with bubbles/stars
on the surface*

bat (eg)

twpsyn/ffŵl *a fool/thickhead*
Beth ma'r bat wedi neud nawr 'to?
Beth mae'r ffŵl wedi'i wneud
nawr eto?
What has the fool done now again?
Mae'n dreifo fel bat rownd i troeon.
Mae e/hi'n gyrru fel ffŵl rownd y
troeon.
*He/she drives like a fool around the
bends.*

baw (eg)

dirt
gwerth i baw fawr o werth/fawr
ddim o gwbl

not worth much, hardly any at all.
Seni werth i baw obiti'r tŷ.
Dyw hi fawr o werth o gwmpas y tŷ.
She isn't worth much around the house.
Seno'r blode'n dala werth i baw miwn gwres.
Dyw'r blodau ddim yn dal fawr ddim yn y gwres.
The flowers don't last much in the heat.
hwyl i baw   fawr o hwyl
Sdim hwyl i baw arna i heddi.
Does dim hwyl o gwbl arna i heddiw.
I don't feel at all well today.

beco 'nôl (be)
mynd wysg eich cefn *to walk backwards/to reverse*
Becodd y car 'nôl in erbyn i claw.
Gyrrodd ei gar yn ôl yn erbyn y clawdd.
He reversed his car into the hedge.
Beca 'nôl! Becwch 'nôl! *Reverse!*

becso (be)
poeni *to worry/to fret*
Becso'ch ened mas *to be beside oneself with worry*
Wedd hi'n becso'i hened mas bo hi wedi bwrw'r ci lawr.
Roedd hi'n poeni'n ofnadwy ei bod wedi taro'r ci.
She was very worried that she had knocked the dog down.

bechingalw
Fe'i defnyddir pan na ddaw rhyw enw neu wrthrych i'r cof. *what-you-may-call-it*

bediddfa (eb)
bedyddfa *baptistery*
Rhaid clau'r fediddfa a torri'r borfa cyn i riwun gâl 'i fediddio.
Rhaid glanhau'r fedyddfa a thorri'r glaswellt cyn i rywun gael ei fedyddio.
The baptistery has to be cleaned and the grass cut before a baptism.

bedlam(eg)
bedlam
Ma'r lle 'ma fel bedlam.
Mae'r lle yma fel ffair.
This place is in pandemonium.
Bedlams! Amser gwely! *Bed time!*

begian (be)
to beg
Begianes i arno.
Erfyniais arno.
I begged him.

beiam/beianbêi (eg)
blodyn gardd mawr coch
bye-an-bye peony (Palonia officinalis)

beichus (ans)
oppressive
Ma'r tewi trwmedd 'ma'n feichus.
Mae'r tywydd trymaidd hwn yn feichus.
The sultry/close weather is oppressive.

beiddu (be)
baeddu/maeddu/curo/gorchfygu
to conquer/beat
Beiddwn ni nw fory in i gêm.
Curwn ni nhw yfory yn y gêm.
We'll beat them tomorrow in the match.

beinder (eg)

peiriant i dorri llafur ac i wneud ysgubau

a machine to cut corn and to make sheaves

beler (eg) **belers** (ell)

peiriant i felo gwair   *baler(s)*

belo (be)

belio/byrnu   *to bale*

Mae e'n belo'r gwair in i parc.

Mae e'n belio'r gwair yn y cae.

He's baling the hay in the field.

bêls (ell)

byrnau   *bales*

benboigili (adf)

i gyd/drwyddo   *all/throughout*

bennu/pennu (be)

dibennu/gorffen   *to finish*

Mae'r beiro 'ma wedi bennu.

Mae'r beiro hwn wedi gorffen.

This biro is finished.

Benna be benna ti'n neud a dere i'n helpu i.

Gorffen beth bynnag rwyt ti'n ei wneud a dere i'm helpu.

Finish whatever you're doing and come and help me.

bennu'i unan

cyflawni hunanladdiad

to commit suicide

bêr (eg)

whare'r bêr   poeni   *to play the dickens with*

Ma'r sgidie 'ma'n whare'r bêr 'da fi.

Mae'r sgidie hyn yn fy mhoeni'n fawr.

These shoes are playing the dickens with me.

berem (eg)

burum   *yeast*

Wê ni'n arfer galled pwrnu owns o ferem in siop i Cnwc.

Roedden ni'n arfer gallu prynu owns o furum yn siop y Cnwc.

We used to be able to buy an ounce of yeast in the shop.

betingalw

beth wyt ti'n ei alw   *what-you-may-call-it (singular/ familiar)*

be(th) benna/binna

beth bynnag   *whatever/anyway*

Fydd ena i'n mind, beth binna!

Fyddaf fi ddim yn mynd, beth bynnag!

I shan't be going, anyway!

bewin garlleg (eg)

ewin garlleg   *a clove of garlic*

bidyn (eg)

tamaid   *bit*

bob bidyn   pob tamaid   *every little bit/all over*

Wên i'n crinu drosto i bob bidyn.

Roeddwn i'n crynu drosof i gyd.

I was shivering all over.

bigitan (eg)

cwmpo mas/procio/pryfocio

to provoke/to fall out

Be' sy'n bod ar y plant 'ma w, in bigitian trw'r amser?

Beth sy'n bod ar y plant yma, wir, yn pryfocio'i gilydd trwy'r amser?

What's the matter with these children, provoking one another all the time?

bigíts (ell)

sylwadau profoclyd *provoking remarks*

Mae hi'n dishmoli pawb 'da'i bigíts.

Mae hi'n bychanu pawb gyda'i sylwadau pryfoclyd.

She belittles everyone with her provoking/sarcastic remarks.

bigwrn (eg) **bigwrne** (ell)

migwrn migyrnau *ankle(s)*

shigo'ch bigwrn *to sprain one's ankle*

Shiges i'n figwrn wrth ddarlimpo ar i cerrig.

Ysigais fy migwrn wrth imi faglu ar y cerrig.

I sprained my ankle as I tripped over the stones.

bingad

yn llawn *full of*

We'r dre'n bingad o siopwyr.

Roedd y dre yn llawn o siopwyr.

The town was full of shoppers.

bingo (be)

hongian/toreithio o rywbeth *abundance of something*

Fe fydd i gollen in bingo o gneu pan ddaw'r hidre.

Bydd y gollen yn toreithio o gnau pan ddaw'r hydref. *There will be an abundance of nuts on the hazel when autumn comes.*

biholieth (eb)

(WWP) bywoliaeth *livelihood*

bilwg (eg)

billhook (cryman CShB)

Bilwg i hollti'r blocs/cwêd tân

a billhook to chop blocks/firewood

Fe fidde ni'n hollti'r tanwent 'da bilwg.

Bydden ni yn hollti'r coed tân â bilwg.

We would chop the firewood with a billhook.

binheddig (ans)

ffwdanus (ynglŷn â bwyd) *particular (concerning food)*

Mae'n finheddig iawn obiti 'i fwyd.

Mae e'n ffwdanus iawn ynghylch ei fwyd.

He's very particular about his food.

bips (ell)

sylwadau gwawdlyd *(gweler/see* bigíts) *sarcastic remarks*

bipsan (be)

siarad yn wawdlyd am rywun *to provoke/to be sarcastic*

We nw'n bipsan i rhoces am 'i bod hi'n rhy wirion i ateb 'nôl.

Roedden nhw'n gwawdio'r ferch am ei bod hi'n rhy swil i ateb 'nôl.

They provoked the girl with sarcastic remarks because she was too shy to answer back.

bipslyd

pryfoclyd *provocative*

bisgïen/bishgïen (eb) **bisgys/bishgys** (ell)

bisgeden bisgedi *biscuit(s)*

bishi (ans)

prysur *busy*

Sdim amser 'da fi i wilibawan, wdw i'n llawer rhy fishi.

Does dim amser gen i i'w wastraffu, rwy'n llawer rhy brysur.

I have no time to waste, I'm much too busy.

bishto

bishto bach! term a ddefnyddir i alw ci *a term of affection to call a dog*

bishtogedd (ans)

swil *shy*

bishwel (eg)

biswail piso a thail gwartheg *urine and dung of cattle*

bistiliad (be)

anesmwytho *to be restless* (CShB)

bit

"Shwt ma'r achos?" "O, gweddol a bit!" *"How are things?" "Oh, not too bad!"*

bita (be)

bwyta *to eat*
Bitwch fel se chi getre, ond dim cwmint.
Bwytewch fel petaech chi gartre, ond nid cymaint.
Eat as if you were at home, but not as much (jocular).
Bitwch! Fe droith i bola'n gefen ryw ddydd.
Anogaeth i rywun fwyta.
Said to encourage someone to eat.

bita (eg)

cosi *itch*
Ma bita ar en nhrwêd/nhrôd i.
Mae fy nhroed yn cosi.
My foot is itching.

bita'i eire

dim yn siarad yn glir *to speak indistinctly*
Seni'n bosib 'i ddiall ag inte'n bita'i eire.
Nid oes posibl ei ddeall ac yntau'n siarad mor aneglur.
It's not possible to understand him and him speaking so indistinctly.

bita'n hat

bwyta fy het *eat my hat*
Fe fiten i'n hat se hi'n ennill.
Bwytawn fy het petasai hi'n ennill.
I'd eat my hat if she won.

biti (adf)

tua/oddeutu *about*
Ma biti gant o bobol wedi câl 'u gwahodd.
Mae tua chant o bobl wedi cael eu gwahodd.
About a hundred people have been invited.

biti fod bron â bod *nearly*

Mae biti fod 'da chi.
Mae bron â bod gennych chi.
You've nearly got it. (a task etc)
Wdw i biti fod in meddwl…
Rydw i bron â bod yn meddwl…
I'm inclined to think…

blacled (eg)

pensil *pencil* (WW)

blagardo (be)

difrïo *to blackguard*

blas llosg

Ma blas llosg ar y swêds 'ma sy wedi cidjo ing ngweilod i sosban.
Mae blas llosg ar yr erfyn hyn sydd wedi cydio yng ngwaelod y sosban.
These swedes that have become stuck

to the bottom of the saucepan have a burnt taste.

blawd circh

ceirch ac uwd (CBA) *oats (flour)*
bara circh   bara ceirch   *oatcakes*

blawdo (be)

gwneud llanast o rywbeth
to make a mess of things
Wdw i wedi blawdo'r gwaith 'na 'to.
Rydw i wedi gwneud llanast o'r gwaith yna eto.
I've made a mess of that work again.

bleino (be)

blino *to be tired*
Mae e wedi bleino'n shwps wedi bod in slafo drw'r dydd.
Mae e wedi blino'n lân wedi bod yn gweithio'n galed drwy'r dydd.
He is dead tired after having worked hard all day.

bleino'n blèt

Wen i wedi bleino, wen i'n blèt a gweud y gwir.
Roeddwn wedi blino'n lân, hyd nes fy mod yn fy mhlyg a dweud y gwir.
I was dead tired.

bleins (ell)

llen ffenest *blinds on window*

blewyn (eg)

tinnu blewyn cwta *to draw lots*

blingo (be)

to skin
Fe flinga i'r rhacsyn in fyw!
Fe blingaf y dihiryn yn fyw!
I'll skin the rascal alive!

bline (eb) **blinidde/bliniddodd** (ell)

blynedd   blynyddau/blynyddoedd *year(s)*
dwy fline   dwy flynedd   *two years*
pum mline   pum mlynedd   *five years*
whech bline   chwe blynedd   *six years*
Ma blinidde wedi mind heibo ddar i fi 'i gweld hi.
Mae blynyddoedd wedi mynd heibio oddi ar i fi ei gweld hi.
Many years have passed by since I saw her.

bliw (eg)

lliw glas i wynnu dillad wrth eu golchi
a blue substance to whiten clothes in the wash

blwmp (eb)

cnoc *thump*
Meddilies i bo fi wedi clŵed rhyw blwmp fach.
Meddyliais fy mod wedi clywed rhyw gnoc fach.
I thought I heard a small thump.

bo na ba

siw na miw *not a word*
Wedd e'n hollol ddiwedwst, wedodd e ddim bo na ba.
Roedd e'n hollol ddi-ddweud, ddwedodd e ddim siw na miw.
He was very quiet, he didn't say a word.

bochian (be)

traflyncu *to gorge*

boddran (be)

poeni *to bother*

Peida 'moddran i.

Paid â'm poeni i nawr.

Don't bother me now.

Foddranon ni ddim neud i gwaith.

Wnaethon ni ddim ffwdanu
gwneud y gwaith.

We didn't bother doing the work.

bogel (eb) **bogeile** (ell)

bogail bogeiliau *navel(s)*

Wedd e'n bwrw'i fogel ishe mind.

Roedd bron â hollti ei fol eisiau
mynd.

He was itching to go.

bogel whîl (eb)

both olwyn *nave of wheel*

boi (eg) **bois** (ell)

bachgen bechgyn *boy(s)*

"Shwt mae'n mind?" "O, fel y boi!"

"Sut mae'n mynd?" "O, yn dda
iawn."

"How's it going?" "Oh, very well!"

Gwellodd e fel i boi ar ôl 'na 'no.

Gwellodd e'n llwyr ar ôl hynny,
beth bynnag.

*He had a complete recovery after that,
any way.*

boichen (be)

boechain/sŵn buwch neu darw
to roar like a bull/cow to bellow

Noswaith fraf o haf a sŵn buwch neu
darw in boichen in i pellter.

Noswaith braf o haf a sŵn buwch
neu darw yn boechain yn y pellter.

*A fine summer's evening and the
sound of a cow or bull bellowing in the
distance.*

bois ir hewl

council road workers

bois Manclochog *the fellows of
Maenclochog*

bola (eg) **bolie** (ell)

bol(-iau) *belly*

Bitwch! Fe droith y bola'n gefen rhyw
ddydd.

Anogaeth i rywun fwyta er mwyn
magu cryfder.

Said to urge someone to eat.

bolo (be)

bolo cwlwm   gwneud pelenni o
gwlwm a chlai *to make balls of
culum (coal-dust) and clay*

bolo'r tân *to put the culum on the fire*

bollto (be)

bolltio *to bolt*

Anghofioch chi follto'r drws.

Anghofioch chi folltio'r drws.

You forgot to bolt the door.

Bolltodd y ceffyl mas o'r stabal.

Rhuthrodd y ceffyl allan o'r stabl.

The horse bolted out of the stable.

bom (eg)

"Shwt ma'r car in mind?" "Mae e'n mind
fel bom!"

"Sut mae'r car yn mynd ?" "Mae
e'n mynd fel bom!"

*"How's the car going?" "It goes like
a bomb!"*

Mae e'n mynd i gosti bom i fi.

Mae e'n mynd i gostio ffortiwn i
mi.

It's going to cost me a fortune.

bonclen (eb)

bonclust *box on the ears*

Wit ti'n macsu am bonclen.

Rwyt ti'n gofyn am fonclust.
You're asking for a box on the ears.

bonhedd (ans)
deniadol/urddasol *dignified* (CShB)

bonyn (eg) **bone** (ell)
bôn bonion
bonyn cabetshen bôn bresychen
cabbage stump
bone cabetsh bonion bresych
cabbage stumps
Foneddigion, boneddigese a bone
cabetsh!

bostan (be)
ymffrostio *to boast* (WWP)

botrel (eb) **botreli** (ell)
potel(-i) *bottle(s)*

botwc (eg)
polyn cwch *boat-hook* (WWW)

bowidus (ans)
llawn bywyd *full of life/lively*
Mae e'n fwy bowidus na beth wedd e.
Mae mwy o fywyd ynddo nag
oedd.
He's livelier than he has been.

bowlyd (ans)
bawlyd/brwnt *dirty*

bown (ans)
yn sicr *surely*
bown o fod
Odi, odi, bown o fod!
Ydy, ydy, mae'n rhaid!
Yes, for certain!
I ni bown o'i gweld hi whap.

Rydyn ni'n siŵr o'i gweld hi cyn
bo hir.
We are sure to see her before long.

bowyd (eg)
bywyd *life*
Ma'r ŵyn in i perci'n llawn bowyd.
Mae'r ŵyn yn y caeau'n llawn
bywyd.
The lambs in the field are full of life.
Ma bowyd in dal ar ôl in ir hen garan.
Mae bywyd yn dal ar ôl yn y truan.
There's life still left in the poor soul.

bracso (be)
cerdded drwy ddŵr *to wade*
'Sŵn y dŵr. Bracsaf iddo am
ateb.' o'r gerdd 'Cwmwl Haf' gan
Waldo Williams.
*'A noise of water. I waded into it for
an answer.'*
*Translated by Tony Conran from
the poetry of Waldo Williams, 'A
Summer Cloud'.*

brag (eg)
cwrw *beer* (CShB)

bragian/brago (be)
ymffrostio *to boast*

bralyn (eg) **brale** (ell)
dillad carpiog, pobl ddi-werth
(WWST) *tattered clothes, people of
low status*
O'r brenin brale! (ebych)
(interjection)

brân (eb) **brain** (ell)
crow(s)
Mae'n ddigon wêr/ôr i sithu brain.
Mae'n ddigon oer i rewi brain.

(lit. It's cold enough to freeze the crows.)

Min brain i! (ebych) *Stone the crows!*

brân wen *(lit. White crow)*

Mae'n sefill mas fel brân wen.

Mae hi'n tynnu sylw ati ei hun.

She stands out a mile.

bras (ans)

balch *proud/arrogant* (WWP) *general*

Etho nw drw'r llifir in fras.

Fe daflon nhw gip drwy'r llyfr.

They had a general glimpse through the book.

Ma rhwbeth yn fras iawn obiti fe.

Mae rhywbeth yn falch iawn ynglŷn ag e.

He's rather arrogant.

brat (eg) **brate** (ell)

ffedog *pinafore* (WWST)

brathu (be)

cnoi/pigo *to bit/to sting/to stab*

Câth e'i frathu 'da neidir.

Cafodd ei frathu gan neidr.

He was bitten by a snake.

Ma'r gwynt wêr/ôr 'ma'n brathu.

Mae'r gwynt oer hyn yn brathu.

This cold wind is piercing.

brathu'ch tafod

Brathodd 'i thafod rhag gweud rhwbeth cas am 'i chwmdoges.

Brathodd ei thafod rhag dweud rhywbeth cas am ei chymdoges.

She restrained herself from saying something nasty about her neighbour.

brawl (eg)

siarad di-ben-draw *endless chatter*

Ma rhyw frawl 'dag e byth a hefyd, ond sdim byd o werth 'dag e weud wedyn.

Mae e'n clebran yn ddi-ben-draw ond does dim byd o werth ganddo i ddweud wedyn.

He chatters endlessly, but he hasn't got anything important to say.

brawl wast   siarad gwag   *tattle*

breci

mor ddu â breci   mor ddu â huddugl

as black as ebony

breifad (be)

brefu   *to bleat*

Clywch sŵn y defed in breifad ar lethre'r mini.

Clywch sŵn y defaid yn brefu ar lethrau'r mynydd.

Hear the sound of the sheep bleating on the mountain slopes.

breito lan (be)

bywiogi   *to liven/to brighten up*

Breitodd hi lan pan alwodd 'i ffrind.

Bywiogodd pan alwodd ei ffrind.

She livened up when her friend called.

brenin brale (eg)

blodyn â phetalau carpiog yn tyfu mewn llefydd llaith (CP) *a flower with ragged petals that grows in damp areas*

briche houl (ell)

brychau haul/smotiau ar y croen *freckles*

brichgáu/brachgáu/brochgáu (be)

marchogaeth (CShB) *to ride*

arwydd gan fuwch fod angen tarw arni *a cow on heat mounting another*

bridill/bridyll (eg) **bridillod** (ell)
brithyll brithyllod (WWP) *trout(s)*

brion /prion (adf)
purion *all right/right*
Ma nw'n dod mlân â'r gwaith yn brion.
Maen nhw'n ymdopi â'r gwaith yn burion.
They are getting on with the work all right.

bripsyn (eg)
tamaid bach *morsel*
Ga i fripsyn o shwgir in in nhe.
Gaf i ychydig bach o siwgr yn fy nhe.
May I have a touch of sugar in my tea.
Weni'n hido mo'r bripsyn 'i bod hi heb dalu.
Doedd hi ddim yn hidio'r un iot ei bod hi heb dalu.
She didn't worry at all that she hadn't paid.

brist (eg)
brest/bron *breast/chest*
Mae 'i frist in dynn gida'r pwl dwetha 'ma.
Mae ei frest yn dynn ar ôl y pwl diwethaf yma.
His chest is tight after this last attack.
brist i Fwêl bron Foel Cwm Cerwyn *the brow of Foel Cwm Cerwyn*

british (eg)
trywsus yn cau am y pen-glin *breeches* (WWP)
british cul
cyfyngder/gwasgfa (WWST) *distress*

britshyn (eg)
Ma'r britshyn in tento/gwasgu.
Mae pethau'n anesmwyth ac yn gwasgu.
Things aren't well.

briwsho (be)
cleisio *to bruise* (WWP)

brod (ans)
bras/hunandybus (WWST) *conceited*

brog
elw *profit* (WWST)

brou (ans)
brau *brittle/tender (meat)*
Mae'r cig 'ma'n frou neis.
Mae'r cig yn hyfryd o frau.
The meat is nice and tender.
mor frou â dom cyn freued â thail *(lit. As brittle as dung.)*
teimladwy/hawdd ei dramgwyddo/ei frifo *to upset easily/fragile/thin-skinned*
Miws ichi weud dim byd wrtho'r dwarnode 'ma, mae e mor frou.
Ni thâl ichi ddweud dim byd wrtho'r diwrnodau hyn, mae e mor hawdd ei frifo.
You dare not say anything to him these days, he upsets so easily.

browlan (be)
clebran *to chatter*

brwsyn (eg)
porfa denau neu arw (WWW) *poor or rough grass*

brych (eg)

afterbirth (of an animal)
Cer o 'ma'r brych! *Get lost! (a term of abuse)*

budde (eb)

buddai/casgen i wneud menyn ynddi *butter churn*

bustach (eg) **bustechi** (ell)

eidion *bullock*
côr i bustechi sedd gefn y capel lle byddai'r bechgyn ifainc yn eistedd *The back pew in the chapel where the young men would sit.*

buwch (eb) **da** (ell)

gwartheg *cow(s)*
buwch in drwm o lo cyflo *a cow in calf*

bwa'r ach (eg)

bwa'r arch/enfys *rainbow*
Bwa'r ach i bore.
Cawedydd in i godre.
Bwa'r ach i prinhawn.
Tewi teg a gawn.

bwbach (eg)

bwgan *bogey/scarecrow*
'Rhen fwbach bach ag e!
'Rhen fwgan bach ag e!
The old rascal!
Ma bwbach in i parc.
Mae bwgan y brain yn y cae.
There's a scarecrow in the field.

bwcas (eg)

cwpwrdd llyfrau *bookcase* (WWP)

bwci bo (eg)

ysbryd/drychiolaeth *spirit/ghost* (WWST)

bwcwl

Dwad â pethe i fwcwl.
Gorffen rhyw orchwyl.
To finish a task.

bwdlac (eg)

llaid/mwd *mud*

bwdlan (be)

gwneud rhyw fân orchwylion *to potter about*
Sach 'i fod wedi gwerthu'r da mae e'n dal i fwdlan obiti'r clos.
Er ei fod wedi gwerthu'r gwartheg mae e'n dal i wneud rhyw fân orchwylion o gwmpas y buarth.
Although he has sold the cattle he still potters about the farmyard.
symud *to move*
Seni'n bwdlan.
Dyw hi ddim yn symud.
She's not moving.

bwêll/bŵell (eb)

bwyell *axe*
Cer â'r fwêll i hollti'r cwêd/côd.
Cer â'r fwyell i hollti'r coed.
Take the axe to split the wood.

bwgwth (be)

bygwth/bwriadu *to threaten/to intend*
Paid ti â 'mwgwth i!
Paid ti â'm bygwth i!
Don't you threaten me!
Wdw i wedi bod in bwgwth ffono hi.
Rydw i wedi body n bwriadu ei

ffonio hi.
I've been intending to give her a ring.
bwgwth gweud bwriadu dweud
to intend saying

bwldagu (be)
llyncu poer *to swallow spit*

bwmbatsh (eg)
llanast/pentwr o lestri mân
mess/a heap of small crockery
Cishodd dinnu llun ond troiodd e mas in fwmbatsh llwyr.
Ceisiodd dynnu llun ond trodd yn llanastr llwyr.
She/he tried to draw a picture but it turned out to be a total mess.

bwmbwr (eg)
bwmbwrth/mwgwd anifail
animal mask
Rhowch fwmbwr drost lliged i ceffyl.
Rhowch fwgwd dros lygaid y ceffyl.
Put a mask over the horse's eyes.

bwmp (eg)
dim gair *not a word*
Wedodd e ddim bwmp o'i ben.
Ddwedodd e ddim gair.
He didn't say a word.

bwmpo (be)
taro *to bump*
Bwmpodd hi'i char miwn i'r wal.
Trawodd hi ei char i mewn i'r wal.
She bumped her car into the wall.

bwrlwc (eg)
gwg /golwg sarrug (WWST)
frown

bwrlwcs
cyfarch plentyn *to address a child*
Dere 'ma'r bwrlwcs! *Come here, you little rascal!*

bwrw (be)
bwrw iddi ei throi hi *to set*
Mae'n tinnu mlân a mae'n hen bryd inni 'i bwrw ddi am getre.
Mae'n hwyrhau ac mae'n hen bryd inni ei throi hi am adre.
It's getting late and it's high time we set for home.
bwrw am
Mae'n bwrw am y saith deg.
Mae'n agosáu at ei deg a thrigain.
She's nearly seventy (years old).
bwrw mlân
Fel ma dyn in bwrw mlân mae'n anghofio mwy a mwy.
Fel mae rhywun yn heneiddio mae'n anghofio mwy a mwy.
As one gets older he/she forgets more and more.

bwrw gole (be)
melltennu *to flash lightning*

bwrws (eg)
poor house enw ar dŷ

bŵt (eg)
câl y bŵt/cael eich taflu allan/eich troi o'r gwaith
to get the sack

bŵts tace (ell)
esgidiau hoelion (WW) *hobnail boots*

bwtwn (eg) **bwtwne** (ell)
botwm botymau *button(s)*
bwtwn cot ir hen ŵr botwm crys

stitchwork (stellaria holostea)
Ma'i fel bwtwn.
Mae'n lân ac yn dwt.
She's neatly dressed.

bwyd i lliffant
bwyd y llyffant/tyfiant ar lun
ymbarél (CP)   *toadstool*

byth a hefyd
yn ddi-ben-draw *continually*
Mae e'n swnan byth a hefyd ishe
rhwbeth.
Mae e'n swnian yn ddi-ben-draw
eisiau rhywbeth.
He's continually moaning and wanting
something.

C

ca (ans)
cau *closed*
We'r hewl in ga.
Roedd y ffordd ar gau.
The road was closed.

cabetsh (ell) **cabetshen** (eb)
cabaets *cabbage(s)*

cabetsho (be)
ei ddal   *to be caught*
Mae e wedi câl 'i gabetsho.
Mae e wedi cael ei ddal.
He has been caught.

cabwdl (eg)
y cyfan i gyd/y cwbwl lot
the whole caboodle

caca (eg)
lando in i caca   glanio yn y baw/
mynd i drafferth
to land in a mess/to get into trouble

cacen (eb) **cacs** (ell) **cace** (WWP)
cacs bach   cacennau bychain *small*
queen cakes
Stwffodd 'i hunan 'da cacs bach.
Llanwodd ei hun â chacennau
bach.
He gorged himself with small cakes .

cacwnen (eb) **cacwn** (ell)
cacynen/cacwn   *hornet/bumble bee*
Ces i 'mhigo 'da cacwnen.
Cefais fy mhigo gan gacynen.
I was bitten by a hornet.

cachad (aflednais) *(vulgar)*

Bidda i 'da chi miwn cachad.

Byddaf gyda chi ymhen fawr o dro.

I'll be with you in two shakes.

cachfa (aflednais)

argyfwng/traed moch/sefyllfa sydd wedi mynd o chwith *crisis/palaver (vulgar)*

Cath e bwnsher ar i ffordd i ddala'r train, a 'na beth wedd cachfa.

Cafodd bwnsier ar y ffordd i ddal y trên, a dyna beth oedd llanast.

He had a puncture on the way to catch the train, and what a bloody mess.

cachu hwch

Ma pethe wedi mynd in gachu hwch arnon ni.

Mae pethau wedi mynd yn draed moch arnon ni.

Things have gone all to pot with us.

cadach (eg) **cidache** (ell)

dillad *clothes*

Tinna di gidache glyb lawr.

Tynn dy ddillad gwlyb oddi amdanat.

Take off your wet clothes.

cader (eb) **cadeire** (ell)

pwrs y fuwch *cow's udder*

rhan o'r bladur *a part of the scythe*

"Wes cader dda 'da hi?"

"Wes, ma cader fel Cader Idris 'da hi."

cadrïed/cadiried (ell)

creaduriaid *animals*

Mae'n amser bwydo'r cadrïed.

Mae'n amser bwydo'r anifeiliaid.

It's time to feed the animals.

cadw (be)

to keep

Sena i'n gwbod ble mae'n cadw. Mae wedi cadw bant os tipyn nawr ond mae'n rhaid inni gadw pethe i droi sach 'ny.

Dw i ddim yn gwybod ble mae hi'n byw. Mae wedi cadw draw ers tipyn ond mae'n rhaid inni ddal ati, serch hynny.

I don't know where she is living. She has stayed away for some time now, but we must keep on, regardlessly.

cadw bant   cadw draw *to keep away*
cadw pethe i droi dal ati *to keep at it*
cadw gene   ymffrostio eich bod yn well nag ydych mewn gwirionedd *to boast that you are better than what you truly are*
cadw reiets   gwneud twrw *to make a noise/riot*

Ma'r whilgrwts 'na in cadw reiets byth a hefyd.

Mae'r bechgyn ifainc yna yn gwneud twrw'n ddi-ben-draw.

Those young lads are endlessly making a riot.

cafan (eg) **cafne** (ell)

cafn cafnau *trough(s)*
cafan i moch cafn y moch *the pig's trough*
cafan i to/cafne'r to bargod bargodion *guttering*

Ma'r cafan wedi bloco 'da'r dail.

Mae'r bargod wedi'i flocio gan y dail.

The guttering has been blocked by the leaves.

caffl (eg) **caffls** (ell)

cwlwm/clymau *entanglement of hair/string etc knots*

cafflo (be)

drysu (am wallt) *to entangle*
Cafflodd 'i gwallt in i grib.
Drysodd ei gwallt yn y grib.
Her hair got entangled in the comb.

cagal (eg) **cagle** (ell)

dom/tail/baw *dry dung*
Dom wedi sychu'n beli ar gwt a choese ôl da.
Tail wedi sychu'n beli ar gynffon a choesau ôl gwartheg.
Dry dung on the tail and hind legs of cattle.
Amser godro in ir ha sych, bidde'r da in dwâd in gagle i gyd o'r weun.
Amser godro yn yr haf sych, byddai'r gwartheg yn dod yn dail caled ar eu cynffonnau a'u coesau o'r waun.
At milking time in the dry summer the cows would come with dry dung on their tails and hind legs from the meadow.

caglog (ans)

â thail sych ar y gynffon a'r coesau
with dry dung on tail and legs.

caglyn (eg)

Hen gaglyn o ddiwarnod.
Diwrnod diflas.
A miserable day.
'Na hen gaglyn o beth 'i bod hi wedi dod i'r glaw a finne moyn hou'r winwns.
Dyna hen dro ei bod wedi dod i'r glaw a finnau am hau'r wynwyn.
What a nuisance that it has started raining when I wanted to sow the onion seeds.

caib (eb)

gwaith caib a rhaw gwaith corfforol
physical work

caib (eb)

mattock
Mae wedi cirradd blwyddyn i ddwy gaib.
Mae wedi cyrraedd ei 77 mlwydd oed.
She has reached her 77th birthday.

câl (be)

cael *to have*
Dyfodol Gorff. Dibynnol
ca i   ces i   cethen i/cesen i
cethe ti   cese ti   cei di/ces ti
cethe fe/hi cese fe/hi ceith e/hi
cew ni   cetho ni   cethe ni/cese ni
cew chi cetho chi cethe chi/cese chi
cew nhw cetho nw cethe nw/cese nw
Câl a châl wedd hi.
Cael a chael oedd hi.
It was touch and go.

'i châl hi

cael cerydd *to be chastised*
Peidwch gweud wrth neb neu fidda i'n siŵr o'i châl hi.
Peidiwch dweud wrth neb neu fe fydda i'n siŵr o gael fy ngheryddu.
Don't tell anyone or I'm sure to get chastised.

câl mynd

cael mynd *to be allowed to go*
Seno ti'n câl mynd i'r parti.
Dwyt ti ddim yn cael mynd i'r parti.
You're not allowed to go to the party.

câl galwad

cael galwad *to get a call*
when a preacher gets a call to be a
minister in another chapel

calch i tlawd (eg)

eira *snow (lit. The lime of the poor.)*
Fel mae'r calch yn dda i'r pridd,
mae'r eira yn puro.
As the lime is good for the soil, the
snow purifies.

call (ans)

doeth (gair difrïol) *wise (wise acre)*
Mae e mor gall â Pharo.
Mae e'n gwybod y cyfan.
He is a know-all.

callbren (eb) **callbryn** (eg)

rhywun sy'n gwybod y cwbl
someone who knows everything

calldod (eg)

callineb (difrïol) *wisdom (in a*
derogative sense)

camol (be)

canmol *to praise*
Rhaid camol i rhoces am 'i gwaith da.
Rhaid canmol y ferch am ei
gwaith da.
One must praise the girl for her good
work.

campo/campro (WWST) (be)

neidio a chwarae/prancio
to frolic/to prance
Ma'r ŵyn a'r ponis in campo ar i rhos.
Mae'r ŵyn a'r ponis yn prancio ar
y rhos.
The lambs and ponies are prancing on
the moor.

camren (eb)

cambren, rhan o harnais ceffyl
wrth aredig
part of the horse's harness while
ploughing
digio rhywun/gwneud llanast
Ma rhiwun wedi cachu ar 'i gamren e!
(aflednais)
Mae rhywun wedi ei ddigio yn
arw.
Someone has rattled his cage. (vulgar)

camyd (be)

camu *to step*
Well inni gamyd i ffens 'te glei.
Mae'n well inni ymadael.
We might as well leave it there and go
I suppose.

can (eg) **canne** (ell) (WWP)

llestr o fetel *a metal vessel, can*

can llâth (eg) **canne llâth** (ell)

llestr i ddal llaeth *milk churn*

cannwill/cannwll (eb) **canwille**
(ell)

cannwyll canhwyllau *candle(s)*
cannwill gorff golau cannwyll
a welid yn y nos, arwydd o
farwolaeth *corpse candle*

cansen ganswllt (eb)

hen ferch (CShB) *old maid*

cantreg (eb)

cantores dda *a female who sings well*

cantrwed (eg)

cantroed *centipede*

capan cornicyll (eg)

nasturtium

copa cornicyll

blodyn oren *Tropaeolum Majus*

capso (be)

yn goron ar y cyfan *to cap*

Ac i gapso'r cwbwl gwedodd 'i fod in tinnu'i enw'n ôl.

Ac yn goron ar y cyfan dywedodd ei fod yn tynnu ei enw'n ôl.

And to cap it all he said he was withdrawing his name.

caramedd (ans)

eithafol (gair prin) (WWST)

caran (eg) **cerins/ceryns** (llu)

truan, anifail, celain marw

poor soul, carcass

'Rhen garan ag e! Y truan bach ag e! *The poor old soul!*

'Rhen gerins â nw! Y trueiniaid â nhw! *The poor old souls!*

Mae e'n drewi fel caran.

Mae e'n drewi fel ffwlbart.

He stinks (like a carcass) to high heaven.

carbel (ans)

wedi drysu'n llwyr *to be utterly confused*

Mae'n iach o ran 'i chorff ond mae'i meddwl hi'n garbel.

Mae hi'n iach yn gorfforol ond mae wedi drysu'n llwyr.

She is physically healthy but she is utterly confused.

carbeliwns

yn ynfyd/yn gawl (CShB)

to be mad with rage

carcus (ans)

gofalus *careful*

Neith i ci ddim cnoi, ond bydd in garcus.

Gwnaiff y ci ddim cnoi, ond bydd yn ofalus.

The dog won't bite, but be careful.

carlibwns (ans)

llanastr *a mess*

Cwmpodd i llestri'n garlibwns ar i llawr.

Cwympodd y llestri'n un llanastr ar y llawr.

The dishes fell in a mess on the floor.

car llwye (eg)

celficyn bychan o bren ar ffurf stâr a thyllau ynddo i ddal llwyau

a wooden piece with steps and holes to hold spoons

carreg (eb) **cerrig** (ell)

stone(s) testicle(s)

carreg ateb *echo stone*

Ma carreg ateb glir iawn ing Nghwarre Tyrch.

Mae carreg ateb glir iawn yng Nghwarel Tyrch.

There is a clear echo-stone in Tyrch Quarry.

carreg Waldo (eg)

cofeb Waldo *Waldo's memorial stone*

cerrig moron (ell)

cerrig mawrion *boulders*

Y clwstwr o feini ar gomin Rhos-fach lle codwyd cofeb Waldo yn 1978.

The cluster of boulders on Rhos-fach common where Waldo's memorial stone was erected in 1978.

carnedd (eg) **carnedde** (ell)
llawer *many*
Ma carnedde'n aros 'na.
Mae llawer yn aros yno.
Many are staying there.

carto (be)
cludo mewn cart *to carry in a cart*
Carto'r gwair o'r parc i'r iglan.
Cludo'r gwair mewn cart o'r cae
i'r ydlan.
*To carry the hay in a cart from the field
to the rickyard.*
Ma nw'n câl 'u carto i bobman.
Maen nhw'n cael eu cludo i
bobman.
They are being carried everywhere.

cartws (eg)
un o adeiladau'r tai mas lle cedwir
y cart *cart house*

carthad (eg)
carthiad *a clean out (of dung)*
Ma catsh i lloi wedi câl carthad.
Mae cwt y lloi wedi ei garthu.
The calf pen has been mucked out.

carthu (eb)
to clean out (of dung)
Fe fidde ni'n carthu'r glowty bob
tro wedi godro.
Fe fyddem yn carthu'r beudy bob
tro wedi godro.
*We would muck out the cowshed every
time after milking.*
carthu'r gwddwg
carthu'r gwddf *to clear the throat*

cas (eg) > gas
cywilydd *embarrassment*
Wedd e'n ddigon i godi gas ar riwun.
Roedd yn ddigon i gywilyddio
rhywun.
*It was enough to make anyone
embarrassed.*
We gas 'da fi.
Roedd cywilydd arnaf.
I was embarrassed.

cas cloc (eg)
clock casing
teimlo fel cas cloc bod yn grac
to be annoyed

caseg (eb) **cesig** (ell)
mare(s)
Caseg in drwm o ebol cyfebol *mare
in foal*
Caseg las (gwyn neu lwyd) *a grey
mare*
Caseg wine (brown golau) caseg
winau *a brown mare*

casyn (eg) **casys** (ell)
case(s)
casyn glasis casyn sbectol *spectacle
case*
casyn gwbenni casyn gobennydd
pillow case
cymeriad(-au) *a character*
'Na gasyn yw e! Dyna gymeriad yw
e! *There's a character!*
'Na gesys i chi! Dyna gymeriadau
ydych chi!
What characters you are!

castell (eg) **castelli** (ell)
castell cestyll *castle(s)*
Mae'n codi castelli.

Mae cymylau mawr yn yr awyr.
There are big clouds in the sky.

casten (eb)
stmyllen bridd *part of the plough*

Caton pawb!
Duw gadwo ni! *(lit. God keep us.)*

catre (eg)
cartref *home*
Mae e miwn catre hen bobol.
Mae e mewn cartref hen bobl.
He's in an old people's home.

catrish (ell) **catrishen** (eb)
cetrisen cetris (at saethu)
cartridge(s)

catsh (eg) **catshis/catshys** (ell)
cwt cytiau *pen(s)*
catsh i lloi cwt y lloi *calves' pen*

cath (eb) **cathe** (ell)
cath cathod *cat(s)*
Blant y cathe! (ebych)
câl cathe bach ofni'n fawr
to have kittens
Wedd hen goel bod cathe mish Mai yn
dwâd â nadrodd i'r tŷ. Fentre nw ddim
magu cath in mish Mai, we'i'n câl 'i
boddi cyn 'i bod hi'n agor 'i lliged.
*There was an old superstition that cats
born in the month of May brought
snakes into the house. A May cat
would not be raised, but drowned
before its eyes opened.*

cathren (be)
arwain neu yrru anifail wrth aredig
(WWW)
to lead an animal when ploughing

cau (be)
to close, to shut
Dyfodol Amodol Gorffennol
ceia i   ceien i   ceies i
cei ti   ceie ti   ceies ti
ceiith e/hi ceie fe/hi ceiodd e/hi
ceiw ni   ceie ni   ceio ni
ceiw chi   ceie chi   ceio chi
ceia nw   ceie nw   ceio nw

cau (be)
llanw bylchoedd mewn cloddiau
to fill in gaps in the hedges
Ca' di ben! Cau dy geg! *Shut up!*
(singular)
Ceiwch ech penne! Caewch eich
cegau! *Shut up! (plural)*

cau lan (be)
cau lan fel clam
tawelu a pheidio dweud gair
to become quite and not say a word.
Ma'r mini fel se 'i'n cau lan nawr 'to.
(sôn am y tywydd yn gwaethygu)
Mae'r glaw a'r niwl yn cau am y
mynydd nawr eto.
*The rain and fog/mist are closing in on
the mountain again.*

cau miwn iddi
dod i'r glaw *to rain*

cau miwn
cau mewn *to close in*
We'r nos in cau miwn amdeno ni.
Roedd y nos yn cau i mewn
amdanom ni.
The night was closing in on us.

cawdel (eg)
cymysgfa (CShB)/cymysgwch/
annibendod/llanast
untidiness/a mess
Ma rhyw gawdel penna in i rhŵm
ffrynt.

Mae rhyw annibendod rhyfedd yn y stafell ffrynt.
The front room is in a mess.

cawed (eb) **cawedydd** (ell)
cawod cawodydd *shower(s)*
Mae'n addo cawedydd in i prinhawn.
Mae'n addo cawodydd yn y prynhawn.
It promises showers in the afternoon.
cawed lyb *a wet shower*

cawedog (ans)
cawodlyd *showery*

cawl mwl (ans)
cymysgfa *untidiness/all mixed up*
We'r llifre a'r llunie in gawl mwl drwy'i gili.
Roedd y llyfrau a'r lluniau yn un gymysgfa.
The books and pictures were in an untidy heap.
Wen nw'n siarad Cwmrâg a Sisneg in gawl mwl drwy'i gili.
Roedden nhw'n siarad Cymraeg a Saesneg yn gymysg drwy'i gilydd.
They were talking Welsh and English all mixed up together.

cawl potsh
llanast *a mess*
Neud cawl potsh o rwbeth.
Gwneud llanast o rywbeth.
To make a mess of something.

cawl sarn
Ma pethe wedi mynd in gawl sarn 'ma.
Mae pethau wedi mynd i'r gwellt yma.
Things are ruined here.

cawl twmo (eg)
cawl eildwym *reheated broth*

I ni'n câl cawl twmo i fita finicha ar ddydd Sadwrn.
Rŷn ni'n cael cawl eildwym i fwyta fynychaf ar ddydd Sadwrn.
We have reheated broth usually on Saturdays.

cawlan/cawlo (be)
cymysgu/drysu *to mix/to mess up*
Wit ti wedi cawlan i cownts lan i gyd wrth beido rhoi pob swm lawr.
Rwyt ti wedi drysu'r cyfrifon i gyd wrth beidio nodi pob swm.
You've mixed up the accounts by not making a note of every sum.

cawnen (eb) **cawn** (ell)
reed(s)
mor wan â cawnen mor wan â brwynen *as weak as a kitten*

caws (eg)
câl caws o fola ci ceisio'r amhosibl
to try and get what's impossible
Ma câl arian wrtho fe fel câl caws o fola ci.
Mae cael arian oddi wrtho fel cael gwaed o garreg.
To get money from him is trying the impossible.

cawse (eg)
causeway ffordd at ddrws y tŷ (WW) *path leading to the door*
Rhiw Pengawse (ar y ffordd i Hendy-gwyn)

cawslest (eg)
cawslestr *cheese vat*

cêc (eg) **cêcs** (ell)
teisen(-nau) *cake(s)*

cêc y da bwyd y gwartheg *cattle feed*

cecial (be)

atal dweud *to stammer*

Weno'n haru siarad o flân pobol achos wedd e'n cecial in ofnadw.

Ni allai ddioddef siarad yn gyhoeddus oherwydd roedd atal dweud ofnadwy arno.

He couldn't bare speaking in public because he stammered so awfully.

ceffilwr (eg)

gwas ffarm â chyfrifoldeb am y ceffylau (WWP)

the servant who was responsible for the horses

ceffyl (eg) **ceffile** (ell)

ceffyl(-au) *horse(s)*

ceffyl blân ceffyl blaen/dyn pwysig sy'n hoff o arwain *a person who likes to lead*

Mae e'n ddigon stumogus, mae e'n bita bwyd fel ceffyl.

Mae digon o eisiau bwyd arno mae e'n bwyta fel ceffyl.

He likes his food, he eats like a horse.

cegers (ell)

planhigion tal (fel cegid) sy'n tyfu ar lan afon neu fannau llaith

tall plants (like hemlock) that grow on river banks and moist areas

ceiad (eg) **ceiadon** (ell)

caead caeadon (llu) *lid(s)*

ceiad i tepot caead y tebot *teapot lid*

Wedd e wedi ifed his i ceiad.

Roedd wedi yfed nes ei fod yn feddw gaib.

He was quite drunk.

ceibo (be)

ceibio *to dig*

Shwt mae'n ceibo?

Sut mae'n mynd?

How's things?

ceilog (eg) **ceilogod** (ell)

ceiliog (-od) *cock(s)*

ceilog ar ben domen getre (sôn am rywun sy'n ddigon hyderus gartre ond sy'n swil oddi cartre)

a cock of the roost at home (said of someone who is confident at home but shy away from home)

ceinog (eg) **ceinoge** (ell)

ceiniog (-au)

dail ceinog dail ceiniog *pennywort (Umbilicus rupestris)*

ceit (eg)

ffŵl *idiot*

Mae e fel ceit in 'i gar newi.

Mae e fel ffŵl yn ei gar newydd.

He's like an idiot in his new car.

cel (eg)

ceffyl (WWW) *horse*

celwi (eg) **celwidde** (ell)

celwydd(-au) *lie*

Sena i'n gweud gair o gelwi 'thoch chi.

Dw i ddim yn dweud gair o gelwydd wrthoch chi.

I'm not telling you a word of lie.

celwi gole celwydd golau *a white lie*

stori gelwi gole *a story based on barefaced lies*

Gweud celwi fel ci in trotian.

Dweud celwydd yn ddiymdrech.

To tell lies effortlessly.

rhaffu celwidde (be) *to tell a string of lies*

cellwar (be)

cellwair/rhyfygu/mentro *to dare*

cemeriad (eg)

cymeriad *a character*

cender (eg) **cenderwyr** (ell)

cefnder cefnderoedd *cousin(s) (male)*

ail gender cyfyrder *second cousin*

cenfent (eb)

cenfaint *herd*

cenfent o foch cenfaint o foch
a herd of pigs

cer!

Dos! (gorchymyn) *Go! (command)*
Cer i grafu! *Get lost! (singular)*
Cerwch i grafu! *Get lost! (plural)*
Cered i grafu! *Let him/her get lost!*
Cerent i grafu! *Let them get lost!*

cered (be)

cerdded *to walk*
Ethon ni mas i gered wedi bita'n gwala.
Aethon ni allan i gerdded wedi bwyta ein gwala.
We went for a walk after we'd eaten heartily.

cered (ans)

prysur/i'r eithaf *all the go*
Mae gered 'ma heddi 'to.
Mae'n fynd mawr yma heddiw eto.
It's all the go here today again.
Mae'r cawl in berwi gered ar i tân.

Mae'r cawl yn berwi i'r eithaf ar y tân.
The broth is boiling away on the fire.

cered! (be)

aed! (gorchymyn) *let him/her go*
Cered i weld.
Let him/her go and see.

cerfishgin (eg)

cyfrisgyn/cyfresgyn/gweledigaeth o angladd/toili *apparition of a funeral*
ysgerbwd neu ddrychiolaeth o berson (WWST) *skeleton or apparition of a person*

cesel (eb) **ceseile** (ell)

cesail ceseiliau *armpit(s)*
cesel i mini cesail y mynydd
mountain recess

ceser (ell)

cesair *hailstones*
Cethon ni gawed o geser bras, bras, seis peli golff, un ha 'nôl in ir wythdege.
Cawsom gawod o gesair bras ofnadwy, maint peli golff, un haf yn ôl yn yr wythdegau.
We had a shower of very large hailstones, the size of golf balls, one summer back in the 1980s.
bwrw ceser bwrw cesair *to hail*

cest (eg)

bol/stumog (CShB) *belly/stomach*

cete (llu)

catiau *shreds*
We'r dillad wedi rhico in gete mân.
Roedd y dillad wedi rhwygo yn gatiau mân.
The clothes were torn into shreds.

cetshin (eg)

salwch sy'n hawdd ei ddal oddi wrth rywun arall *an illness easily caught from someone else*

cetyn (eg)

ysbaid o waith/amser *a spell of work/time*

Wdw i'n mind mas i neud cetyn bach arall in ir ardd.

Rydw i'n mynd allan i wneud ychydig o waith yn yr ardd.

I'm going out to do a spell of work in the garden.

Mae e'n hala'i getyn in i tŷ.

Mae e'n treulio'i amser yn y tŷ.

He spends his time in the house.

cewc (eg)

cilolwg (WWW)/golwg/meddwl *regard/estimation*

So fowr o gewc 'da fi arno.

Dw i ddim yn meddwl rhyw lawer amdano.

I don't have much regard for him.

cewcan (be)

achwyn/cwyno *to complain/to be fidgety*

Beth yw'r cewcan 'ma sy 'da'r crwt o hyd?

Beth yw'r cwyno hwn sydd ar y bachgen o hyd?

Why does the boy always fidget?

cewn cefen (eg) **cewne cefne** (ell)

cefn(-au) *back(s)*

drws i cewn drws y cefn *back door*

Etho nw tu ôl i'n cewne ni.

Aethon nhw tu ôl i'n cefnau.

They went behind our backs.

cefnogaeth *support*

Mae hi'n gewn mowr i fi.

Mae hi'n gefn mawr i mi.

She is my great support.

torri cewn ir ardd

gwneud y palu cyntaf mwyaf yn yr ardd

to do the first digging in the garden

torri cewn/cefen (be)

aredig y gwys gyntaf trwy ganol y cae i ddechrau'r gwaith

ploughing the first furrow through the middle of the field to commence

cewyn (eg) **cawe/cewinne** (ell)

cewynnau, clwt/clytiau'r babi *nappy/nappies*

cidio/cidjo/citsho (be)

cydio *to grasp/to stick*

Cidja in in llaw i!

Cydia yn fy llaw!

Grasp my hand!

Berwodd i tato in sych a cidjon nw ing ngweilod i sosban.

Berwodd y tatws yn sych a chydion nhw yng ngwaelod y sosban.

The potatoes boiled dry and got stuck to the bottom of the saucepan.

cidl (eg)

Crochan mawr crwn â dwy ddolen fechan a thair coes fer. *A large round cauldron with two small handles and three short legs.*

Arson nw i grafu'r cidl.

Arhoson nhw tan y diwedd yn deg *(mewn cyngerdd ac ati).*

They stayed to the very end (of concert etc).

cïedd (ans)

cïaidd/creulon *brutal*

Mae'n imbed bod dyn in galled bod mor gïedd.

Mae'n enbyd bod dyn yn gallu bod mor gïaidd.

It's terrible that man can be so brutal.

cifadde (be)

cyfaddef *to confess/to admit*

cifan (ans) (eg) **cifen** (ell)

cyfan cyfain *all/entire*

Golches i'r cifen.

Golchais y cyfan.

I washed everything.

Mae'r llester in gifan, sdim marcyn arno.

Mae'r llestr yn gyfan, does dim nam arno.

The item of crockery is intact, there's not a mark on it.

cifatal (ans)

siomedig, heb setlo (am y tywydd) (CShB) *disappointing, unsettled*

cifer (ardd)

cyfer

in i nghifer ar fy nghyfer

in di gifer ar dy gyfer

in 'i gifer ar ei gyfer

in 'i chifer ar ei chyfer

in en cifer ar ein cyfer

in ech cifer ar eich cyfer

in 'u cifer ar eu cyfer

Âth hi in 'i chifer i miwn i'r tŷ heb gnoco.

Aeth hi ar ei chyfer (heb betruso) i mewn i'r tŷ

heb gnocio.

She went straight into the house without knocking.

siarad ar 'i nghifer siarad ar fy nghyfer *to speak without thinking*

cifing (ans)

cyfyng *narrow/restricted*

cifingder (eg)

cyfyngder *distress*

cifle (eg)

cyfle *chance/opportunity*

cifleu (be)

cyfleu *to convey*

cifor

wedi ei orchuddio *covered*

Ma'r pâm in gifor o flode.

Mae'r pâm wedi ei orchuddio â blodau.

The flower bed is covered with flowers.

cifoth (eg)

cyfoeth *wealth*

cifreithwr (eg) **cifreithwyr** (ell)

cyfreithiwr(wyr) *lawyer(s)*

Mae e'n holi fel cifreithwr.

Mae e'n gofyn cwestiynau fel cyfreithiwr.

He's asking questions like a lawyer.

cifreth (eb)

cyfraith *law*

whâr-ing-nghifreth chwaer-yng-nghyfraith *sister-in-law*

cifri (be, eg)

cyfrif *to reckon/account*

Mae'n cifri 'i hunan yn well na'r lleill.

Mae hi'n cyfrif ei hun yn well na'r
lleill.
*She reckons she is better than the
others.*

cifyl (eg)

cyfyl *near*

Weles i neb ar gifyl i lle.
I didn't see anyone nearby.

ciffes (eb)

cyffes *confession*

ciffrad (eg)

symudiad *a movement*

We ddim ciffrad indo.

Wnaeth e ddim symud.
He didn't budge.

cingron (eb)

cingroen/caws llyffant/drewllyd
stinkhorn

Mae e'n drewi fel cingron.

Mae e'n drewi fel cingroen.
It stinks to high heaven.

cihudd (eg)

cyhudd *shelter/shade*

Sai'n leico bod mas in ir houl, mae'n
well 'da fi aros in i cihudd.

Dw i ddim yn hoffi bod allan yn
llygad yr haul, mae'n well gen i
aros yn y cysgod.
*I don't like being out in the sun, I
prefer to stay in the shade.*

ciler (eb)

llestr pren at drin menyn
a wooden vessel for making butter

cilion (ell) **cilionen** (eb) **cilionyn**
(eg)

fly flies midge(s)

Wedd hi'n nosweth fraf ond we'r cilion
in ddigon o farn.

Roedd hi'n noswaith braf ond
roedd y gwybed mân yn boendod.
*It was a beautiful evening but the
midges were a nuisance.*

Cilion a godant o gachu a hedant
uchaf.
*Flies that rise from the dung fly the
highest.*

cilionach (ell)

mân bryfed, clêr (CShB)

cilleth (eb) **cillith** (ell)

cyllell cyllyll *knife knives*

A'th e heibio ar 'i fotobeic fel cilleth.

Aeth e heibio ar ei fotobeic fel
mellten.
*He flew past on his motorbike like
lightning.*

cillith a ffircs cyllyll a ffyrc *knives
and forks*

Ma ishe cilleth a fforc i siarad 'da ti
heddi 'to.

Mae'n rhaid siarad yn gywir iawn â
thi heddiw eto.
*One must be cautious of what one says
to you yet again today.*

cimanfa (eb) **cimanfaodd** (ell)

cymanfa(-oedd) *religious festival*

cimen (ans)

cymen/trefnus *neat*

Mae'n gimen iawn obiti'r tŷ.

Mae hi'n gymen iawn o gwmpas
y tŷ.
She's very tidy around the house.

cimennu (be)
cymhennu *to tidy up*

cimercyn (ans)
di-hwyl/gweddol (CShB)/
cymhercyn/ffaeledig (GPC)
hobbling/feeble/infirm/clumsy

cimryd/cwmryd (be)
cymryd *to take*

Cimreiges (eb)
Cymraes *Welshwoman*

cindeiriog (ans)
cynddeiriog *raving mad*

cindron (ell) **cindronyn** (eg)
cynrhonyn cynrhon *maggot(s)*
Wês cindron in di din di, neu beth?
Oes cynrhon yn dy ben-ôl, neu beth?
Have you got ants in your pants, or what?
cindronyn *a restless child (GPC)*
Ble ma'r cindronyn bach?
Where is the little rascal?

cindroni (be)
magu cynrhon *to breed maggots*

cindrwg (ans)
cynddrwg *as bad*
Seni cindrwg arno ni nawr in ariannol.
Dyw hi ddim cynddrwg arnon ni nawr yn ariannol.
Our financial situation isn't as bad now.
Ma nw cindrwg â'i gili.
Maen nhw cynddrwg â'i gilydd.
They are as bad as one another.

cinefino (be)
cynefino â rhywbeth
to get accustomed to something

cineia/cneia (eg) **cinïa** (WW)
cynhaeaf *harvest*
y cneia gwair y cynhaeaf gwair
the hay harvest
Cetho/ceso ni gneia gwâl lline.
Cawsom gynhaeaf gwael y llynedd.
We had a bad harvest last year.

cineiafu (be)
cynaeafu *to harvest*

cinllwn (eg)
cynllwyn *plot/rascal*
Beth mo'r cinllwn!
What the heck!
Y cinllwn bach ag e, fel ag yw e!
Y cynllwyn bach ag e!
The little rascal as he is!
Fe daga i'r cinllwn.
Mi dagaf y cynllwyn.
I'll strangle the rascal!
ar cinllwn ymadrodd difrifol (WWP)

cinnen (eb)
cynnen *contention*
We hen ginnen in dala rhint i ddou deulu.
Roedd hen gynnen yn dal rhwng y ddau deulu.
An old contention still existed between the two families.

cinnig (be)
cynnig *to offer/to suffer someone*
Sda fi ginnig iddo.
Fedra i ddim mo'i ddioddef.
I can't stand him.

cinnu (be)

cynnau *to light*

Gorffennol Dyfodol Amodol

cinnes i	cinna i	cinnen i
cinnest i	cinni di	cinne ti
cinnodd e	cinnith e	cinne fe
cinodd hi	cinnith hi	cinne hi
cinno ni	cinnw ni	cinne ni
cinno chi	cinnw chi	cinne chi
cinno nw	cinna nw	cinne nw

Fe fydda i'n cinnu tân in i geia ond fydd ena i'n 'i ginnu fe in ir haf.

Byddaf yn cynnau tân yn y gaeaf ond ni fyddaf yn ei gynnau yn yr haf.

I light the fire in the winter but I don't light it in the summer.

cintach (eg)

ceintach/cwyn *grumble*

We rhyw gintach ofnadw 'da'r plant 'na drw'r dydd.

Bu'r plant yna'n cwyno'n ofnadwy drwy'r dydd.

Those children grumbled all day.

cintachu (be)

ceintachu/cwyno *to grumble*

cipial (be)

cyfarth mewn traw uchel (CSB)

to bark in a high-pitched sound

circh (e. torfol)

ceirch *oats*

rhoi circh iddi gwasgu'r sbardun/ throtl *to open out the throttle (lit. To give it oats.)*

circhen (eb)

Mor iach â'r girchen.

Mor iach â'r gneuen.

As fit as a fiddle.

cisgod (eg)

cysgod *shadow*

Wit ti'n ddwlach na di gisgod.

Rwyt ti'n fwy hurt na dy gysgod.

(lit. You're more daft than your shadow.)

cisgu (be)

(cwsgu = Maenclochog)

cysgu *to sleep*

cisgu'n sownd cysgu'n drwm *to sleep tight*

cisgu ci bwtshwr esgus cysgu *to pretend to sleep/to cat nap*

cisho (be)

ceisio/gofyn *to try*

Cîsh 'dag e i fynd lawr i'r siop.

Gofyn iddo fynd lawr i'r siop.

Ask him to go down to the shop.

cisht (eb)

cist *chest*

cisht bren cist bren *a wooden chest*

cistel/castled

cystal *as well as*

Wên i cistel â gwbod 'i fod e'n wir.

Roeddwn i cystal â gwybod ei fod yn wir.

I more or less knew it was true.

cistudd (eg)

cystudd *affliction/illness*

Câth e gistudd hir in 'i fishodd dwetha.

Cafodd gystudd hir yn ei fisoedd olaf.

He had a long illness in his last months.

cisurus (ans)

cysurus *comfortable*
Ma lle bach digon cisirus 'da chi 'ma.
Mae lle bach digon cysurus gyda chi fan hyn.
You've got quite a comfortable little place here.

cithrel (eg) **cithreuled** (ell)

cythraul cythreuliaid *devil*
Ble ma'r cithrel bach 'na wedi mynd 'to?
I ble mae'r cythraul bach yna wedi mynd eto?
Where has that little devil gone to now again?
Wedd 'i gwddwg hi'n crafu fel i cithrel.
Roedd ei gwddf yn cosi'n ofnadwy.
Her throat was itching terribly.

cithreulig (ans)

cythreulig *diabolical*
Mae'n githreulig o wêr heddi.
Mae'n gythreulig o oer heddiw.
It's severely cold today.

ciwt (ans)

cyfrwys *cunning/clever*
O, un ciwt yw e!
O, un cyfrwys ydy e!
Oh, he's a cunning one!

clacwi (eg)

clacwydd *gander*
Wedd e'n hwthu fel clacwi.
Roedd yn chwythu fel clacwydd.
He was hissing like a gander.

cladd (eg)

pit
cladd tato: Bydden nhw'n claddu'r tato a dynnwyd a'u storio yn y pridd ac o dan wellt dros y gaeaf. Pan fydden nhw'n dechrau codi'r tato yn ôl y galw bydden nhw'n 'agor cladd tato'.
Potato pit: They would bury the picked potatoes to store them in the soil and under straw over the winter. When they would need potatoes they would 'open the potato pit'.

claish (eg) **cleishe** (ell)

clais cleisiau *bruise*
We nw'n gleishe piws drostin nw wedi bod in wmla.
Roedden nhw'n gleisiau piws drostynt wedi bod yn ymladd.
They were bruised all over after fighting.
ffos *ditch (along the side of the road)*
Gorffes dinnu miwn i'r claish i adel i car arall baso.
Bu'n rhaid i mi dynnu i mewn i'r ffos i adael y car arall i fynd heibio.
I had to pull into the ditch to let the other car pass.

clam (eg)

math o bysgodyn cragen *clam*
Ceiodd 'i ben glatsh a chau lan fel clam.
Caeodd ei geg ar unwaith a chau fel clam.
He became quiet at once and clammed up.

clambwri (eg)

(am annwyd) rhyndod, oerni (WWST) *shivers*

clamp (eg) **clamps** (ell)
clamp(s)
Mae'n nwylo i fel clamps.
Mae fy nwylo yn oer fel rhew.
My hands are as cold as ice.

clampan (eg)
clindarddach (WWST) *din/noise*

clampyn (eg) **clamps** (ell)
clampyn o ddyn dyn mawr *a big
man*

clapgi (eg)
clapgwn *tell-taler*

clapian (be)
cario clecs *to tell tales*
Nâth i crwt glapian wrth i titsher am
ddiwarddwch y plant erill.
Gwnaeth y bachgen gario clecs i'r
athro am ddrygioni y plant eraill.
*The boy carried tales to the teacher
about the other children's mischief.*

clapo (be)
curo dwylo *to clap hands*

Ma ishe dwy law i glapo.
Does dim diben beio'r naill yn fwy
na'r llall.
*It doesn't pay to blame the one apart
from the other.*
(lit. It takes two hands to clap.)

claps (llu)
cario claps *to carry tales*

clasgad (eg) **clasgade** (ell)
(Maenclochog) *collection(s)*

clasgu (be) (WWP)
casglu *to collect*

clatsh (ans)
yn ei iawn bwyll *right in the head*
Seno'n itha glatsh.
Dyw e ddim yn ei iawn bwyll.
He's not right in the head.
ar unwaith, yn sydyn
Dew nw lawr atoch chi glatsh.
Deuan nhw lawr atoch ar unwaith.
They'll come down to see you at once.
Stopes i glatsh. Stopiais yn sydyn.
I stopped suddenly.

clatshan (be)
(am ddannedd) rhincian *gnashing
of teeth*
Wên i'n crinu gwmint nes we 'nanne i'n
clatshan.
Roeddwn yn crynu cymaint nes
oedd fy nannedd yn rhincian.
*I was shivering so much that my teeth
were gnashing.*

clatshan arni (be)
mynd ati â'ch holl nerth
to go at it hammer and tongs

clatshen (eb) **clatshis** (ell)

ergyd *smack(s)/knock*

Wit ti'n macsu am gwpwl o glatshis ar di ben-ôl.

Rwyt ti'n gofyn am fonclust neu ddwy ar dy ben-ôl.

You're asking for a few smacks on your bottom.

Wedd hi'n glatshen gas iddi pan gollodd 'i gŵr.

Roedd hi'n ergyd greulon iddi pan gollodd ei gŵr.

She had quite a knock when she lost her husband.

clatsh-i-cŵn (ell)

bysedd y cŵn *foxgloves*

clatsho (be)

ergydio/pwnio/paffio
to strike/to box

Troiodd i whare'n wherw a dima'r ddou grwt in dachre clatsho'i gili.

Trodd y chwarae'n chwerw a dyma'r ddau fachgen yn dechrau dyrnodio'i gilydd.

The situation turned nasty and the two boys started striking one another.

clatsho bant (be)

dal ati *persevere*

Buo nw'n clatsho bant 'da'r gwaith drw'r prinhawn.

Buon nhw'n dal ati gyda'r gwaith drwy'r prynhawn.

They persevered with the work all through the afternoon.

Os dyw e'n moyn neud i gwaith, clatshed arni!

Os ydi e am wneud y gwaith, aed ati!

If he wants to do the work, let him carry on!

clau/c'nau/c'nhau (WWP) (be)

glanhau *to clean*

Gorffennol	Dyfodol	Amodol
cleues i	cleua i	cleuen i
cleues ti	cleui di	cleuet ti
cleuodd e	cleuith e	cleue fe
cleuodd hi	cleuith hi	cleue hi
cleuo ni	cleuw ni	cleue ni
cleuo chi	cleuw chi	cleuo chi
cleuo nw	cleua nw	cleue nw

clau'r capel

Pwy sy'n clau'r capel i mish hwn?

Pwy sy'n glanhau'r capel y mis hwn?

Who's turn is it to clean the chapel this month?

clau'ch danne glanhau'ch dannedd *to clean one's teeth*

clau'r llawr glanhau'r llawr *to clean the floor*

claw (eg) **cloddie** (ell)

clawdd cloddiau *hedge(s)*

Ma'r bois mas in trasho'r claw.

Mae'r gweision allan yn torri'r clawdd.

The farm hands are out cutting the hedge.

Rhinto ti a fi a'r claw.

Rhyngot ti a mi a'r pared.

Between you and me and the gate post.

clawr (eg)

ar glawr/bod wrth law

at hand/something which can easily be found

Cei di'r llifir 'da fi nawr, mae e ar glawr fan hyn.

Cei di'r llyfr gen i nawr, mae e ar glawr fan hyn.

I can give you the book now, it's here at hand.

Mae e'n gwbod popeth, ma'r cifan 'dag e ar glawr.

Mae e'n gwybod popeth, mae'r cyfan ganddo wrth law.

He knows everything, he has everything at hand.

cleber wast (eg)

siarad gwag   *to tattle*

clebran (be)

siarad/hel straeon   *to talk/to tattle*

Clebran (eg) papur bro'r Preseli *local Welsh language monthly*

cleder (eb)   **cledre** (ell)

cledr   *palm*

Ma patshyn glyb seis cleder in llaw i ar i wal.

Mae darn gwlyb maint cledr fy llaw ar y wal.

There's a wet patch the size of my palm on the wall.

cledrad (eg)

crasfa   *a beating*

Câth e gledrad, dim whare.

Cafodd grasfa, heb amheuaeth.

He had a beating, no messing.

cledro (be)

curo/pwnio/paffio   *to beat with one's bare fist*

Wedd amser pan gledre'r sgwlin i plant in ddidrugaredd.

Bu cyfnod pan gurai'r ysgolfeistr y plant yn ddidrugaredd.

There was a time that the schoolmaster beat the children without pity.

clefer (ans)

deallus   *intelligent*

Mae'n rhoces glefer iawn.

Mae'n ferch ddeallus iawn.

She's a very intelligent girl.

clei (eg)

clai   *clay*

Wena i'n galled neud dim byd â'r ardd, wedd y pridd fel clei.

Doeddwn i ddim yn gallu gwneud dim byd â'r ardd, roedd y pridd fel clai.

I couldn't do anything with the garden, the soil was like clay.

cleiar (ans)

claear   *tepid/cool*

Ma'r dŵr 'ma'n ddigon cleiar, seno'n rhy wêr na whaith in rhy dwym.

Mae'r dŵr hwn yn ddigon claear, dyw e ddim yn rhy oer nac ychwaith yn rhy dwym.

This water is tepid enough, not too cold nor too hot.

Wedd e da ni his bo hi'n hanner nos, mae e'n gleiar iawn.

Roedd ef gyda ni tan hanner nos, mae e'n glaear iawn.

He was with us until midnight, he's very cool.

cleimyn (eg)

ffram ddringo   *climbing frame*

cleimo (be)

dringo   *to climb*

cleiru (be)

claearu   *to become mild/to cool*

So'r garetsh wedi twmo llawer ond ma nw wedi cleiru tam bach.

Dyw'r moron ddim wedi twymo llawer ond maen nhw wedi claearu rhyw ychydig.

The carrots haven't heated much but they are slightly warm.

clem (eg)

syniad/amcan *idea*

Sdim clem 'dag e shwt i osod ir ardd.

Does dim syniad gydag e sut i blannu'r ardd.

He has no idea how to plant the garden.

cleme (ell)

ystumiau *grimaces*

Ma rhyw gleme rhifedd gida'r crwt.

Mae rhyw ystumiau rhyfedd gan y bachgen.

The boy makes some strange grimaces.

clenshad (eg)

anaf *bruise*

Câth hi glenshad cas ar 'i bys wrth gau'r drws.

Cafodd hi anaf cas i'w bys wrth gau'r drws.

She badly bruised her finger when shutting the door.

clensho (be)

cael anaf *to be bruised*

clêr (e. torfol) **cleren** (eb)

pryfed *flies*

We clêr ar jain fan hyn nawr jwst.

Roedd pryfed ofnadwy fan hyn gynnau fach.

There was an awful amount of flies here just now.

cleren (eb)

clusten *a slap*

clerchen (eb)

hen wraig *an old hag/a miserly old woman* (GDD)

cletsh (ans)

heb ei bobi'n llwyr *not having baked thoroughly/moist*

Ma'r dorth 'ma'n gletsh.

Dyw'r dorth hon ddim wedi ei phobi'n llwyr.

This loaf hasn't been baked thoroughly.

cletshen (eb)

hen wraig *old woman*

"Dim ond fi o hen gletshen fydd 'na," minte'r benshinwraig.

"Dim ond fi o hen wraig fydd yna," meddai'r bensiynwraig.

"I'll be the only old woman there," said the pensioner.

clichtir clichtirion (ell)

yn ddarnau mân *smithereens*

Torrodd i llester in glichtir ar i llawr cerrig.

Torrodd y llestr yn ddarnau mân ar y llawr cerrig.

The piece of crockery broke into smithereens on the stone floor.

climhercedd (ans)

clunhercian (GPC) cloff/ffaeledig *lame*

Mae e'n weddol glimhercedd wedi câl clun newi.

Mae e'n weddol gloff wedi cael triniaeth ar ei glun.

He's quite lame after his operation on the hip.

climpan (be)

hercian *to limp*

Wedd in nhrôd i'n dost, wen i'n câl gwaith climpan.

Roedd fy nhroed yn brifo fel fy mod i'n cael gwaith hercian.

My foot was so painful that I had difficulty in limping.

"Shwd ma pethe?" "O, climpan arni, twel."

"Sut mae'n mynd?" "Brwydro mlaen, wyddost ti."

"How's things?" "Battling on, as you can see."

clincen (eb)

Gath hi'r un glincen in i wyllys.

Ni chafodd yr un ddimai yn yr ewyllys.

She didn't get a farthing in the will.

clincer (eg) **clincers** (ell)

darnau caled a adewir yn y lludw wedi i'r tân ddiffodd *hard pieces left in the ashes of an extinguished fire*

clindarddan (eg, be)

clindarddach *crackling/rattling*

clip (eg)

golwg/cipolwg *glance/glimpse*

Weles i ddim clip ohono fe.

Welais i ddim golwg ohono fe.

I saw no trace of him.

Ces glip ar *Clebran.*

Cefais gipolwg ar *Clebran.*

I had a glimpse through Clebran.

clipad (eg)

chwinciad *wink*

Bidda nw 'da chi miwn clipad.

Byddan nhw gyda chi mewn chwinciad.

They'll be with you in a second.

cliper (eg)

un galluog *an intelligent one/a dab hand*

Mae e'n gliper in trafod i cifrifiadur.

Mae e'n ddeheuig wrth drin y cyfrifiadur.

He's a dab hand in working the computer.

clits (ell)

yn heidiau *in droves*

Agorwch y ffenestri er mwyn dyn neu fe fiddw ni'n pango in glits.

Agorwch y ffenestri er mwyn dyn neu fe fyddwn yn llewygu'n heidiau.

Open the windows for heaven's sake or we'll be fainting in droves.

clitsh–clatsh

mewn iawn bwyll *all there* (WWP)

cliwed/clwêd/clŵed/clêd (be)

clywed *to hear*

Mae e'n cliwed popeth mae'n moyn cliwed.

Mae e'n clywed popeth mae e'n dymuno'i glywed.

He hears everything that he wants to hear.

clo

coelio/mae'n debyg *it seems*

Ma nw wedi gwerthu'r siop, clo.

Maen nhw wedi gwerthu'r siop, mae'n debyg.

They've sold the shop it seems.

cloben (eb)

cloben o fenyw/menyw fawr

a big woman

clobyn (eg)

clobyn o ddyn/dyn mawr

a big man

clocs (ell) **clocsen** (eb)

clog(s)

Ces gwmint o ofon wên i'n crinu'n i 'nghlocs.

Cefais gymaint o ofn, roeddwn yn crynu yn fy esgidiau.

(lit. I had such a fright, I was shaking in my clogs.)

cloch glust (eb)

cloch fach yn y glust   *a ringing in the ear*

Roedd hen goel bod marwolaeth gerllaw pan glywid cloch yn y glust.

According to one superstition, death was nearby when one heard a ringing in the ear.

clochdan (be)

clochdar   *to cluck/to cackle*

Wedd e'n leico clochdan am 'i gampe.

Roedd yn hoff o chwythu ei gorn ei hun am ei gampau.

He liked to blow his own trumpet about his feats.

clogirnog (ans)

clogyrnog/trwsgl/anystwyth (am iaith)   *poor (of language)*

Wedd 'i Chwmrâg hi'n weddol glogirnog a meddwl 'i bod hi wedi'i geni in ir ardal.

Roedd ei Chymraeg hi'n weddol anystwyth ac ystyried ei bod wedi'i geni yn yr ardal.

Her Welsh was rather poor considering she was born in the area.

cloncan (be)

siarad/hel straeon   *to talk/to gossip*

cloncen (eb)

gwraig sy'n hel straeon   *one who gossips*

clopa/clop (ebg)

pen   *head*

Sdim byd lan in i clopa 'na heddi 'to.

Does dim byd yn y pen yna heddiw eto.

(lit. There's nothing up in that head today again.)

"Ma tipyn lan in i clopa 'fyd, fel wedo'r dyn, imhell miwn mae e!"

(lit. "There's much up there in the head, but it's far in, as the man said.")

clorwth (eg)

rhywbeth anferth   *an enormous thing*

Ma clorwth o darw in i parc.

Mae tarw anferth yn y cae.

There's an enormous bull in the field.

clos (eg) **closydd** (ell)

buarth(-au)   *farmyard(s)*

closad (eg)

gwasgiad anwyliad (CShB)   *a caress*

clotas (ell) **clotasen** (eb)

darn o bridd wedi'i dorri mas o'r ddaear   *clod(s)*

clou (ans)

clau/buan *quick*

Dere'n glou, ma'r bws ar ddod.

Brysia mae'r bws ar ddod.

Come quickly, the bus will be here presently.

Mor gloued â gallen i.

Cyn gynted ag y medrwn.

As fast as I could.

clust (eb) **cluste** (ell)

clust(-iau) *ears*

Wedd e lan hyd at 'i gluste miwn diled.

Roedd e lan hyd at ei glustiau mewn dyled.

He was up to his ears in debt.

cluste eliffant planhigyn tŷ â dail lliwgar *a kind of foliage/begonia*

cluste ôn/wên bach blodyn gardd melyn *lambs' ears/big betony*

clusten (eb)

bonclust *box on the ear*

clwêd/cliwed

clywed *to hear/smell*

clwêd sent

Nath hi glwêd sent blode'n gryf wrth ddwâd miwn i'r rhŵm.

Roedd hi'n clywed aroglau blodau'n gryf wrth ddod i mewn i'r ystafell.

She smelt a strong scent of flowers as she entered the room.

clwmpyn (eg)

pentwr *a heap*

clwt (eg) **clwte** (ell)

tafell tafelli *a slice*

clwt o fara menyn tafell o fara menyn

a slice of bread and butter

clwt o gêc darn o deisen *a slice of cake*

clwtyn (eg) **clwte** (ell)

cadach-(au) *cloth*

clwtyn golchi wmed cadach golchi wyneb *face cloth*

Sai werth dim byd heddi, wdw i fel clwtin llawr.

Dwy i ddim o fudd i neb heddiw, rydw i fel cadach.

I'm of no use today, I'm like a wet rag.

babi clwte plentyn babïaidd

a cry baby

clwydo (be)

mynd i'r gwely *to go to bed (roost)*

Mae'n hen bryd inni glwydo.

Mae'n hen bryd inni fynd i'r gwely.

It's high time we went to bed.

cnapo (be)

meddwi *to get drunk*

Fe gnapo nw ar ir hômbriw.

Fe feddwon nhw ar y cwrw cartre.

They got drunk on the home-brew.

cnapog (ans)

talpiog/tympiog (am dir) (WWP)

cnapyn

lwmpyn *a lump*

cnawes (eb)

cadnawes *vixen*

'Rhen gnawes ddigwili â hi.

Rhen gadnawes ddigywilydd â hi.

(lit. The old shameless vixen.)

cneu/cnou (ell) **cneuen** (eb)

cnau cneuen *nut(s)*

cneu'r ddeiar cnau'r ddaear *pignuts*
(BMA)

cneua/cnoua (be)

hel cnau *to collect nuts*

cniff

cystadleuaeth/gosod pwys ar
(WWW) *competition*

cnil (eg)

cweryl/ffraeo (CShB) *quarrel*

cnilan

achwyn/eisiau rhywbeth (WWW)
to complain

cnoc (eb)

knock

rhywbeth ar goll (ar y meddwl)
something missing (mentally)

Mae fel se cnoc arni.

Mae fel petai rhywbeth yn bod
arni.

She seems to have a screw loose.

cnocen (eb)

ergyd a *knock*

Câth e gnocen gas in i car.

Cafodd e ergyd gas yn y car.

He had a bad knock in his car.

cnoiad (eg)

cnoad *bite*

Ces gnoiad cas gida'r ci.

Cefais gnoad cas gan y ci.

I had a nasty bite by the dog.

'co

acw/dacw *over there/there*

'Co hi, draw fan 'co.

Dacw hi, draw fan acw.

There she is, over there.

Galwch 'co, pan gewch chi gifle.

Galwch draw, pan gewch chi gyfle.

Call by, when you get the chance.

coco (be)

sefyll fyny/gwthio i fyny (CShB)
to stand up/to prick up

coco'i gluste moeli ei glustiau (am
anifail) *to prick up its ears (of an
animal)*

coce (llu)

cocyn mwdwl mydylau o wair
haycock(s)

codi coce gwair gosod mewn
mydylau *to stack hay*

cocso (be)

perswadio *to persuade*

Fe weitho nw wedi tam' bach o gocso.

Fe weithion nhw wedi ychydig o
berswadio.

They worked after some persuasion.

Cocses i 'dag e i fynd i weld i doctor.

Perswadiais i ef i fynd i weld y
meddyg.

*I persuaded him to go and see the
doctor.*

cocswyddi (llu)

mân orchwylion (WWW) *chores*

côd/cwêd (ell)

coed(-en) *tree(s)*

coden (eb)

poced (WW) *pocket*

codi'n uchel

Seno'r gwaith 'na'n codi'n uchel iawn.

Dyw'r gwaith hwn ddim byd i'w ganmol.

This work doesn't rise to much.

codi whant ar

codi awydd ar *to make one desire/ eager*

Ma gweld llunie o'r wlad in codi whant arna i fynd 'na.

Mae gweld lluniau o'r wlad yn codi awydd arnaf i fynd yno.

Seeing pictures of the country makes me eager to go there.

codlan (be)

maldodi *to pamper*

coglish (eg)

goglais *a tickle*

Wedd e'n leico hala coglish arni ddi.

Roedd e'n hoffi ei chogleisio.

He liked to tickle her.

coglishad (eg)

goglisiad *a tickle*

coglisho (be)

gogleisio *to tickle*

Weni'n haru câl 'i choglisho.

Doedd hi ddim yn gallu dioddef cael ei chogleisio.

She couldn't bear to be tickled.

coiled (eg)

llond côl/arffed *a lapful*

Ma coiled o waith 'da ni i neud cyn iddi nosi.

Mae llond côl o waith gennym i'w wneud cyn iddi nosi.

We've got loads of work to do before the night comes.

coits (llu)

darnau crwn o haearn

whare coits *play quoits*

cola (eg)

beard of corn

"Fe welech chi'r cola ar farlish a circh, stwff wedd in stico indoch chi i gyd, stwff ar jain."

"Fe welech chi'r cola ar farlys a cheirch, deunydd a oedd yn glynu wrthoch chi i gyd, deunydd ofnadwy."

"You would see the 'cola' on barley and oats, it would stick to you all over, terrible stuff."

colbo (be)

traflyncu *to gorge*

Tolia achán, paid colbo di fwyd fel 'na.

Cymer bwyll, fachgen, paid traflyncu dy fwyd fel yna.

Slow down, boy, don't gorge your food like that.

colane (ell)

pentyrrau (WW) *heaps*

cols (ell) **colsyn** (eg)

marwor(-yn) *ember(s)*

colled wyllt

pwl o wallgofrwydd *a fit of madness*

Sai'n gwbod beth ddâth drost 'i phen, rhyw golled wyllt glei!

Dw i ddim yn gwybod beth

ddaeth drosti, pwl o wallgofrwydd
hyd y gwela i.
*I don't know what came over her, a fit
of madness I suppose!*

colli (be)
colli cof *to become senile*
Odi ddi'n dachre colli?
Ydy hi'n dechrau colli ei chof?
Is she beginning to go senile?
colli ar 'i hunan *to lose control of oneself*

comadiwe (ell)
trimins/seremonïau (CShB)
trimmings

com-bac (eg)
brîd o hwyaid *a breed of ducks*

comon (ans)
gwael *poor*
Digon comon yw hi wedi'r drinieth.
Mae'n ddigon gwael wedi'r
llawdriniaeth.
She's quite poorly after the operation.

comopad (eb)
cerydd *a telling off*

comopo (be)
dweud y drefn wrth rywun
to get one's comeuppance
We rhaid i fi gomopo'r plant am 'u
diwarddwch.
Roedd rhaid i fi ddweud y drefn
wrth y plant am eu drygioni.
*I had to scold the children for their
mischief.*

comops (llu)
ceffylau (WWW) *horses*

conan (be)
cwyno *to complain*
Beth sy'n bod ar i plant, wir, gida'u
conan diddiwedd.
Beth sy'n bod ar y plant, wir,
gyda'u cwyno diddiwedd.
*What's the matter with the children
with their endless complaints.*

conci (ans)
ffroenuchel *haughty/snooty*
Atebodd hi fi'n fwya conci.
Atebodd hi fi'n eithaf ffroenuchel.
*She answered me in quite a haughty
manner.*

conen (eb)
gwraig neu ferch sy'n hoff o
achwyn
a female who likes complaining

conyn (eg)
un sy'n hoff o achwyn
someone who likes to complain
Hen gonyn bach yw e.
Un sy'n hoff o achwyn yw e.
He's someone who likes to complain.

consárn
peth mawr *a large thing*
Gliwoch chi'r consárn na in paso ar ir
hewl?
Glywsoch chi'r peth mawr yna yn
mynd heibio ar yr heol?
*Did you here that large vehicle passing
on the road?*
cymeriad rhyfedd *a strange character*
'Na gonsárn i chi!
Dyna gymeriad rhyfedd i chi!
There's a strange character for you!

C

constrowlo (be)
rheoli *to keep in order*

copadíl (ans)
talog (WWST) *jaunty/lively*

copatínc (ans)
ffroenuchel *haughty*

copish (eg)
balog *codpiece/fly*

copsi (eg)
copa *top*
y cwlwm olaf ar frig tas *the last straw*
Dechreuo nw'n hwyr o'r tŷ ac in gopsi ar i cwbwl fe dorrodd y car lawr.
Dechreuon nhw'n hwyr o'r tŷ ac ar ben y cyfan fe dorrodd y car i lawr.
They started late from the house and on top of that the car broke down.

côr (eg) **core** (ell)
côr y fuwch   core'r da
gorweddle'r fuwch yn y beudy lle aerwyir hi
the area in the cowshed where the cow stands and lies when tied to it's collar

corcyn (eg) **cyrcs** (ell)
cork(s)
Ma'r pridd 'ma mor sych â corcyn.
Mae'r pridd hwn cyn syched â'r corcyn.
This soil is as dry as a cork..
rhewi'n gorcyn *to be utterly frozen*

corcyn coch
cario plentyn ar yr ysgwyddau
to carry a child on the shoulders

corco wherthin (be)
chwerthin yn afreolus *to be in stitches with laughter*

corddad (eg)
Y menyn a wneir mewn un corddad.
The butter made at one churning.

corffidol
gydol dydd (CShB) *all through the day*

corffyn (eg)
bodis (WWST) *bodice*

corryn (eg) **corod** (WWP)
corinnod (ell)
corryn corynnod *spider(s)*
Ble ma'r corryn bach 'na nawr? (am blentyn).
Where's that little mite now? (of a child).

cos/cwês (eb) **coese** (ell)
coes(-au) *leg(s)*

costi (be)
costio *to cost*

cot â cwt (eg)
côt â chynffon *tail coat(s)*

côt of arms (ell)
offer gardd (CShB) (GDD) *garden tools*

coten (eb)
curfa *a beating*
Wit ti'n gofyn am goten os cari di mlân fel hyn.

Rwyt ti'n gofyn am gurfa os cari di ymlaen fel hyn.

You're asking for a beating if you carry on like this.

coulan (eg)

ceulan *hollow bank of river*

cownt (eg)

atgof *recollection*

Sdim cownt 'da fi bo fi wedi plannu rhein.

Dw i ddim yn cofio plannu'r rhain.

I don't recollect having planted these.

cowrw (eg)

cyfrwy *saddle*

Carn Gowrw Carn Gyfrwy *(name of one of the Preseli cairns)*

crabachlyd (ans)

cybyddlyd *miserly*

crabachu (be)

mynd â *to take*

Mae e wedi crabachu'r cwbwl lot wedd in i tŷ.

Mae e wedi mynd â'r cwbl oedd yn y tŷ.

He has taken absolutely everything there was in the house.

crabachyn (eg)

cybydd *miser*

crac (ans)

dig *annoyed*

Âth hi'n grac 'da'r plant am iddyn nw whalu'r gwidir.

Aeth hi'n ddig wrth y plant am iddyn nhw chwalu'r gwydr.

She became annoyed with the children because they smashed the glass.

crach (ell) **crachen** (eb)

scab(s) snobs

codi hen grachen dal i drafod hen gynnen *to rake up an old contention*

crach y rhibyn (eb)

môr-forwyn (CShB) *mermaid*

crafion (ell)

Wedi cwên i gwair o'r parc bidde nw'n rhacanu'r crafion wedd ar ôl.

Wedi cywain y gwair o'r cae, bydden nhw'n cribinio'r crafion oedd yn weddill.

After harvesting the hay from the field they would rake what was left.

crafu (be)

cripian *to crawl/to scrape*

Crafo nw cyn belled â pen i feidir in ir eira ond gorffo nw droi 'nôl.

Gwnaethon nhw gripian cyn belled â phen lôn y fferm yn yr eira ond bu rhaid iddyn nhw droi 'nôl.

They scraped as far as the end of the farm lane in the snow, but they had to turn back.

crafu tato (be)

pilio tatws *to peel potatoes*

crafwr (eg)

Un sy'n ceisio plesio a chreu argraff ar rywun er mwyn cael rhywbeth yn ôl/llyfwr tin *a creep*

craff (eg)

gafael/swm/maint (WWST)/ llawer *much*

Sdim craff ar ôl fan hyn (am fwyd).
Does dim llawer ar ôl fan hyn.
There isn't much left here. (of food)
Seno lot o graff. Dyw e ddim
llawer. *It's not much.*

crapach (eg)
diffyg teimlad (yn y dwylo) (CShB)
numbness in the hands

crasad (eg)
crasfa/curfa *a beating*
Fe gâth e grasad 'da rhyw glorwth o
ddyn.
Cafodd e gurfa gan ryw glamp o
ddyn.
*He had a beating by an enormous
man.*

crasu (be)
crasu bara pobi bara *to bake bread*
crasu dillad caledu dillad *to air
clothes*
Ma'r dillad wedi'u crasu'n dda.
Ma'r dillad wedi'u caledu'n dda.
The clothes have been well aired.

cratshad (eb)
sŵn a wneir gan goed ac ati yn
torri *sound made by timber etc when
breaking*
Cliwo ni'r gratshad benna pan dorrodd
i stôl o dan bwyse'r dyn mowr.
Clywsom glec anferth pan dorrodd
y gadair o dan bwysau'r dyn mawr.
*We heard a terrible crack when the
chair gave way under the weight of the
big man.*

cratshan (be)
sŵn torri neu losgi (CShB) *to
crackle*

We'r blocs in cratshan in i tân.
Roedd y blociau coed yn gwichian
yn y tân.
The blocks were creaking in the fire.

crechi (eg)
crychydd/crëyr glas *heron*
Ma'r crechi in mind lan ir afon i whilio
am lif.
Arwydd o law ar ôl cyfnod sych.
*It was a sign of rain when the heron
was seen flying up river.*

crechi ding dong/crechi dindon
(eg)
plentyn di-ddal (CShB)/rhywun
diwerth *a useless person*

credidwyn (eg)
y mochyn gwannaf mewn
torllwyth (WWW)
the weakest piglet in a litter

cretsh (eg)
y caead tu ôl i gist y cart *tailboard
of cart*

crewcyn (eg)
gair o anwyldeb i gyfarch crwt
bach *a term of endearment to greet a
small boy*
Ble ma'r crewcyn bach nawr 'to?
Ble mae'r adyn bach nawr eto?
Where's the little lad now again?

cricsen (be) **cricsyn** (eg) **crics** (ell)
cricedyn criciaid *cricket*
Mor iach â'r gricsen/cricsyn.
Cyn iached â'r gneuen.
*As fit as a fiddle
(lit. To be as healthy as a cricket.)*

crichias (ans)
berwi'n sych (CShB) *to boil dry*

crimpyn (ans)
sych grimpyn *to dry into a crisp*
Ma'r pridd wedi sichu'n grimpyn.
Mae'r pridd wedi sychu'n grimp.
The soil has dried into a crisp.

crinshan (be)
llosgi'n sych (CShB) *to burn dry*

crinshan (ans)
yn sych iawn, yn bowdwr sych
(CShB) *very dry, as dry as powder*

crispidwin (ans)
wedi crychu (CShB) *to wrinkle/to crimp*

crit (eg) **crite** (ell)
pentwr/pentyrrau o dyweirch
(CSB) *a pile of turf*

crito (be)
y broses o bentyrru tywerch (CSB)
the process of piling the turf

criws (ans)
meddwi *drunk*
mynd ar griws *mynd i yfed* *to go drinking*

croeshi (be)
croesi (croesi cleddyfau) *to cross*
Weno wedi croeshi'n feddwl i.
Doedd e ddim wedi croesi fy meddwl.
It hadn't crossed my mind.
croeshi gwddwg *lladd ei hun*
(CShB) *to commit suicide*

crofen (eg) **crofenni** (ell)
croen (ar bwdin reis)
skin (on rice pudding)
grofen (eb) *rind*
torri'r grofen bant o'r bacwn
o cut off the bacon rind

crôn/crwên (eg)
croen *skin*
Ma crôn 'i din ar 'i dalcen.
He's in a foul mood.

crop (ans)
torri'n grop *torri rhywbeth i'r bôn*
to cut something to the base
troi'n grop *troi'n siarp mewn lle cyfyng* (WWP) *to turn sharply*

cropad (eg)
câl cropad *cael torri ei wallt yn fyr*
to have a short haircut
Seno'n torri'i wallt in amal, ond câth e gropad i tro hwn.
Dyw e ddim yn cael torri ei wallt yn aml, ond cafodd ei dorri'n fyr y tro hwn.
He doesn't have his hair cut very often but he cut it short this time.

crope (ell) **cropyn** (eg)
cropyn/crope ithin *llwyn(i) eithin* *gorse bush(es)*
Fe fidde nw'n arfer llosgi'r crope ithin unwaith i flwyddyn.
Fe fydden nhw'n arfer llosgi'r llwyni eithin unwaith y flwyddyn.
They would burn the gorse bushes once a year.

cropo lan (be)
digwydd dod i'r golwg *to crop up*

crug/crugyn (eg)

llawer *many (people)*

Dâth crugyn o bobl i'r cnebrwn.

Daeth llawer o bobl i'r angladd.

Many people came to the funeral.

cruto

cau i fewn (WWW) *to enclose*

cwrês (eb)

croes *cross*

crwês–dibieth

rhagfarn (CShB) *prejudice*

crwman (eg) crwmane (ell)

cryman crymanau *sickle(s)*

Pawb â'i grwman, rhai â hawch a'r rhest â dim.

Mae gan bawb ei orchwyl, rhai yn effeithiol a'r gweddill ddim.

Mae gan bawb ei orchwyl a'i grefft yn y byd hwn.

Everyone has his work, some are efficient and others not.

crwmu (be)

crymu *to stoop*

Wedd hi'n cered in 'i chrwman.

Roedd hi'n cerdded yn wargrwm.

She walked with a stoop.

crwt (eg) **crwts/crwtsach** (ell)

bachgen bechgyn *boy(s)*

crwth (eg)

canu'i chrwth/canu grwndi

to purr (of cat)

We'r gath in canu'i chrwth in jocôs o flân i tân.

Roedd y gath yn canu grwndi'n fodlon o flaen y tân.

crys (eg) **crise** (ell)

crys crysau *shirt(s)*

Ma rhiwun â'i grys ar i lein in rhwle.

Ymateb pan fo'n dechrau bwrw glaw.

(lit. Someone has his shirt on the line somewhere. Said when it was starting to rain.)

cuche (ell)

cuchiau *frown/grimaces*

Beth yw'r cuche 'na sy 'da ti achán? Seno ti'n drichid in hapus iawn.

Beth yw'r cuchiau yna sydd gen ti, fachgen? Dwyt ti ddim yn edrych yn hapus iawn.

What are those grimaces that you have, boy? You don't look too happy.

cuwch cwd a ffetan

cisho bod fini 'da rhiwun

Cyfuwch cwd main â ffetan lydan.

Jack is as good as his master.

cwafars (ell)

trimins/addurniadau *trimmings*

Wdw i'n moyn iti weitho carden blaen heb fowr o gwafers.

Rydw i am iti wneud cerdyn plaen heb fawr o addurniadau.

I want you to make a plain card without much trimmings.

cwâl (eb)

gwâl/gwely *lair/bed*

Mae'n bryd inni fynd i'r cwâl nawr.

Mae hi'n bryd inni fynd i'r gwely nawr.

It's time that we went to bed.
Mae'r crwt in 'i gwâl a'r rhoces in 'i chwâl.
Mae'r bachgen yn ei wely ac mae'r ferch yn ei gwely.
The boy is in his bed and the girl is in her bed.

cwalo (be)
gwneud gwâl *to make a lair*
(yn bennaf am anifeiliaid)(WWST)

cwanen (eb) **cwanennod** (ell)
cywennen cywennod *pullet*
merch ifanc/cariadferch *young girl/girlfriend*

cwar (eg)
chwarel (WW) *quarry*

cwarel (eg) **cwareli** (ell)
cwarel ffenest *pane of window*

cwarre (eg)
chwarel *quarry*
Cwarre Tyrch *Tyrch Quarry*
Ceuodd y cwarre 'nôl in nhridege'r ganrif ddwetha.
Caeodd y chwarel 'nôl yn nhridegau'r ganrif ddiwethaf.
The quarry closed back in the thirties of the last century.

cwartar clatsh (ans)
llawn llathen *to have a screw loose*
Seno gwartar clatsh.
Dyw e ddim yn llawn llathen.
He's got a screw loose.

cwarter (eg)

cymdogaeth/ardal (CShB) *neighbourhood*

cwato (be)
whare cwato cuddio/chwarae mig *to hide/to play hide-and-seek*
Wen ni wastad in whare cwato pan wen ni'n blant.
Roedden ni wastad yn chwarae cuddio pan oeddem ni'n blant.
We always played hide-and-seek when we were children.

cwb (eg)
carchar *prison*
cwb i ci *the dog kennel*

cwded (eg) **cwdeidi** (llu)
llond cwd cydau *sack(s)ful*
cwded o dato cydaid/sachaid o datws *a sack of potatoes*

cwdwm (eg)
cwymp *a fall*
Baglodd e ar i garreg a câth e gwdwm cas.
Baglodd ar y garreg a chafodd godwm cas.
He tripped on the stone and had a nasty fall.

cwdyn (eg) **cwde** (ell)
cwd cydau *sack(s)*

cwêd/côd (ell) **coed** (eb)
tree wood
Dangcwêd Dan-y-coed (enw lle *place name)*
cwêd tân coed tân *firewood*

cwêl (eb)
cofl/arffed *lap*

Wedd i plentyn in ishte in 'i chwêl.
Roedd y plentyn yn eistedd ar ei harffed.
The child was sitting on her lap.

cwên (be)
cywain *to gather in the harvest*
Fe fidde'r cwmdogion in arfer pitsho miwn i helpu'i gili gida'r cwên gwair.
Byddai'r cymdogion yn arfer bwrw iddi i gynorthwyo'i gilydd gyda'r cywain gwair.
The neighbours would get stuck in and help one another with the gathering in of the hay.

cwên (ell)
cywion bach *little chicks*

cwge (ell)
cacennau bychain plaen o fflŵr, llaeth a braster (WWST) *small cakes made of flour, milk and fat.*

cwili (eg)
cywilydd *shame*
Rhag di gwili di!
Rhag dy gywilydd!
For shame! (singular)
Fe ddile fod cwili arnoch chi.
Fe ddylai fod cywilydd arnoch chi.
You ought to be ashamed.
Mae'n ddigon i godi cwili ar unrhw un.
Mae'n ddigon i godi cywilydd ar unrhyw un.
It's enough to make anyone ashamed.

cwiningen (eb) **cwiningod** (ell)
cwningen cwningod *rabbit(s)*

cwiro/cwro (be)
cyweirio *to mend/to repair*

I chi'n folon cwiro'r sane ma, ma twlle indi nw?
Ydych chi'n fodlon cyweirio'r hosanau hyn, mae tyllau ynddyn nhw?
Are you willing to mend these socks, there are holes in them?
cwiro pwnsher cyweiro pynjar
to repair a puncture

cŵl (ans)
digynnwrf *cool*
Ma hi mor cŵl â bricsen.
Mae hi'n hollol ddigynnwrf.
She's as cool as a cucumber.

cwlffan (be)
cnoi'n ddarnau *to bite off chunks*
Ma rhwbeth wedi cwlffan i bitrŵt i gyd in ir ardd.
Mae rhywbeth wedi cnoi'r betys yn ddarnau yn yr ardd.
Something has bitten chunks off the beetroot in the garden.

cwlffyn (eg) **cwlffe** (ell)
darn mawr *chunk(s)*
cwlffyn o gaws darn mawr o gaws
a chunk of cheese
Mae e'n gwlffyn braf o grwt.
Mae e'n glamp braf o fachgen.
He is a strapping lad.

cwlwm (eg) **clwme** (ell)
clymau *knot*
llwch glo carreg *coal dust*
tân cwlwm *culm fire*
cwlwm du bach *small culm*
cwlwm bras *big culm*

cwm pluf (eg)
y gwely *bed*

Mae'n bryd 'i bwrw ddi am i cwm pluf, glei!

Mae'n bryd ei throi hi tua'r gwely, siŵr iawn!

It's time to go to bed, I suppose.

cwmdogeth (eb)

cymdogaeth *neighbourhood*

Wedd hi'n gwmdogeth glòs ar un adeg.

Roedd hi'n gymdogaeth agos ar un adeg.

It used to be a tightly knit community.

cwmint (ans eg)

cymaint *as many/so much*

Ma cwmint o bobol ddierth wedi simud i'r ardal.

Mae cymaint o bobl ddieithr wedi symud i'r ardal.

So many strangers have moved into the area.

Ma 'i wedi gwella se'i dim ond gwmint â 'na.

Mae hi wedi gwella, petai ond yr ychydig lleiaf.

She has recovered, even if it's the tiniest improvement.

cwmoni (be)

cymoni *to tidy up*

cwmpad (eg)

cwymp *a fall*

Câth e gwmpad cas ar garreg i drws.

Cafodd e gwymp cas ar garreg y drws.

He had a nasty fall on the doorstep.

cwmpni (eg)

cwmni *company*

cwmryd (be)

cymryd *to take*

Cwmra fe! Cymer ef! *Take it! (singular)*

Cwmren i ddim mo'r byd i neud i fath beth.

Chymerwn i ddim mo'r byd i wneud y fath beth.

I wouldn't think of doing such a thing.

Wdw i'n cwmryd bo chi'n aros i gino.

Rydw i'n cymryd eich bod yn aros i ginio.

I take it that you're staying for dinner.

cwmws (ans)

in gwmws yn gymwys *exactly*

"Ma prish y bara wedi codi?" "In gwmws."

"Ma pris y bara wedi codi?" "Yn hollol."

"The price of bread has gone up?" "Exactly."

cwmwysad (eg)

cystwyad/cerydd *a scolding/a reprimand*

Câth e gwmwysad am fwrw'r hen wraig wrth reido'r beic.

Cafodd e gystwyad am daro'r hen wraig wrth fynd ar ei feic.

He had a scolding for knocking down the old woman as he rode on his bike.

cwmwyso (be)

cymhwyso/cywiro *to mend*

dwrdio/dweud y drefn *to scold/to reprimand*

Miws i'r titshers gwmwyso'r plant hyd 'n o'd i diddie 'ma.

Fiw i'r athrawon ddweud y drefn wrth y plant hyd yn oed y dyddiau hyn.

The teachers dare not even scold the children these days.

cŵn (ell)

ci (eg) *dog(s)*

Rhedeg 'da'r cŵn a'r cadno.

(am rywun sy'n cytuno â phob barn)

(lit. To run with the hounds and the fox, to agree with every opinion.)

Hys gyda'r ci a hwi gyda'r geinach.

To run with the hare and hunt with the hounds.

cwnsaintlyd (ans)

drwgdybus (CShB GDD)

suspicious

cwnsela (be)

siarad yn gyfrinachol *to talk privately*

"Beth ma'r ddou 'na'n cwnsela â'i gili fan 'na o glyw pawb?"

"Beth mae'r ddau yna'n sibrwd wrth ei gilydd fan yna o glyw pawb?"

"What are those two discussing there out of everybody's earshot?"

cwpse (ell)

stumiau anfodlongar/cuchiau *frowns/grievances*

cwpsen (eb)

merch sy'n gwgu *a girl that frowns*

cwpsog (ans)

un sy'n gwgu *someone with a long face/to describe someone who frowns*

Wedd golwg gwpsog iawn arno pan na châth e'i ffordd.

Roedd e'n gwgu tipyn pan na chafodd ei ffordd.

He was frowning greatly when he didn't have his way.

cwpwrt (eg) **cwpwrte** (ell)

cwpwrdd cypyrddau *cupboard(s)*

Bues i'n whilio'r cwpwrte bob un ond des i ddim o hyd i'r pilyn.

Bûm i'n chwilio'r cypyrddau bob un ond ni ddeuthum o hyd i'r dilledyn.

I searched every one of the cupboards, but I didn't find the item of clothing.

cwrcwd (eg)

squatting

Gwelo ni ddi in 'i chwrcwd 'da'r bwên.

Fe'i gwelson ni hi yn ei chwrcwd gan y boen.

We saw her squatting with the pain.

cwrdeb (eg)

cwyrdeb (sylwedd i wneud caws) *rennet*

cwrdd (eg) **cwrdde** (ell)

oedfa yn y capel *a chapel meeting*

Mae e'n mynd i'r cwrdd.

Mae e'n gapelwr.

He's a chapelgoer.

Cwrdd gweddi *prayer meeting*

Cwrdde mowr

Cyfarfodydd pregethu a gynhelir ganol yr wythnos yn mis Mai. *Chapel meetings held during a week day in May.*

Cwrdd paratoad

Arferid ei gynnal ddydd Gwener cyn oedfa gymundeb er mwyn i'r addolwyr baratoi yn ysbrydol. *Used to be held on Friday before a communion service, for the worshippers to prepare themselves spiritually.*

Cwrdd pishys

Oedfa o ddarllen cerddi crefyddol. *A sevice of reading religious verses.*

Cwrdd whech

Oedfa a gynhelir am 6 o'r gloch yr hwyr. *6 o'clock evening service.*

cwrên/crôn gŵydd

croen gwydd *goose pimples*

Wedd hi mor wêr wen i'n gwrên gŵydd drosta i i gyd.

Roedd hi mor oer, roeddwn yn groen gŵydd drosof i gyd.

It was so cold I was covered in goose pimples.

cwrens (ell) **cwrensen** (eb)

cyrans cyrensen *currant(s)*

cwretsh (eg)

courage (WWW)

cwrs (eg) **cwrsys** (ell)

rhuthr *rush/haste*

Mae'n mind i find in ormod o gwrs 'da fi.

Mae'n mynd i fynd yn ormod o ruthr arnaf i.

It will become too much of a rush for me.

Mae'n gwrsys mowr 'ma heddi 'to.

Mae'n rhuthr mawr yma heddiw eto.

It's all haste here today again.

cwrso (be)

rhedeg ar ôl rhywun/erlid *to chase someone*

whare cwrso chwarae plant *children's play*

Ma nw'n cwrso'r ponis i ddwâd lawr â nw i'r ffald ing Nglynseithman.

Maen nhw'n casglu'r ponis ynghyd i ddod i lawr â nhw i'r ffald yng Nglynsaithmaen.

They are rounding up the ponies to bring them down to the pen in Glynsaithmaen.

cwrsyn cŵn

treialon cŵn defaid *sheepdog trials*

Arfere nw ginnal cwrsyn cŵn unwaith bob haf in i parc tu ôl Pen-rhos.

Arferen nhw gynnal treialon cŵn defaid unwaith bob haf yn y cae tu ôl Pen-rhos.

They used to hold sheepdog trials once every summer in the field behind Pen-rhos.

cwrsys (ell)

prysurdeb *busyness*

Mae'n gwrsys mowr 'co heddi, ma'r ferch in câl 'i pharti pen-blwydd in ddounaw heno.

Mae prysurdeb mawr acw heddiw, mae'r ferch yn cael ei pharti pen-blwydd yn ddeunaw heno.

It's all the go in our house today, our daughter is having her 18th birthday party this evening.

cwrt (eg)
forecourt
llys *(law) court*
cwrt lît *court leet*
Cyfarfod i drafod telerau ffermwyr
defaid yr ardal. *Meeting to discuss the
conditions of the area's sheep farmers.*

cwrw macsu (eg)
cwrw cartref *homemade beer*

cwt (eg) **cwte** (ell)
briw/cynffon *wound/tail*
Câth hi gwt cas ar ei bys 'da'r gilleth.
Cafodd friw cas ar ei bys gyda'r
gyllell.
*She had a bad cut on her finger with
a knife.*
Ma tro in 'i gwt e.
Mae rhywbeth yn ddrwgdybus
ynddo.
*There is something suspicious about
him.*
Ma rhyw gwt bach ar i llâth 'ma.
Mae'r llaeth hwn yn gadael rhyw
adflas cas yn y geg.
*This milk leaves an unpleasant
aftertaste.*
in i gwt yn y cefn *in the back*
I ni'n leico ishte in i gwt.
Rŷn ni'n hoffi eistedd yn y cefn.
We like sitting in the back.
Cer i gwt i ciw!
Dos i gefn y ciw!
Go to the back of the queue!
cario'r gwt *bod yr olaf i gyrraedd*
y cwrdd neu'r olaf i godi o'r ford
fwyd. (Daw'r ddelwedd o'r un
sy'n cario cwt yr arch i mewn i'r
fynwent.) *The last to the chapel
meeting or the last to leave the table.
(The image stems from the bearer*

*carrying the back of the coffin to the
cemetery.)*
Mae e'n minnyd cario'r gwt.
Mae e'n mynnu bod yn olaf.
He insists on being last.
cwt i berw
Cawl cwt i berw
Cawl nad yw wedi bod ar y tân
yn hir.
*Broth which hasn't been on the fire for
long.*
Fe welon ni nw in i'r haf, ond seno ni
wedi gweld cwt oheni nw ddar 'ny.
Gwelson ni nhw yn yr haf, ond
dŷn ni ddim wedi gweld cip
ohonyn nhw oddi ar hynny.
*We saw them in the summer, but we
haven't seen a glimpse of them since
then.*

cwtsh (eg)
cwt/cofleidiad *a place to squat/an
embrace*
cwtsh dan stâr *cwpwrdd o dan y
grisiau* *a cupboard under the stairs*
Rhoiodd hi gwtsh i'r roces fach.
Rhoes hi gofleidiad i'r ferch fach.
She embraced the little girl.

cwtsho (be)
cyrcydu/swatio *to crouch/to snuggle*
cael cwtshad/cael swatio *to have a
snuggle*

cwtshws (eg)
lle i gadw'r drol *coach house*

cwthwm (eg) **cwthwme** (ell)
awel gref o wynt *a strong gust of
wind*
Dâth cwthwm miwn i'r tŷ pan agoro
nw'r drws.

Daeth awel gref i mewn i'r tŷ pan
agoron nhw'r drws.
*A strong gust of wind entered the house
as they opened the door.*

cwthwm tro (eg)
trowynt   *whirlwind*

cwyro (be) (gwair)
cynaeafu (WW)   *to harvest (hay)*

cymhercyn
anhwylus/ffaeledig (WWST)
unwell

Ch

cheithe fe/hi ddim
ni châi ef/hi *(gweler/see* câl*)*
he/she wouldn't have

chimbod   chmod
(r)ydych chi'n gwybod(?)
you know(?)
Ie, honna sy'n byw ar bwys ir isgol,
chimbod!
Ie, honna sy'n byw ger yr ysgol,
chi'n gwybod!
*Yes, that one who lives by the school,
you know!*

chingweld! chwel! (ebych)
rydych chi'n gweld!   *you see!*

D

da (ans)
buddiol *good*
Mae'n dda i fi bo nhw.
Rwy'n ffodus eu bod yno i mi.
I'm fortunate that they are there for me.

da (e. torf)
gwartheg *cattle*
da godro gwartheg godro *milking cows*
Bach iawn sy'n cadw da godro in ir ardal erbyn hyn.
Ychydig iawn sy'n cadw gwartheg godro yn yr ardal erbyn hyn.
Very few keep milking cows in the area by now.

'da (ardd)
gyda *with/together with*
'da pa mor
Gorffes i dinnu nghot 'da pa mor dwym wedd hi.
Bu'n rhaid imi dynnu fy nghot gan mor dwym ydoedd.
I had to take my coat off with it being so hot.

dabo (be)
gosod *to dab*
Cew ni'r cwêd tân miwn nes mlân i gâl dabo nw ar i tân.
Cawn ni'r coed tân i mewn nes ymlaen i gael eu gosod ar y tân.
We'll have the firewood in later on to put on the fire.

dachre (be)
dechrau *to begin*
Dachreuodd hi fwrw whap i ni fynd mâs.
Dechreuodd hi fwrw glaw unwaith yr aethon ni allan.
It began raining the instant we went out.
in i dachre'n deg *yn y cychwyn cyntaf in the very beginning*

dadleithad (eg)
dadmeriad *a thaw*
diwarnod dadleithad – cyfrifid y diwrnod pan fyddai'r rhew a'r eira yn dechrau dadmer yn ddiwrnod cas iawn.
The day that the ice and snow would begin to thaw was considered a very rough day.

dadleth (be)
dadlaith/dadmer *to thaw*
Nâth ir eira ddadleth wedi i'r houl ddwâd mas.
Gwnaeth yr eira ddadmer wedi i'r haul ddod allan.
The snow thawed after the sun came out.

dado (eg)
rhan isa'r wal a smentwyd, rhyw fetr o uchder o'r llawr, a welir mewn beudy
the lower, cemented part of the wall, a metre or so high, found in a cowshed
We rhaid golchi'r dom o'r dado pan fidde ni'n carthu'r glowty.
Roedd rhaid golchi'r tail o'r 'dado' pan fydden ni'n carthu'r beudy.
The dung would have to be washed off the dado when we mucked out the cowshed.

dail ceinog (ell)

dail ceiniog *Navelwort (Umbilicus rupestris)*

dail surion bach

wood sorrel (Oxalis acetosella)

dail tafol

Dock (Rumex obtusifolius)

dail trwêd i'r ebol

dail troed yr ebol *coltsfoot (Tussilago farfara)*

dal (eg)

dibyniaeth *reliance*

Fe alwith e 'ma nawr a lwêth, ond sdim tamed o ddal arno.

Mae'n galw yma nawr ac yn y man, ond fedrwch chi ddim dibynnu arno.

He calls here now and again, but you can't rely on him.

Sdim dal be neith y tewi'r diddie 'ma.

Fedrwn ni ddim dibynnu ar y tywydd y dyddiau hyn.

There's no telling what the weather will be these days.

dal sownd (be)

to hold on

dala (be)

dal *to hold*

"Mae e'n ddigon clou." "Dala i 'i fod e!"

"Mae'n un cyflym." "Rwy'n siŵr ei fod e!"

"He's quick off the mark." "I'm sure he is!"

dala'n deg

Mae'n dala'n deg heb ddwâd i'r glaw.

Mae'r glaw wedi cadw draw hyd yn hyn.

The rain has kept away so far.

dala pen rheswm

trafod/rhesymu *to discuss/to debate*

Sdim posib dala pen rheswm 'dag e.

Does dim posibl ymresymu gydag e.

It's impossible to discuss with him.

dala slac in dynn

gwneud dim *to do nothing*

ateb i gwestiwn busneslyd

"Beth nest ti dwê?" "O, dala slac in dynn, twel!"

"Beth wnest ti ddoe?" "O, hyn a'r llall, weli di!"

"What did you do yesterday?" "Oh, this and that, like!"

dala tac (be)

dadlau (WW) *to debate*

dalen (eb) **dail** (ell)

deilen dail *leaf leaves*

dalen (eb) **dalenne** (ell)

page(s)

Ma dwy ochor i'r ddalen.

Mae dwy ochr i'r geiniog.

There are two sides to the story.

daliers (ell)

blodau gardd *dahlia(s)*

dambwyll bach!

yn ara deg! *gently does it!*

damo! (ebych)

damn it!

Go damo ti grwt, ti fel i gŵr drwg 'i hunan.

Go damia fachgen, rwyt ti fel y gŵr drwg ei hunan.

Damn it, boy, you're like Old Nick himself.

dampo (be)

lleithio *to get damp*

Ma'r dillad wedi dampo lwêth ar i lein wedi'r gawed isgawn.

Mae'r dillad wedi troi'n llaith unwaith eto ar y lein wedi'r gawod ysgafn.

The clothes have dampened again on the line after the light shower.

damshel (be)

damsang *to tread on*

Damsheles i ar seigen o ddom da.

Troediais ar dail gwartheg.

I trod on a cow-pat.

Rhaid i ni beido gadel pobol i ddamshel arno ni.

Rhaid i ni beidio â gadael i bobl ein sathru dan draed.

We must not let people walk all over us.

danne (ell)

dannedd dant (eg) *teeth tooth*

Noethodd y ci 'i ddanne ar i rhoces.

Ysgyrnygodd y ci ar y ferch.

The dog bared his teeth to the girl.

danne dodi (ell)

dannedd gosod *false teeth*

dansheris/dansherus (ans)

peryglus *dangerous*

Mae'n ddansheris i gered ar ir hewl a gwmint o geir arni.

Mae'n beryglus i gerdded ar yr heol a chynifer o geir arni.

It's dangerous to walk on the road with so much traffic on it.

dantin/dantlyd (ans)

digalon (WW) *sad/depressed*

Seni wedi bod in iach os sbel, a mae'n ddantlyd iawn.

Dyw hi ddim wedi bod yn iach ers tipyn ac mae'n ddigalon iawn.

She hasn't been well for some time and she's very depressed.

danto (be)

digalonni *to be sad*

Wdw i wedi danto 'da'r tewi slabog 'ma.

Rydw i wedi digalonni gyda'r tywydd gwlyb hwn.

I've become dishearted with this wet weather.

darbis (ell)

hoff bregethau, hen ffefrynnau (CShB) *old sermons*

dario! (ebych)

O, dario! *Oh, dear!*

O! dario grwt, beth mae e'n neud 'to?

O'r annwyl, fachgen, beth mae e'n wneud eto?.

Oh dear, what is the boy doing again?

darlimpo (be)

baglu *to stumble/trip*

Darlimpes i ar i cerrig.

Baglais ar y cerrig.

I stumbled on the stones.

darlwncu (be)

llyncu'n gyflym *to swallow hurriedly*

daro! (ebych)

Bother!

dat (ardd)

hyd at *until*

Gweithw ni dat whech o'r gloch.

Gweithiwn ni hyd at chwech o'r
gloch.
We'll work until six o'clock.
Eith e ddim dat mod in gweud 'tho fe.
Aiff e ddim hyd nes fy mod yn
dweud wrtho.
He won't go unless I tell him to.

dât (eg)
dyddiad *date*
Mas o ddât Wedi dyddio *Out of
date*

dâto/dêto (be)
dyddio *to date*

decon (eg) **deconied** (ell)
diacon diaconiaid *deacon(s)*

defed (ell)
defaid *sheep*
defed Abram cymylau sy'n addo
glaw *clouds which signal rain*

deiar (eb)
daear *earth*
**Ma fe wedi diflannu fel se'r ddeiar
wedi'i lwncu fe.**
Mae e wedi diflannu fel petai'r
ddaear wedi ei lyncu.
*It has disappeared as if the earth had
swallowed it.*
ar ben deiar
**Sai'n gwbod ar ben deiar i ble ma nw
wedi mynd.**
Dw i ddim yn gwybod ar wyneb
y ddaear i ble maen nhw wedi
mynd.
*I don't know where on earth they have
gone to.*

deifyn (eg)
edefyn (WW) *thread*

deiladon (eg)
deiliaid (WW) *tenants/subjects*

deio (ebych)
O, deio! O'r annwyl! *Oh dear!*

deiri (eg)
llaethdy (WWW) *dairy*

deiso (be)
codi tas *to build a rick*

deith (be)
daw *(gweler/see* dwâd*)*
he/she will come

delff (ans)
twp/hurt *stupid*
Ma golwg ddelff arni.
Mae golwg hurt arni.
She has a stupid look about her.

delffedd (ans)
twpaidd/hurt *stupid*
**Ma rhwbeth in ddelffedd iawn indo ti,
achán!**
Rwyt ti'n ymddwyn yn hurt iawn,
fachgen!
*There's something quite stupid about
you, boy!*

delffo (be)
syfrdanu (WW) *to stun/to bewilder*

dellto (be)
hollti (WWP) *to split*

dewa i (be)

deuaf *(gweler/see* dwâd*) I will come*

P'un a dewa nw sy'n beth arall.

P'un a ddeuan nhw sy'n rhywbeth arall.

Whether they will come is another matter.

dewish (be)

dewis *to choose*

Dewisha di!

Dewis di!

You choose!

di (rhag)

dy *thy*

'Ma di de di, 'de.

Dyma dy de di, ynte.

Here's your tea, then.

diain (eg)

diawl *devil*

Ma'r orenshyn 'ma mor sur â'r diain 'i unan.

Mae'r oren hwn yn ofnadwy o sur.

This orange is awfully sour.

Men diain i!

llw *oath*

ar diain (ans)

ofnadwy *terrible*

We clêr ar diain fan hyn nawr jwst.

Roedd clêr ofnadwy fan hyn gynnau fach.

There was a terrible amount of flies here a little while ago.

diawched (ell)

diawliaid *devils*

Y diawched â nw! *The little devils!*

di-baro

di-barhad (CShB) *unlasting*

diben a dosben

pwrpas (CShB) *purpose*

di-ddal (ans)

na ellir dibynnu arno *unreliable*

Mor ddi-ddal â thwll tin giâr.

(lit. As unreliable as a hen's bottom.)

diened (ans)

rhyfygus/diofal *rash/reckless*

Mae e mor ddiened in dreifo rownd troeon ir hewlydd cul.

Mae e mor ddiofal yn gyrru o gwmpas troeon yr heolydd cul.

He is so reckless driving around the bends of the narrow roads.

dierth (ans)

dieithr *strange*

Ma pobol ddierth wedi dod i fyw drws nesa.

Mae pobl ddieithr wedi dod i fyw drws nesa.

Strangers have come to live next door.

"Peidwch bod in ddierth. Ichi'n gwbod ble ini?" (anogaeth i rywun alw heibio eto'n fuan)

"Don't be strangers. You know where we live." (an invitation to call by again soon)

difalio (be)

ei adael ei hunan i fynd

to let oneself slip/to neglect

Difalio wedd hi, druan.

Wedi gadael ei hunan i fynd oedd hi, druan.

She had neglected herself, poor soul.

difaners (ans)

without manners

difaru (be)

edifarhau *to be sorry*

Gwaith ofer yw difaru.

It's futile work to be sorry.

difirio (be)

difrïo/dilorni *to malign*

difirio i'r cwmwle dweud y drefn i'r eithaf

diffeth (ans)

ystyfnig *stubborn/mean*

Er i fi ofyn cwmwynas 'dag e, wedd e'n rhy ddiffeth i helpu.

Er i fi ofyn cymwynas ganddo, roedd yn rhy gyndyn i helpu.

Although I asked him for a favour he was too mean to help.

diffod (be)

diffodd *to extinguish/to put out*

Wit ti wedi diffod y gannwll?

Wyt ti wedi diffodd y gannwyll?

Have you put out the candle?

digoni (be)

ei goginio'n iawn *to be fully cooked*

Ma'r tato wedi digoni.

Mae'r tatws wedi eu coginio'n iawn.

The potatoes have been fully cooked.

digwafers (ans)

plaen/diaddurn *plain*

digwidd/digwiddiad (eg)

digwydd *hardly/scarcely*

Digwiddiad iddi nw alw amser hyn o'r nos.

Mae'n annhebyg y galwan nhw'r amser hyn o'r nos.

They'll hardly call this time of the night.

diharpo (be)

diraenu/dihoeni (WWST)

to languish/to waste

dihidans (ans)

di-hid *heedless*

Mae e'n weddol ddihidans obiti 'i olwg.

Mae e'n weddol ddi-hid ynglŷn â'i olwg.

He's rather heedless about his appearance.

dim fel 'ny

dim fel hynny *not that much*

"So ti'n poeni amdeni nw?" "Dim fel 'ny."

"Dwyt ti ddim yn poeni amdanyn nhw?" "Dim fel hynny."

"You're not worried about them?" "Not that much."

dincod (eg)

rhygnu yn y dannedd *teeth on edge*

dinion mowr (ell)

oedolion *adults*

Ma'r dinion mowr in gweud i Pwnc ar ôl i plant.

Mae'r oedolion yn dweud y Pwnc ar ôl y plant.

The adults say the Pwnc after the children.

dino (be)

dihuno *to awaken*

Dines i'r bore 'ma am saith.

Dihunais bore heddiw am saith.

I woke this morning at seven.

dinod (ell)

danadl poethion *stinging nettles*

Câs hi 'i phigo 'da'r dinod.

Cafodd hi ei phigo gan y danadl poethion.

She was stung by the nettles.

diod fain

ir ail facsad cwrw gwan *the second brew/light ale*

dior (be)

rhwystro/gwahardd/atal (WWP) *to hinder/to stop*

dipendo (be)

dibynnu *to depend*

diran (ans)

di-raen/budr *dirty*

direbu (be)

diarhebu/dweud y drefn/gweld bai *to chastise*

Wen i'n direbu'r plant am fod mor rheibus.

Roeddwn yn dweud y drefn wrth y plant am fod mor afreolus.

I was chastising the children for being so unruly.

direini (be)

mynd yn fudr *to get dirty*

dirwin (be)

dirwyn *to wind*

dirwin ede dirwyn edau *to wind thread*

Rhaid dirwin i dafe i neud pellen.

Rhaid dirwyn yr edafedd i wneud pellen.

You must wind the thread of wool to

make a ball of yarn.

Mae'n bryd inni ddirwin i cifarfod i ben.

Mae'n bryd inni ddirwyn y cyfarfod i ben.

It's time we drew the meeting to a close.

disen (eb) **disenni** (ell)

dwsin(-au) *dozen(s)*

dwy ddisen o wie dau ddwsin o wyau *two dozen eggs*

dish (eb) **dishys** (ell)

cwpan te *tea-cup(s)*

dish a soser *tea-cup and saucer*

dished o de cwpanaid o de *a cup of tea*

Ma dish â crac in para'n hirach na dish gifan.

Mae cwpan â chrac yn para'n hirach na chwpan cyfan.

(mae'n cael mwy o sylw)

A cracked cup lasts longer than a cup without a crack. (it is handled with more care).

disheidi (ell) **dishglede** (WWW)

cwpaneidiau *cupfuls*

dishgamar (ans)

ar chwâl (WW) *scattered*

dishgil (eb)

dysgl *tureen*

dishgyn (be)

disgyn *to descend*

dishmol (ans)

dishmil (WW)/gweddol *poor/poorly/dismal*

isel-ysbryd cyffredin (o ran iechyd)
Mae'n weddol ddishmol wedi'i hopereshon.
Does fawr o hwyl arni wedi ei llawdriniaeth.
She is quite poorly after her operation.
gwaith dishmol gwaith gwael *poor work*

dishmoli (be)
bychanu *to belittle*
Sdim fowr o gewc 'da hi ar 'i chwmwdog, mae'n 'i ddishmoli'n ofnadw.
Does fawr o feddwl ganddi o'i chymydog, mae'n ei fychanu'n ofnadwy.
She doesn't have much regard for her next door neighbour, she belittles him terribly.

disymwth/disimwth (ans)
disymwth/sydyn (WWP) *sudden*
Âth e'n ddisimwth.
Bu farw'n sydyn.
He died suddenly.

diwardd (ans)
drwg *naughty*
Ma rhyw blant di-wardd wedi dwgyd i fale.
Mae rhyw blant drwg wedi dwyn yr afalau.
Some naughty children have stolen the apples.

diwarddwch (eg)
drygioni *mischief*

diwedwst (ans)
dywedwst/di-ddweud
taciturn/tight-lipped

Un diwedwst iawn yw e.
Un di-ddweud iawn yw e.
He's very tight-lipped.

diwel (be)
dymchwel *to overturn/to pour (rain)*
Diwelodd i cart a'i llwyth lletwith.
Dymchwelodd y cart a'i lwyth lletchwith.
The cart overturned with it's clumsy load.
Ma 'i'n diwel i glaw.
Mae hi'n arllwys y glaw.
It's pouring down.

dominô (eg)
Ma 'i'n ddominô arno.
Mae hi ar ben arno.
He's done for.

dodranyn (eg) **dodrefn** (ell)
celficyn/celfi *a piece of furniture*
We'r dodranyn wedi'i neud 'da sâr lleol.
Roedd y celficyn wedi'i wneud gan saer lleol.
The piece of furniture was made by a local carpenter.

do fe
ei fod *it/she/he/has*
Wdw i'n meddwl do fe.
Rydw i'n meddwl ei fod.
I think that it/she/he has.

dom (eg)
tom/tail *dung*
Ma dinion dierth obiti'r lle fel dom clêr.
Mae pobl ddieithr o gwmpas fel baw clêr.
The strangers about the place are like flies.

seigen o ddom (eb) gleuhaden *dried cow-dung*

domen (eb)
tomen dail *dung heap*

domi (be)
to excrete (of animals)
domi'n dene dolur rhydd *diarrhoea*

doniol (ans)
cymysglyd *confused*
Wedd 'i 'di mynd tam' bach yn ddoniol.
Roedd hi wedi mynd tipyn bach yn gymysglyd.
She'd become a little bit confused.

dot (ans)
gwan yn y meddwl/cymysglyd (CShB)
weak in the mind/confused
Chewch chi ddim lot o sens mas o'r hen wraig, mae wedi mind in ddot.
Chewch chi ddim llawer o synnwyr allan o'r hen wraig, mae wedi drysu.
You won't have much sense out of the old woman, she's confused.

dot dot (eg)
anaf/dolur (iaith plentyn) *a bruise or cut (infant's talk)*

dou ddwbwl a phlèt (ans) (WWST)
i ddisgrifio rhywun sy'n plygu mewn poen neu'n crymu o henaint
to describe someone who stoops with pain or old age

doue
deuoedd *the two pairs*

dou wi am geinog
dau wy am geiniog/huawdl (WW) *eloquent*

'down belows'
pobl ddi–Gymraeg de Sir Benfro
non-Welsh speaking inhabitants of South Pembrokeshire

dowd (bf)
daethpwyd *one came*

dowt (eg)
amheuaeth *doubt*
Sdim dowt na wedd e'n fusnes pwysig.
Does dim amheuaeth nad oedd yn fater pwysig.
No doubt it was an important business.

drabia/drabit/drabets (ebych)
rheg ddiniwed *a harmless swear-word*
Go drabets i, blant, be sy mlân 'da chi nawr 'to!
Yr argian fawr, blant, beth ry'ch chi'n ei wneud nawr eto!
Drat it all, children, what are you doing now again!

drabyn (eg)
darn (o gig) (CShB) *a piece (of meat)*

drabŵd (ans)
diferol
Wen i'n whis drabŵd in gweitho in ir houl.
Roeddwn yn chwysu fel mochyn yn gweithio yn yr haul.

I was sweating profusely working in the sun.

draenogllyd (ans)
pigog/croendenau (CShB)
irritable/thin-skinned

drafensi fach i! (ebych) *(interjection)*

drafio (be)
difrïo/ei dweud hi (WWP)
to maligne/to scold

dragŵns (ell)
geriach/trugareddau *trash*
Ma rhyw dragŵns penna 'da nw mas ar i clos.
Mae rhyw geriach rhyfedd ganddyn nhw allan ar y buarth.
They have so much trash out on the farmyard.

drang (eb)
llwybr neu ale mewn twnnel neu dan do fel mewn archfarchnad. Gwelir un yng Nghlunderwen ac Arberth. *An alley in a tunnel or an interior such as a supermarket. One can be seen in Clunderwen and Narberth.*

drain (ell)
yn ddrain yn ysu/ar bigau'r drain *on tenterhooks (WWP)*

drân/dreinen (eb) **drain** (ell)
draenen drain *thorn(s)*
Ma'r ddrân 'ma sy 'da fi in fys in pigo fel i jain.
Mae'r ddraenen hon sydd gen i yn fy mys yn pigo'n ofnadwy.
This thorn that I have in my finger pinches like heck.

dreifer (eg)
tryfer bysgota (WWP) *gaff*

dreifo/drifo (be)
gwthio/ymddwyn yn afreolus (WWP) *to push/to behave unruly*

drel (eg)
hurtyn *oaf*
Mae e fel drel.
Mae e fel hurtyn.
He's like an oaf.

dreni (eg)
trueni *pity*
Dreni rhifedd na alle nw ddwâd i'r parti.
Trueni mawr na allan nhw ddod i'r parti.
It's a pity that they can't come to the party.

drenni (adf)
drennydd *two days hence/two days later*

dribe (eb)
trybedd *tripod/brand iron*
'Tair Cwês y Dribe' (ysgrif gan W.R. Evans) (CShB)
Tair Coes y Drybedd.
The Three Legs of the Tripod (Essay by W.R. Evans)

drich/drichyd/drychyd (be)
edrych *to look/to inspect*
Ma ishe drich 'i hanes e.
Mae eisiau ymholi ynglŷn ag e.
One needs to inspect it.
Wedd hi'n drichyd draw ar i minidde.
Roedd hi'n edrych draw ar y mynyddoedd.

She was looking towards the mountains.

dringad (be)
dringo *to climb*
Fe ddringodd i graig in ddigon sgaprwth.
Fe ddringodd y graig yn ddigon sionc.
He climed the rock quite nimbly.

drisïen (eb) **drisi** (ell)
drysu *thorn(s)*

drisu (be)
drysu *to become confused*

driwc (eb)
handlen *handle*
winsh i ffinnon *the winch of the well*

driwco (be)
cychwyn peiriant â handlen
to start an engine with a handle

dropas (eg)
huddygl/llwch simnai *soot*

dropyn (eg)
diferyn *a drop*
Beth am ddropyn bach?
Beth am ddiod bach?
What about a little drop?

drost (ardd)
dros *over*
Sena i'n gwybod beth ddâth drost 'i ben e.
Dw i ddim yn gwybod beth ddaeth drosto.
I don't know what came over him.

dwâd/dŵad (be)
dod *to come*

Gorffennol	Amherffaith/Amodol
des i (deuthum)	dethen i (deuwn)
des ti (daethost)	dethe ti (deuit)
dâth e (daeth e)	dethe fe (deuai)
dâth hi (daeth hi)	dethe hi (deuai)
detho ni (daethom)	dethe ni (deuem)
detho chi (daethoch)	dethe chi (deuech)
detho nw (daethant)	dethe nw (deuent)

Dyfodol
dewa i (deuaf)
dewi di (deui)
daw/deith e (daw e) daw/deith hi (daw hi)
dew ni (deuwn)
dew chi (deuwch)
dew/dewa nw (deuant)

dwâd i ben (be)
llwyddo *to succeed*
Os dewa i ben â neud e?
Os llwyddaf i'w wneud?
If I'll succeed in doing it?

dwbin
saim arbennig at feddalu lledr
dubbin (WWP)

dwê (eg, adf)
doe *yesterday*

dwgwl (eg)
Dydd Gŵyl (Dwgwl Fair) (CShB)

dwgyd (be)
dwyn/lladrata *to steal*
Fe ddwgodd rhiwun o'r siop neithwr.

Bu rhywun yn dwyn o'r siop neithiwr.

Someone stole from the shop last night.

dwl (ans)

ffôl *foolish*

Âth e heibio ar 'i foto-beic fel rhwbeth dwl.

Aeth e heibio ar ei feic modur fel rhywbeth dwl.

He went past on his motorbike like a fool.

câl 'i ddwl fagu cael ei faldodi'n blentyn *to be spoiled as a child*

dwla (ans)

mwyaf dwl *most foolish*

Fe hales i'r arian i gyd fel bues i ddwla.

Gwariais fy arian i gyd fel bues i ddwla.

I spent all of my money as I was most foolish.

Dwla dwl, dwl hen.

Henach, henach, ffolach, ffolach.

There's no fool like an old fool.

dwli (eg)

ffwlbri *nonsense*

Paid â siarad dwli.

Don't talk nonsense.

dwlu ar (be)

dotio ar *to dote on*

Mae'n dwlu ar y crwt.

Mae hi'n dotio ar y bachgen.

She dotes on the boy.

dwmp damp

yn bendramwngwl *headlong*

Rhaid i fi ofalu rhag ofon i fi gwmpo ar i llwybir dwmp damp.

Rhaid i mi ofalu rhag ofn i mi syrthio ar y llwybr yn bendramwnwgl.

I must take care, in case I fall headlong on the path.

dwnder (eg)

dyfnder *depth*

dwnshwn (eg)

dibyn *precipice*

dwp (ans)

stopo dwp stopio'n sydyn *to stop suddenly*

Gorffes i breco a stopo dwp.

Bu'n rhaid imi frecio a stopio'n sydyn.

I had to brake and stop suddenly.

dwrgi (eg) **dwrgwns** (ell)

dyfrgi dyfrgwn *otter(s)*

Mae e'n whilio ache'r teulu a ma fe fel dwrgi miwn i'r pethe.

Mae e'n chwilio achau'r teulu ac mae e fel dyfrgi i mewn i'r pethau.

(lit. He's delving into his family tree like an otter.)

dwrned (eg) **dwrneidi** (ell)

dyrnaid dyrneidiau *handful(s)*

dwrnu (be)

dyrnu *to thrash*

Wedd diwarnod dwrnu in ddiwarnod mowr ar i ffermydd slower dy'.

Roedd diwrnod dyrnu yn ddiwrnod mawr ar y ffermydd slawer dydd.

The threshing day was a big occasion on the farms in bygone days.

dwsto (be)

tynnu'r llwch *to dust*

dydd gwibrol

dydd ar ei hyd (CShB) *all day long*

dyn sy'n gwbod!

pwy a ŵyr! *heaven knows!*

Ma nw'n siŵr o ddwâd ond dyn sy'n gwbod pryd!

Maen nhw'n sicr o ddod, ond pwy a ŵyr pa bryd!

They will certainly come, but heaven knows when!

ddar (ardd)

oddi ar *from/off/since*

ddi (rhag)

hi *she/it*

Gwelais i ddi in i dre.

Gwelais hi yn y dre.

I saw her in town.

Teimlodd hi ddi'n oeri.

Teimlodd hi'n oeri.

She felt it getting cold.

E

ech (eg)
cachu (iaith plentyn) *poo*
Mae e wedi neud ech ar 'i draws.
Mae e wedi dwyno ei drowsus.
He's pooed in his pants.

echdwe (eg, adf)
echdoe *the day before yesterday*

echridus (ans)
echrydus/dychrynllyd
horrible/dreadful
Ma ishe paint in ofnadw ar i ffenestri
'ma, ma golwg echridis arni nw.
Mae eisiau paent yn ofnadwy
ar y ffenestri hyn, mae golwg
ddychrynllyd arnyn nhw.
*These windows need painting terribly,
they look dreadful.*

eibo (adf)
heibio *past by/beyond*

eien (eg)
math a bysgodyn (WWP) *a kind
of fish*

eingon (eb)
einion *anvil*

eil (eg)
eiliad *second/moment*
Bydd hi 'da chi cyn pen eil.
Bydd hi gyda chi cyn pen fawr o
dro.
She'll be with you in a moment.

eiro (be)
caledu *to air (clothes)*
Cofia eiro'r dillad cyn 'u gwishgo nw.
Cofia galedu'r dillad cyn eu
gwisgo.
*Remember to air the clothes before
wearing them.*

eirw (eg)
aerwy *cow-collar*
We rhaid clwmu'r fuwch in sownd in ir
eirw, cyn 'i godro hi.
Roedd rhaid clymu'r fuwch yn
dynn yn yr aerwy, cyn ei godro hi.
*The cow had to be tied to the collar
before milking her.*

eis (ell)
asen (eb) asennau *rib(s)*

eitha bethe
ddim yn gall *not quite sixteen ounces*
So fe eitha bethe.
Dyw e ddim yn llawn llathen.
He's not quite sixteen ounces.

eli penelin
gwaith caled *elbow grease*
'Da tam bach o eli penelin dew ni ben
â'r gwaith.
Gyda thamaid o waith caled down
i ben â'r gwaith.
*With a bit of elbow grease we'll finish
the work.*

endrawo (be)
ymdaro (WW)/ymdopi *to manage*

ennill (be)
cynyddu *to gain*
Ma'r blode wedi ennill i mish 'ma.

Mae'r blodau wedi cynyddu y mis
hwn.
The flowers have gained this month.

erfine (ell)
gweddïau (CShB) *prayers*

ern (eb)
ernes wrth gyflogi (WWW) *pledge*

es (ardd)
ers *since*
Seno ni wedi'u gweld nw es ache.
Dŷn ni ddim wedi eu gweld ers
amser maith.
We haven't seen them for a long time.

ès (cyfarch merch neu wraig)
lodes *lass*
Beth wit ti'n neud in llechu fan 'na, ès?
Beth wyt ti'n ei wneud yn llechu
fan yna, ferch?
What are you doing lurking there, girl?

etrach (adf)
hytrach (WWP) *rather*

ewn (a)
eofn *bold/unashamed*
Mae'n ddigon ewn i weud be sy ar 'i
meddwl.
Mae hi'n ddigon eofn i ddweud
beth sydd ar ei meddwl.
She's bold enough to speak her mind.

falen (eb)
y felan *melancholy*
Mae in i falen heddi 'to, a seni'n gweld
lligedyn o obeth.
Mae hi yn y felan heddiw eto, a
dyw hi ddim yn gweld llygedyn o
obaith.
*She's depressed again today and can't
see a glimmer of hope.*

farced (eb)
y farchnad *market*

fâz/fôz (eb)
pot blodyn *vase*

fegin (eb)
megin *bellows*
Wen i'n câl gwaith cered, wen i'n hwthu
fel fegin.
Roeddwn i'n cael gwaith cerdded,
roeddwn yn ymladd am fy ngwynt.
*I found it difficult to walk, I was
panting for breath.*

hwthu'r fegin (be)
megino *to work bellows*

feidir (eb) **feidirodd** (ell)
beidr beidiroedd *farm lane*
Feidir Helyg (ger Glynsaithmaen)
Feidir Las (ar Fferm y Capel)
Feidir Wilym (ger Talmynydd)

feiets (ell)
bwyd bras/moethau (WWST)

feintodd (ell)
faint *how many/quantity*

Sena i'n gwbod feintodd o dato wdw i wedi tinnu.

Dw i ddim yn gwybod faint o datws rydw i wedi eu tynnu.

I don't know how many potatoes I've picked.

Âth wn i feintodd o gefnogwyr i weld i gêm.

Aeth wn i ddim faint o gefnogwyr i weld y gêm.

I don't know how many supporters went to see the match.

fel'na

fel yna   *like that/sudden*

Âth e o'r ardal fel'na.

Aeth e o'r ardal yn sydyn.

He left the area all of a sudden.

fel'na *ma* dyn   dyna natur dyn

that's human nature

felni/fel'ni/fel'ny

fel hynny/cymaint â hynny

like that/that much

Gadwn ni ddi fel'ni 'te.

Gadawn ni hi fel hynny ynte.

We'll leave it like that then.

Senin nw'n 'i gamol fel 'ny.

Dŷn nhw ddim yn ei ganmol cymaint â hynny.

They don't praise it/him that much.

fel se fe/se'i

fel petai   *as if/he/she/it were*

Mae e fel se fe'n rhy wan i ddim byd.

Mae fel petai'n rhy wan i wneud dim byd.

He is as if he were to weak to do anything.

fid

'fyd/hefyd   *also/neither*

"Sai'n mynd i'r cifarfod." "Na finne fid."

"Dw i ddim yn mynd i'r cyfarfod."
"Na finnau, chwaith."

"I'm not going to the meeting."
"Neither am I."

fil (eg)

his i fil   hyd yr ymyl   *to the brim*

finicha (adf)

fynychaf/fel arfer

usually/more often than not

finnydd (eg)

ymennydd   *brain*

Ffindio nw diwmor ar 'i finnydd e.

Darganfuon nhw dyfiant ar ei ymennydd.

They found a tumor on his brain.

folon (ans)

bodlon   *willing*

Fe ddwgo nw'r cwbwl lot, folon marw!

Fe ddygon nhw'r cyfan, ar fy ngwir!

They stole the whole shoot, I swear to you!

fory nesa

Ethen i fyw in Sbaen fory nesa.

Awn i fyw yn Sbaen y cyfle cyntaf gawn.

I would go and live in Spain the first chance I'd get.

fowr o gownt

fawr o werth   *not much worth*

fawr o syniad   *not much idea*

fawr o gof   *not much recollection*

So fowr o gownt 'da fi bo' fi wedi'i weld e o'r blân.

Does fawr o gof gen i 'mod i
wedi'i weld o'r blaen.
*I don't have much recollection of seeing
it before.*

fudde (eb)
buddai *butter churn*
Shwrne bod i menyn a'r llâth enwin in
gwahanu, we sŵn i fudde'n newid a
mynd clonc-di-clonc.
Unwaith bod y menyn a'r llaeth
enwyn yn gwahanu, roedd sŵn y
fuddai'n newid ac yn cloncian.
*Once the butter and buttermilk were
separated, the sound of the churn
would change and go thump, thump.*

fuo
buodd/bu *was*

fwêl (eb)
moel *bare hilltop*
Y Fwêl (enw lle) Foel Cwm
Cerwyn *(place name)*
Ma'r Fwêl in gwishgo'i chap.
arwydd o law *a sign of rain*

fwrglo (eb) (CShB
yr wrglo/gweirglodd *meadow*

ffado (be)
colli lliw *to fade*
Ma'r pictwr 'ma wedi ffado in ir houl.
Mae'r llun hwn wedi colli'i liw yn
yr haul.
This picture has faded in the sun.

ffafar (eb)
ffafr/cymwynas *favour*

Ffagal ir Arth
goleuadau'r Gogledd *northern lights*
(Aurora Borealis) (CShB)

ffaliwch (ans)
yn ei hyd (mynd yn ffaliwch,
mynd ar ei ben) (WW)
to fall headlong

ffardel (ans)
cymysglyd/ar chwâl (CShB)
confused/scattered

ffedog sach (eb)
ffedog wedi'i gwneud o sach
an apron made from sacking.
ffedoged (eb) llawn ffedog *an
apronful*
Buodd hi'n casglu ffedoged o danwent.
Bu'n casglu llond ffedog o goed
tân.
*She had been collecting an apronful of
firewood.*

ffeiledig (ans)
ffaeledig/methedig/anabl *disabled*

ffein (ans)

blasus (am fwyd)/teg (am y tywydd)/mwyn (am berson)
tasty (of food)/fine (of weather)/gentle (of person)
bwyd – Ma'r bara'n ffein ofnadw.
Mae'r bara'n flasus tu hwnt.
This bread is exeptionally tasty.
y tywydd – Ma rhwbeth in ffein iawn indi heddi.
Mae'n fwyn iawn heddi.
It's fine today.
person – Mae e'n ddyn ffein na nethe niwed i wibedyn.
Mae'n ddyn addfwyn na wnâi niwed i neb.
He's an amiable man who wouldn't hurt a fly.

ffeinjo/ffinjo (be)

ffeindio/dod o hyd i *to find*

ffeirin (eg) **ffeirins ffêrin(s)** (ell)

anrheg a brynwyd mewn ffair
a gift bought at a fair

ffeito (be)

ymladd *to fight*

ffêr (ans)

teg *fair*
pallu tano'n ffêr (WWW) (am gar)
gwrthod tanio'n deg *failing utterly to start (of car)*

ffest (eb) **ffestys** (ell)

gwledd(-oedd) *feast(s)*
ffest i cibydd/cebydd
bacwn yn cael ei goginio ar ben tatws *bacon cooked on potatoes*

ffetan (eb)

sach *sack (gweler/see* cuwch)

ffetsh (eg)

gwerth *worth*
So hwnna lot o ffetsh.
Dyw hwn'na fawr o werth.
It's hardly of any worth.

ffid (eg)

bwyd *feed*
Mae e wedi rhoi ffid i'r da.
Mae e wedi rhoi bwyd i'r gwartheg.
He has given the cows their feed.

ffidlan (be)

gwneud mân ochwylion
to potter about
Mae e wedi bod in ffidlan in ir ardd.
Mae e wedi bod yn gwneud mân orchwylion yn yr ardd.
He has been pottering about in the garden.

ffidls (ell)

mân orchwylion *odd-jobs*
Wdw i 'di bod wrth rhyw ffidls drw'r dydd.
Rydw i wedi bod yn gwneud rhyw fân orchwylion drwy'r dydd.
I've been doing some odd-jobs all day.

ffido (be)

bwydo *to feed*

ffin (eb) **ffinie** (ell)

gwythi *gristle*
Ma ffinie in i cig 'ma.
Mae gwythi yn y cig hwn.
There's gristle in this meat.

ffinnon (eb) **ffinonne**

ffynnon ffynhonnau *well(s)*
Ffinnon-wen, Ffinnon-lwyd
(enwau lleoedd) *(place names)*;
Ffinnon Sara *(name of a well)*
Ffinnon Soffi – dŵr tardd ar riw
Bryncleddau, arwydd o dywydd
sych *a source on the road by
Bryncleddau, a sign of dry weather*
Ffinnon Richen – Ffynnon yr
Ychen ger Foel Feddau – dywedir
bod llanw a thrai y môr yn
effeithio arni. *It is believed that the
ebb and flow of the sea has an affect on
this source*

ffirnig (ans)

ffyrnig *fierce*
lligoden ffirnig llygoden Ffrengig *rat*

ffit (ans)

digywilydd/hy/iach
cheeky/bold/healthy
Hen bishyn digon ffit yw hi.
Hen sguthan ddigon digywilydd
yw hi.
She's a bold old so and so.

ffiten (eb)

merch ddigywilydd *an impudent girl*

ffladrach (ans)

yn ddarnau/yn rhacs
in pieces/in rags

fflags (ell) **fflagsen** (eb)

carreg wastad (llawr) *slab(s) of stone*

fflam (eb) **fflame** (ell)

fflam(-iau) *flame(s)*
Os we fflame'r tân in dwâd 'nôl ato chi,
wen ni miwn am dewi stormus. (hen
goel)

Os oedd fflamau'r tân yn dod 'nôl
atoch chi, bydden ni'n siŵr o gael
tywydd stormus.
*If the flames of the fire came back
towards you, we could expect stormy
weather. (old belief)*

fflat (ans)

digalon *depressed*
Mae'n teimlo'n fflat wedi colli'r gath.
Mae hi'n teimlo'n ddigalon wedi
colli'r gath.
She feels depressed after losing the cat.

fflato (be)

wedi mynd yn ddiflas (am ddiod
neu'r tywydd) *to flatten (of drink)/
become overcast (weather)*
Ma'r dablen 'ma wedi fflato.
Mae'r cwrw hwn wedi mynd yn
ddiflas.
This beer has flattened.

fflat owt (ans)

fel lladd nadroedd *very busy/flat out*
I ni wedi bod fflat owt wrthi drw'r dydd.
Rydyn ni wedi bod wrthi fel lladd
nadroedd dwy'r dydd.
We've been very busy all day.

fflatshys (ell)

plu mawr o eira *large snowflakes*

fflipen/fflipsen (eb)

clowten *flip/slap*

ffliwch (eg)

yn draed moch *muck up/bungle*
Ma pethe wedi mynd in ffliwch 'da ni.
Mae pethau wedi mynd yn draed
moch gyda ni.
Things have mucked up with us.

Mae'i gwallt in ffliwch i gyd.
Mae ei gwallt yn anniben.
Her hair is an untidy mess.

fflonsh (ans)
boneddigaidd/balch (CShB)
noble/proud

fflowrog (ans)
blodeuog *flowery*

fflŵr (eg)
can/blawd *flour meal*
I ni'n iwso fflŵr i neud bara a i ni'n rhoi blawd i'r da.
Rydyn ni'n defnyddio 'fflŵr' i wneud bara ond rydyn ni'n rhoi 'blawd' i'r da.
We use 'fflŵr' to make bread but we give 'blawd' to the cattle.

ffocsyn (eg)
rhywun cyfrwys *a sly person*

ffon fagal (eb) **ffyn bagle** (ell)
ffon fagl *crutch(es)*
Mae e'n gorffod mind obiti'r lle ar 'i ffyn bagle wedi iddo dorri'i gôs.
Mae e'n gorfod mynd o gwmpas ar ei ffyn baglau wedi iddo dorri'i goes.
He has to go about on his crutches after breaking his leg.

fforc (eb) **ffircs** (ell)
fforc ffyrc *fork(s)*

ffor'co (adf)
y ffordd acw *that way/yonder*
Galwch lawr ffor'co pan gewch chi'r cifle.

Galwch i lawr acw pan gewch chi'r cyfle.
Call in when you get the chance.

ffor'on (adf)
y ffordd hon *this way*
Etho nw heibo'r ffor'on pum minid 'nôl.
Aethon nhw heibio i'r ffordd hon bum munud yn ôl.
They went past this way, five minutes ago.

ffor'yn (adf)
y ffordd hyn/yn yr ardal hon
this way/in this area
Seno wedi bod ffor'yn os amser jogel.
Dyw e ddim wedi bod yn yr ardal ers amser maith.
He hasn't been in the area for a long time.

ffors (eg)
nerth *force*
We gormod o ffors 'da'r dŵr in i taps.
Roedd gormod o nerth gan y dŵr yn y tapiau.
The water in the taps had too much force.

fforso (be)
gorfodi *to force/to compel*
We rhaid fforso'r plentyn i find i'r isgol.
Roedd rhaid gorfodi'r plentyn i fynd i'r ysgol.
The child had to compelled to go to school.

fforsys (ell)
ymdrech galed â'i holl gorff
physical effort/ might
We fforsys mowr 'da'r crwt i godi'r sached o dato.

Ymdrechai'r bachgen yn galed â'i holl gorff i godi'r sachaid o dato.
The boy lifted the sack of potatoes with all his might.

ffowlyn (eg)
chicken (cooked)
I ni'n bwydo'r ffowlsyn ond in bita'r ffowlyn.
Rydyn ni'n bwydo'r 'ffowlsyn' ond yn bwyta'r 'ffowlyn'.
We feed the 'ffowlsyn' but eat the 'ffowlin'.

ffowls (ell)
ieir/cyw *chickens/chick*
Âth y cadno miwn i'r sièd ffowls a'u lladd nw.
Aeth y cadno i mewn i'r cwt ieir a'u lladd nhw.
The fox went into the chicken shed and killed them.

ffralog (ans)
nwyfus 'Wil ffril ffralog' (hen bennill)
(CShB) *robust/lively*

ffrâth (ans)
ffraeth *sharp-tongued*
Mae'n ddigon ffrâth 'i thafod.
Mae hi'n ddigon ffraeth ei thafod.
She's quite sharp-tongued.

ffreipan (eb)
ffrimpan *frying pan*

ffrenshan (be)
siarad mewn ffordd na fydd plant yn ei deall
to speak in such a way that children can't understand

ffrenshibeth/ffrenshïeth (eg)
cyfeillgarwch (CShB) *friendship*

ffresháu (be)
bywiogi/gloywi *to freshen/to revive*
Ffresheuan nw lan in fowr wedi whinnu (am flodau).
Gloywan nhw yn fawr wedi chwynnu.
They'll freshen up a lot after weeding.

ffrig (eg)
dim o gwbwl *not at all*
Sa i'n poeni mo'r ffrig beth ma nw'n 'i feddwl.
Dw i ddim yn poeni'r peth lleiaf beth maen nhw'n ei feddwl.
I don't give two hoots about what they think.

ffrit-ffrat
yn ddi-baid *non-stop*
Wedd hi'n mind nôl a 'mlân ffrit-ffrat i'r siop drw'r dydd.
Roedd hi'n mynd yn ôl ac ymlaen, yn fân ac yn fuan i'r siop drwy'r dydd.
She went back and forth non-stop to the shop all day.

ffroga (eg)
broga (Gorllewin Sir Benfro) *frog (West Pembrokeshire)*

ffronc (eb)
rhan di-do'r twlc mochyn lle mae'r cafn bwyd
the unroofed part of the pigsty where the feeding trough is placed

ffrwcs/ffrwcsach (ell) **ffrwcsyn** (eg)

sothach/mân annibendod
rubbish/untidiness
Ma ffrwcs jogel wedi casglu in i rhŵm sbâr.
Mae annibendod rhyfedd wedi casglu yn yr ystafell drugareddau.
A lot of untidiness has gathered in the spare room.

ffrwtsh (eg)
Ma'r busnes wedi mind in ffrwtsh.
Mae'r hwch wedi mynd drwy'r siop.
The business has gone bankrupt.

ffustad (eb)
curiad (â morthwyl ac ati)
a beating/a hammering

ffusto (be)
curo/taro'n drwm *to beat*
ffusto wi curo wy *to beat an egg*
sŵn ffusto sŵn morthwylio
the sound of hammering

ffwdlen (ans)
meddw (WW) *drunk*

ffŵl (eg) **ffwlied** (ell)
ffŵl ffyliaid *fool(s)*
Ma nw fel ffwlied dwlon.
Maent fel ffyliaid dwl.
They are like crazy fools.

ffwrdo (be)
fforddio *to afford*
Wê nw'n ffeilu ffwrdo mynd ar 'u gwilie.
Doedden nhw ddim yn gallu fforddio mynd ar eu gwyliau.
They couldn't afford to go on holidays.

ffwrna (be)
pobi (WWW) *to bake*
Wên i'n ffwrna dwê.
Roeddwn yn pobi ddoe.
I was baking yesterday.

ffwrwm (eb) **ffwrwme** (ell)
mainc *bench*

G

gabŵsh (eg)

Ma gwmint o gabŵsh wedi casglu 'da fi'n i cwtsh dan stâr.

Mae cymaint o lwyth wedi casglu gen i yn y twll dan grisiau.

I've gathered so much stuff in the space under the stairs.

gadawon (ell)

gweddillion (CShB)

remnants/leftovers

gadel (be) gadael *to leave*

Gorffennol

gades i gadewais

gadest ti gadewaist

gadodd e/hi gadawodd

gado ni gadawsom

gado chi gadawsoch

gado nw gadawsant

Dyfodol

gada i gadawaf

gadi di gadewi

gadith e/hi gad

gadw ni gadawn

gadw chi gadewch

gadwa nw gadawant

Amherffaith/Amodol

gaden i gadawn

gade ti gadawit

gade fe/hi gadawai

gade ni gadawem

gade chi gadewch

gade nw gadawent

Gorchmynnol

gad (unigol) gadwch (lluosog)

Gadwch loni iddo.

Gadewch lonydd iddo.

Leave him alone.

gafeilus (ans)

gafaelus *gripping*

Ceson ni lithir gafeilus wrtho nw.

Cawsom lythyr gafaelgar oddi wrthyn nhw.

We had a gripping letter from them.

gafel (eb)

gafael *substance*

Mae e'n weddol slip, chewch chi ddim fowr o afel arno.

Mae e'n weddol ddi-ddal, chewch chi fawr o afael arno.

He's as slippery as an eel.

gafel (be)

câl gafel in rhwbeth dod o hyd i rywbeth *to find something*

Ces afel indo o dan y pail.

Deuthum i o hyd iddo o dan y bwced.

I found it under the bucket.

dod i gysylltiad *to contact*

Odi nw wedi bod ing ngafel â chi obiti'r tir?

Ydyn nhw wedi bod mewn cysylltiad â chi ynglŷn â'r tir?

Have they been in contact with you about the land?

gaing gou (eb)

gaing gau *gouge*

gains (eg)

gwellhad (iechyd) *improvement (of health)*

Sdim un gains o gwbwl.

Does dim gwellhad o gwbl.

There is no improvement whatsoever.

galáp (eg)

carlam *gallop*

ar galáp wyllt ar garlam gwyllt

at a gallop

galapo (be)

carlamu (CShB) *to gallop*

galosys (ell)

bresys *braces*

"Pam we Winston Churchill in gwishgo galosys coch?"

"I gadw'i drowser lan!"

galled/galler (be)

gallu *to be able to*

Sai'n galled gweld in dda 'da'r glasis 'ma.

Dydw i ddim yn gallu gweld yn dda â'r sbectol hon.

I can't see very well with these glasses.

gambo (ebg)

cerbyd dwy olwyn i gario gwair heb ochrau sefydlog na gist symudol (WWST)

a kind of cart to carry hay

gamster (eg)

rhywun deheuig/galluog *expert*

Mae e'n gamster in trin i cifrifiadur.

Mae e'n ddeheuig iawn yn trin y cyfrifiadur.

He's an expert at using the computer.

ganter (eb)

jwg (Llandudoch) *jug*

gardys (ebg)

garter

garetsh (ell) **garetshen** (eb)

moron(-en) *carrot(s)*

garnesh (eb)

twba crwn o bren i ddal blawd y gwartheg ac ati

a round wooden tub to hold the cattle feed etc

geingo (be)

ennill/ymledu/gwella

to spread/to get better

Ma'r blodyn 'ma'n geingo'n rhyfedd.

Mae'r blodyn hwn yn ymledu'n rhyfedd.

This flower is spreading rapidly.

"Shwd ma'i iechyd e'r diddie 'ma?"

"Seno'n geingo dim."

"Sut mae ei iechyd y dyddiau hyn?" "Dyw e ddim yn gwella dim."

"How's his health these days?" "He's not getting better at all."

geletsh (eg)

gelaets/gellhesg *yellow flag (Iris pseudacorus)*

Fe welwch chi'r geletsh in tiddu miwn manne glyb ar lan ir afon.

Fe welwch chi'r gellhesg yn tyfu mewn mannau gwlyb ar lan yr afon.

You will see the yellow flag growing in wet areas on the river bank.

gellu/galled (be)

to be able to

gered (adf)

prysur/yn fynd i gyd *busy/all the go*

Mae ar gered in Aberteifi heddi, a hithe'n Sadwrn Barlish.

Mae'n fynd i gyd yn Aberteifi
heddiw a hithau'n Sadwrn Barlys.
*It's all the go in Cardigan today being
it's Barley Saturday.*
Ma'r cawl in berwi gered ar i tân.
Mae'r cawl yn berwi'n ddi–baid ar
y tân.
The broth is boiling away on the fire.

gern (eb)
cern = rhan o ben mochyn
part of a pig's head

getre (eg)
gartref/adref   *at home/homewards*
Arses i getre drw'r wsnoth.
Arhosais gartref drwy'r wythnos.
I stayed at home all week.
Dethon nw getre riwbridodd o'r nos.
Daethon nhw adre yn yr oriau
mân.
They came home in the early hours.

gewin (eg) **gwine** (ell)
ewin ewinedd *nail(s) (of finger)*

giâr (eb) **geir** (ell)
iâr ieir *hen(s)*
Mae e mor ddi-ddal â twll tin giâr.
Does dim dal arno.
He is totally unreliable.

gida bo
cyn gynted â   *as soon as*
**Âth y bioden â'r bwyd gida bo fi wedi
mynd mas ag e.**
Aeth y bioden â'r bwyd cyn
gynted ag es i allan ag e.
*The magpie took the food as soon as I
put it out.*

gidel (eg)
llwybr rhwng cloddiau uchel
(WW) *a path between high hedges*

gifor (ans)
yn gyforiog o/yn llawn
covered with
**Set ti'n gweld 'u gardd nw, wedd hi'n
gifor o whin.**
Petait ti'n gweld eu gardd nhw,
roedd hi'n llawn o chwyn.
*If you saw their garden, it was covered
in weeds.*

giler (eb)
twba pren â dolen bob ochr i
wneud menyn
*a wooden tub with two handles both
sides for making butter*

gili (rhag)
ei gilydd   *each other*

gillwn/gwllwn/gellwn (be)
gollwng *to leak/to drop*
Ma'r pail in gillwn.
Mae'r bwced hwn yn gollwng.
This bucket leaks.
Peida gadel i'r pail i illwn.
Paid â gollwng y bwced.
Don't drop the bucket.

gindrwg (ans)
cynddrwg/mor ddrwg
as bad/so bad
So fel se'i gindrwg nawr (am y tywydd).
Dyw hi ddim cynddrwg nawr.
It's not so bad now (of weather etc).

gisht (eb)

cist neu gorff cart (WWW)

chest or body of cart

glanastra (eg)

llanastr/distryw (CShB)

mess/destruction

glastwr (eg)

diod o laeth sgim a dŵr

a drink of skimmed milk and water

glatsh (ans)

yn sydyn *suddenly*

Fe gwmpodd hi lawr glatsh.

Fe syrthiodd hi'n sydyn.

She fell down suddenly.

glechter (ans)

yn ddarnau mân *smithereens*

Âth ceiad y sosban in glechter ar i llawr.

Aeth caead y sosban yn ddarnau mân ar y llawr.

The saucepan's lid went into smithereens on the floor.

glei (ebych)

gwlei/siŵr o fod/hyd y gwela i

I suppose

Mae e'n mynd i'r gingerdd, glei!

Mae e'n mynd i'r gyngerdd, siŵr o fod!

He's going to the concert, I suppose!

gleuo (be)

brysio *to hasten*

gleuo hi mas o'r tŷ ei brysio hi allan o'r tŷ *to hasten out of the house*

glew (ans)

galluog/deheuig *capable/clever*

Mae'n lew iawn i gwcan.

Mae hi'n ddeheuig iawn i goginio.

She's very capable of cooking.

yn dda iawn (am iechyd) *quite good (of health)*

"Shwt ichi heddi?" "In lew ofnadw."

"Sut ydych chi heddiw?" "Yn dda iawn."

"How are you today?" "Quite good."

glewty/glowty (eb)

beudy *cowshed*

gleyw (ans)

gloyw *clean/clear*

Golcha di ddwylo'n leyw lân cyn bita.

Golch dy ddwylo'n loyw lân cyn bwyta.

Wash your hands clean before eating.

gliborwch (eg)

gwlybaniaeth *moisture/wet*

Ma gliborwch ar lawr i gegin.

Mae gwlybaniaeth ar lawr y gegin.

The kitchen floor is wet.

glitsh–glatsh (ans)

un ar ôl y llall *one after another*

gloien (eb)

un darn o lo *one lump of coal*

gloifi (be)

gloywi *to brighten*

glwchad/glwchfa (eb)

gwlychiad/gwlychfa *a drenching*

glwchu (be)

gwlychu *to get wet*

glwchu twês cymysgu toes

to knead dough
glwchu'r whît mynd i yfed *to drink*

glyb (ans)
gwlyb *wet*
Wedd hi'n lyb diferu bwdin.
Roedd hi'n wlyb at ei chroen.
She was soaked to the skin.

go drabets i! (ebych)
God rabbits it! (Thomas Hardy)
Go drabets i! Beth ma'r crwt 'ma wedi neud?
O'r annwyl! Beth mae'r bachgen hwn wedi ei wneud?
Heavens above! What has this boy done?

godre'r owyr (eg)
gorwel (CShB) *horizon*

goddereb â (ardd)
gyferbyn â *opposite/towards*
Dim ond weun sy goddereb â'r tŷ cwrdd.
Dim ond gwaun sydd gyferbyn â'r capel.
There's only a meadow opposite the chapel.
Cadwodd e ddecpunt goddereb â'r casglad.
Cadwodd e ddecpunt at y casgliad.
He kept ten pounds towards the collection.

gofid (eg)
worry
mynd o flân gofid gofidio am rywbeth a allai ddigwydd
to worry about something that could happen

gogian (be)
gwegian *to sway*
Wedd e'n gogian in jogel wrth ddwâd mas o'r Cross.
Roedd yn cerdded yn sigledig wrth ddod allan o dafarn y Cross.
He was swaying much as he came out of Cross Inn.

golchan (eg)
(golchad WWW) bwyd i'r moch
pig's feed

goligu (be)
bwriadu/cymryd/tybio
to intend/to presume
Weni nw wedi goligu galw 'co.
Doedden nhw ddim wedi bwriadu galw acw.
They hadn't intended to call with us.

golíw (eg)
fel llucheden *like lightning*
Âth e heibo in 'i gar fel golíw.
Aeth e heibio yn ei gar fel llucheden.
He passed by in his car like lightning.

golwg (eb)
appearance/look
Ma golwg sha 'nôl arni ddi.
Mae golwg anniben arni hi.
She looks untidy.

gomrod (be) (WWP)
gormod *too much*

gorffod (be)
gorfod *to be obliged*
Gorffes i fynd i moyn i plant o'r isgol.
Bu'n rhaid imi fynd i nôl y plant

o'r ysgol.
I had to fetch the children from school.

gori (be)
rhoid i tato i ori   gadael tato had
ar hambwrdd iddyn nhw gael
datblygu egin   *to chit potatoes (to
leave seed potatoes to sprout)*

gorwe (be)
gorwedd   *to lie*

goryd (eg)
gored   *fishgarth* (WWP)

gowîth
y ffordd anghywir/o chwith
the wrong way
Buodd hi biti dagu wrth i'r bwyd fynd
lawr gowîth.
Bu hi bron â thagu wrth i'r bwyd
fynd i lawr y ffordd anghywir.
*She nearly choked as the food went
down the wrong way.*

grac
dicllon/o'i gof   *angry*
Wedd i titsher in grac 'da'r plant am
gadw stŵr.
Roedd yr athro o'i gof gyda'r plant
am gadw sŵn.
*The teacher was angry with the
children for being noisy.*

grân (eg)
graen/sglein   *condition*
Ma gŵd grân ar 'i lôn wedi'i thorri hi.
Mae sglein ar y lawnt wedi ei
thorri hi.
*The lawn is in a good condition after
being cut.*

grôs grân
yn groes i'r graen/o'i anfodd
against the grain
Odi neud i gwaith grôs i di rân di?
Ydy gwneud y gwaith yn groes i'r
graen i ti?
Is it against the grain to do the work?

gramedd (ans)
ofnadwy   *terribly*
Mae'n gramedd o wêr heddi.
Mae'n ofnadwy o oer heddiw.
It's terribly cold today.

grat (eb)
grât(-iau)   *grate(s)*
Ma ishe clau'r grat.
Mae angen glanhau'r grât.
The grate needs cleaning.

greinus (ans)
graenus   *of good appearance*
Ma golwg reinus ar ir ardd wedi
whinnu.
Mae golwg raenus ar yr ardd
wedi'i chwynnu.
The garden looks good after weeding.

gresh (eg)
saim   *grease*

greshlyd (ans)
seimllyd   *greasy/fatty*
Ma rhwbeth in reshlyd in i grefi 'ma.
Mae rhywbeth yn seimllyd yn y
grefi hwn.
This gravy is rather fatty.

gresho (be)
rhoi saim ar   *to grease*
We gresho sgidie ar nos Sadwrn in beth
mowr ar i ffarm slawer dy.

G

Roedd seimio sgidiau ar nos
Sadwrn yn orchwyl bwysig ar y
fferm yn yr oes a fu.
*It was an important task to grease the
boots on a Saturday night on the farm
in the bygone days.*

greso (eg)
croeso (CShB) *welcome*

grôs (ans)
yn groes/ar draws *across*
Fe âth e in grôs i parc.
Aeth e ar draws y cae.
He went across the field.

growns te (ell)
dail te *tea grounds*

grwnshal (be)
cwyno *to complain*
Wedd hi'n grwnshal bod prishe bwyd
wedi codi.
Roedd hi'n cwyno bod prisiau
bwyd wedi codi.
*She complained that food prices had
risen.*

gwachlyd (be)
gochelyd/gochel (CShB) *to avoid*
Gwachla di na gei di ddolur fan'na.
Gwylia di rhag cael niwed fan yna.
*Watch that you don't harm yourself
there.*

gwaddon (eg) **gwaddne/whaddne**
(ell)
gwadn(-au) *sole(s)*

gwaddnu (be)
gwadnu *to sole*

gwaedd (eb)
galwad *to call/a shout*
Rho waedd arni bore fory.
Dos i'w gweld bore fory.
Visit her tomorrow morning.

gwagar (eg)
gogr/rhidyll *sieve*
Mae 'nghof i fel gwagar.
My memory is like a sieve.

gwagro (be)
defnyddio gogr/rhidyll *to sieve*

gwahadden (eb) **gwahaddod** (ell)
gwadd (-od) *mole(s)*

gwâl (a)
gwael *poor*

gwân (be)
rhuthro (WW) *to rush*
Ma'n bryd 'i gwân hi.
Mae hi'n bryd brysio.
We've got to get a move on.

gwanaf (eb)
lled o wair a dorrir yn blet ar y
tro/o frig rhic i'w bôn (WWST)
swath of hay

gwanaf (eb)
crasfa/curfa *smack/hiding*
Cei di wanaf os na fihafi di.
Cei di gurfa os na wnei di fihafio.
*You'll have a hiding if you don't
behave.*

gwanichdod (eg)
salwch neu wendid sy'n para
lingering illness or weakness (GDD)

100

gwanieth (eg)

gwahaniaeth *difference/to mind*

Sdim gwanieth 'da fi be 'nei di!

Does dim gwahanieth gen i beth wnei di!

It makes no difference to me what you do!

Wes gwanieth 'da chi bo'r ci in dwâd miwn i'r tŷ?

Oes gwahaniaeth gennych bod y ci yn dod i mewn i'r tŷ?

Do you mind if the dog comes into the house?

gwanol (ans)

gwahanol *different*

gwar (eg) **gware** (ell)

gwegil *nape*

gwar en nhrôd gwar fy nhroed

upper part of my foot

I chi ar 'i gwar hi.

Rydych yn llygaid eich lle/ Rydych wedi deall i'r dim.

You are absolutely right/You have fully understood.

gwas i neidir

gwas y neidr *dragon fly*

(*lit. The snake's servant*)

We nw'n arfer credu bod neidir ddim imhell lle se chi'n gweld gwas i neidir.

Arferent gredu nad oedd neidr ymhell lle byddech yn gweld gwas y neidr.

There was an old belief that a snake was not far away where a dragon fly would be seen.

gwasneithu (be)

gwasanaethu/bod yn was neu'n forwyn *to serve*

Buodd hi'n gwasneithu in Ffarm y Capel.

Bu hi'n forwyn yn Fferm y Capel.

She was a maid in Fferm y Capel.

gwath (ans)

gwaeth *worse*

i gweitha y gwaethaf *the worst*

ar ing ngweitha i ar fy ngwaethaf

in spite of myself

gẁd (ans)

da *good*

Ma nw'n dwâd mlân in gẁd, w!

Maen nhw'n dod ymlaen yn dda!

They're getting on very well.

gwddwg (eg) **gwddge/gwgdde** (ell)

gwddf gyddfau *neck(s)*

twll gwddwg llwnc *throat*

gweiddi 'da

canmol rhywun neu rywbeth

to praise

Seni nw'n gweiddi gwmint 'dag e nawr.

Dŷn nhw ddim yn ei ganmol cymaint yn awr.

They don't praise him as much now.

i gweithe (ell)

gweithfeydd glo De Cymru

South Wales coalmines

We rhei o'r ardal in mynd i'r gweithe i gynnal 'u teuluodd.

Roedd rhai o'r ardal yn mynd i'r pyllau glo i gynnal eu teuluoedd.

Some men from the area would go to the coal mines to support their families.

gweld i whith

gweld yn chwith/digio

to take offence

Mae e'n gweld i whith in ofnadw bod e ddim wedi câl 'i ddewish.

Mae e wedi digio'n ofnadwy am na ddewiswyd e.

He has taken offence that he was not chosen.

gwely (eg) **gwelïe** (ell)

gwely(-au) *bed(s)*

cadw gwely bod yn gaeth i'r gwely *bedridden*

gwely codi (eg)

gwely mewn cwpwrdd a fyddai'n cael ei godi yn ystod y dydd

folding bed in a cupboard

gwelle (ell)

gwelleifiau *shears*

We pâr o welle wedi câl i adel i rwdu in ir hen sgubor.

Roedd pâr o welleifiau wedi cael ei adael i rydu yn yr hen sgubor.

A pair of shears had been left to get rusty in the old barn.

gwendid (eg)

weakness

Ma rhyw wendid arni, seni'n 'i hwyle gore.

Mae rhyw wendid arni, dyw hi ddim yn ei hwyliau gorau.

She feels rather weak, she's not in the best of spirits.

i llouad ar 'i gwendid gwendid y lleuad *the wane of the moon*

gwenwn (eg)

gwenwyn *poison*

gwêr ('i gwêr hi)

ar ei heitha hi (WW)

gwerbyn (ardd)

gyferbyn/rhiw neu dir serth (WWW) *slope*

gweren (eb)

teisen wêr *cake of tallow*

Mae e'n llwyd fel gweren.

Mae e mor llwyd â'r galchen.

He is as pale as a sheet.

gwerth 'i baw

gwerth dim *of no worth/worthless*

Seno'r gilleth ma'n torri werth mo'r baw.

Dyw'r gyllell hon yn werth dim i dorri.

This knife is worthless.

gweryd (eg)

tail gwartheg *manure*

Wdw i wedi rhoid gweryd in i rhichie.

Rydw i wedi rhoi dom gwartheg yn y rhychau.

I've put manure in the furrows.

gwesto (be)

ymwthio (WW) *to push*

gweu (be)

gwau *to knit*

gweud (be)

dweud *to say*

gwedes i dywedais i *I said*

gweda i dyweda i *I will say*

gweden i dywedwn i *I would say*

Wedd hi'n 'i gweud hi am fod rhiwun wedi torri'r ffenest.

Roedd hi'n dweud y drefn am fod rhywun wedi torri'r ffenest.
She was laying down the law because someone had broken the window.

gweureg (eb)
gweuwraig/gwraig sy'n gwau
a woman who knits

gwhwryd (be)
gweryru *to neigh*

gwibed (ell) **gwibedyn** (eg)
gwybed (–yn) *gnat(s)*
Wedd hi'n nosweth fraf o haf ond we'r gwibed in ofnadw.
Roedd hi'n noson braf o haf ond roedd y gwybed yn ofnadwy.
It was a fine summer evening but the gnats were terrible.

gwidman (eg)
dyn gweddw *widower*

gwidw (eb)
gwraig weddw *widow*

gwidde bach (ell)
gwyddau bach *willow catkins*

gwiddyn/gwddyn (ans)
gwydn *tough*
Ma'r cig ma'n widdyn.
Mae'r cig hwn yn wydn.
This meat is rather tough.

gwiddoni (be) (am fflŵr)
wedi difetha (am flawd)
to be spoiled (of flour)

gwilad/gwylad (be)
gwylio claf drwy'r nos
to keep vigil over a sick person

gwilltu/gwylltu (be)
gwylltu/brysio *to hasten/to rush*
Sdim ishe i ti willtu, ma digon o amser 'da ni.
Does dim rhaid iti frysio, mae digon o amser gyda ni.
You don't have to rush, we've got plenty of time.
gwilltu lan cynhyrfu *to panic*
Gwilltodd hi lan i gyd pan welodd hi gisgod ar ir hewl.
Cynhyrfodd hi i gyd pan welodd gysgod ar yr heol.
She panicked when she saw a shadow on the road.

gwindasu
gwyniasu/anesmwytho (WW)/ysu/aflonyddu *itching to go*
Wedd e'n gwindasu am fynd i'r dafarn.
Roedd yn ysu am fynd i'r dafarn.
He was itching to go to the pub.

gwinegu (be)
to be rheumatic

gwinio (be)
gwnïo *to sew*

gwishgo (be)
gwisgo *to get dressed*
gwishga hwn gwisga hwn
put this on (of clothes)

gwitho (be)
gweithio *to work*

gwlithen (eb)
cawod ysgafn o law (WWST)
a light shower of rain

gwllwn (be)
(gweler/see gillwn*)*

gwndwn (eg)
gwyndwn/tir heb ei droi ers
blynyddoedd *unploughed land*

gwntrechu (be)
gorchfygu/meistroli (CShB)
to conquer/ to master

gwreicen (eb)
hen wraig (CShB) *an old woman*

gwrês (ans)
yn groes *across to*
gwrês 'u trâd
ymryson galed (WWST) *a difficult
task*
Cetho nw wres 'u trâd i gwên i gwair
cyn iddi ddwâd i'r glaw.
Gweithion nhw'n galed i gywain y
gwair cyn iddi ddod i'r glaw.
*They worked hard to harvest the hay
before the rain came.*

gwrig (e torf)
grug *heather*

gwrio (be)
gwirio/haeru/taeru *to maintain/to
insist*
Gallen i wrio bo rhiwun wedi gweiddi.
Gallwn daeru bod rhywun wedi
gweiddi.
*I could have sworn that somebody
called.*

gwrion (ans)
gwirion/diniwed *innocent/simple*
Ma rhwbeth in wrion iawn indo.
Mae rhywbeth yn wirion iawn
ynddo.
There's something innocent about him.
mor wirion â wên swci mor
ddiniwed ag oen llywaeth *as tame
as a pet lamb*

gwrishg (ell) **gwrishgen** (eb)
gwrysg *haulm(s)*
Ma golwg dda ar wrishg i tato leni.
Mae golwg dda ar wrysg y tatws
eleni.
*The haulms of the potatoes are looking
well this year.*

gwrychennyd (be)
ffoi rhag y clêr (CShB) (am
warcheg) *to flee from the flies (of
cattle)*

gwrichenu (be)
*cattle fleeing from tormenting flies
(GDD)*

gwsberis (e torf) **gwsbersen** (eb)
eirin mair *gooseberry gooseberries*

gwthi (ell)
gwythi *gristle*

gŵydd (eb) **gwidde** (ell)
goose geese
Rhoi'r ŵydd ing ngofal i cadno.
Cynhyrfu'r dyfroedd.
To put the cat among the pigeons.
Rhoi'r ŵydd ing ngofal i cadno wedd
gadel i'r cinghorydd diegwyddor fod in
gadeirydd.
To put the cat among the pigeons was

to appoint a chairman without any
principles.

gŵydd corn gwlith/whyth corn

(gweler/see whyth corn)

gwe pry cop cobweb(s)

Gwyddelod (ell)

Irishmen

Ichi fel Gwyddelod am dato.

Mae gennych archwaeth dda.

You've got a good appetite.

gwynt (eg) *wind*

Mae e'n llawn o wynt.

Malwr awyr yw e.

He's a windbag.

rhoi'r gwynt i riwun ysgogi rhywun
ymlaen *to egg someone on*

gwynt joglyd (eg)

So gwynt joglyd in mind rownd ti on
mae e'n mind trwyddo ti.

Dyw gwynt oer iawn ddim yn
mynd o'th gwmpas di ond mae e'n
mynd trwot ti.

*(lit. A piercing cold wind doesn't go
round you, it goes through you.)*

gwyntyn (eg)

awel *breeze*

Wedd hi'n ffein, wedd ddim gwyntyn
'da ddi.

Roedd hi'n fwyn, doedd dim awel
ganddi.

*It was fine, there wasn't the slightest
breeze.*

H

haden (eb)

cymeriad o ferch *a character of a girl*

Mae'n haden jogel in galled copïo
moshwns pobol.

Mae'n dipyn o gymeriad yn gallu
dynwared pobl.

She's quite a card in imitating people.

hadyn (eg)

cymeriad o fachgen *a character*

Sdim dal beth wedith ir hadyn nesa.

Does dim dal beth ddywed y
cymeriad nesaf.

*There's no telling what the character
will say next.*

hadlip (eb)

seed-lip

Offeryn a roed i hongian dros yr
ysgwydd i hau â llaw.

*An implement suspended from the
shoulder to sow by hand.*

hafedd (ans)

hafaidd *summerly*

Mae wedi gwishgo'n hafedd iawn a'r
tewi mor ôr/wêr.

Mae wedi gwisgo'n hafaidd iawn
a'r tywydd mor oer.

*She has dressed very summerly and the
weather being so cold.*

haidrenjel (eg)

blodyn yr enfys *hydrangea*
(*Hydrangea macrophylla*) ranjel
(BMAG)

hala (be)

gyrru *to drive*
Ma rhwbeth in bita planhigion ir ardd, mae'n ddigon i hala dyn i roid trap lawr.
Mae rhywbeth yn bwyta planhigion yr ardd, mae'n ddigon i yrru dyn i osod magl.
Something eats the plants in the garden, it's enough to drive someone to set a trap.

hala ar ôl (be)

danfon am *to send for*

hala dom (be)

gwrteithio *to spread manure*

hala fi

gwneud i fi *to make me*
Mae e'n hala fi'n benwan gyda'i gonan.
Mae e'n fy ngwneud yn benwan gyda'i gwyno.
He drives me mad with his complaining.

hala heibo (be)

trechu/maeddu *to beat*
Halodd e heibo pob un in i gêm.
Maeddodd e bawb yn y gêm.
He beat everyone in the game.

hala ofon (be)

peri/codi ofn *to frighten*
We lligod ffirnig in hala ofon arni.
Roedd llygod ffrengig yn codi ofn arni.
Rats made her frightened.

hala weud (be)

rhoi gwybod i *to let (someone) know*
Hal weud 'tho i os fiddi di am reid i'r gingerdd.
Rho wybod imi os fyddi di am lifft i'r gyngerdd.
Let me know if you'll want a lift to the concert.

hallt (ans)

salty
Talo ni'n hallt amdano.
Talon ni'n ddrud amdano.
We payed dearly for it.
Wedd hi'n gweud i drefen in hallt.
Roedd hi'n dweud y drefn yn ofnadwy.
She laid the law down in no uncertain terms.
Ces i wbod i drefen in weddol hallt.
Cefais fy ngheryddu yn ofnadwy.
I was reprimanded terribly.
geire hallt geiriau cas *harsh words*

hana i/hena i

doeddwn i ddim (CShB) *I wasn't (gweler/see* wê)
hana ti/ hena ti doeddet ti ddim *you were not*
hano fe/ heno fe doedd e ddim *he/it was not*
hani hi/heni hi doedd hi ddim *she/it was not*
hano ni/heno ni doedden ni ddim *we were not*
hano chi/heno chi doeddech chi ddim *you were not*
hano nw/heno nw doedden nhw ddim *they were not*
fydd hana i fydda i ddim *I will not*

handl (eb)

dolen *(cwpan ac ati) handle*
Mynd rownd i pot i whilio am ir handl.
Ymhelaethu wrth ddweud stori cyn dod at y pwynt.
To tell a story in a roundabout way before coming to the point.

handlo busnes (be)

busnesa *to interfere/to meddle*

Rhinti nw a'u cawl, well iti beido handlo busnes.

Rhyngddyn nhw a'u cawl, mae'n well iti beidio â busnesa.

Between themselves and their pickle, it's best not to interfere.

hani/heni (ardd)

ohoni *from/of/out of her* (GDD)

hanner call a dwl (ans)

heb fod yn llawn llathen

not quite sixteen ounces

hanner weud (be)

ar fin dweud *about to say*

Na beth wên i ar hanner weud pan dorrwd ar in nhraws.

Dyna beth roeddwn ar fin dweud pan dorrwyd ar fy nhraws.

That's what I was about to say when I was interrupted.

hansh (eg)

llond ceg *a bite*

Fe gwmrodd hi hansh mowr o'r gacen fach.

Cymerodd hi lond ceg o'r gacen fechan.

She took a large bite of the small cake.

hanshan (be)

cnoi llond ceg *to bite*

Ma rhwbeth wedi hanshan i bîtrwt in ir ardd.

Mae rhywbeth wedi cnoi'r betys yn yr ardd.

Something has bitten the beetroot in the garden.

hansel (eg)

lwc dda/pob lwc (WWP)

good luck/the best of luck

hap (ans)

tueddol *apt/inclined*

Mae e'n hap i fistin pob stori.

Mae e'n dueddol i or-ddweud pob stori.

He is inclined to exaggerate every story.

hapno (be)

digwydd *to happen*

harti (ans)

awch am fwyd *a hearty appetite*

"Shwd ma'i stumog e?" "Mae e'n bita'n harti!"

"How's his appetite?" "He eats heartily!"

haru/harin (be)

goddef *to bear/to tolerate*

Alla i ddim 'i haru fe.

Fedra i mo'i oddef.

I can't bear it/him.

hast (eg)

brys *a hurry*

Leicen i iti neud i gwaith, ond sdim hast.

Hoffen i iti wneud y gwaith, ond does dim brys.

I would like you to do the work, but there's no hurry.

He tripped on the flagstone and fell headlong.

hastu (be)
brysio *to hurry*
Well iti hastu, neu fe golli di'r bws.
Mae'n well iti frysio, neu fe golli di'r bws.
You'd better hurry, or you'll miss the bus.

hawch (eg)
awch/min *edge*
Sdim mwy o hawch ar y gilleth 'ma na sy ar fys en nhrôd.
Does dim mwy o awch ar y gyllell hon na sydd ar fys fy nhroed.
(lit. This knife has no more of an edge than my toe.)

hawchus (ans)
miniog *sharp*

hebrwn (be)
hebrwng/cyd-deithio â
to lead/to walk with
Hebrwna i ti his ben i feidir.
Cyd-deithiaf â thi hyd ben y lôn.
I'll walk with you as far as the end of the lane.

hebwch (eg)
ebwch/ochneidio/griddfan (WWP) *gasp*

hedfan deiar (be)
cwympo llwrw eich pen
to fall headlong
Darlimpodd ar i fflagsen a âth e'n hedfan deiar.
Baglodd ar y garreg a chwympodd llwrw ei ben.

hedfanad (eb)
cwymp *a fall*
Stopodd i ceffyl dwp a câth hi hedfanad drw'r âr.
Stopiodd y ceffyl yn sydyn ac aeth hi i fyny yn yr aer.
The horse stopped abruptly and she flew through the air.

hego (eg)
eco *echo*
Ma hego da in i cwarre.
Mae eco da yn y chwarel.
There's a good echo in the quarry.

heide (ell)
haid (eg) *swarm(s)/cluster(s)*
Bydd i blode wedi geingo in heide erbyn ir ha'.
Bydd y blodau wedi ennill yn heidiau erbyn yr haf.
The flowers will have gained in clusters by summer.

heinto (be)
cael haint *to faint*
Fe heintodd hi in i gwres.
Cafodd hi haint yn y gwres.
She fainted in the heat.

helig (eg)
halen *salt*
Fe fidde ni'n rhoid i mochyn in ir helig.
Fe fydden ni'n halltu'r mochyn.
We would salt the pig.

hemad (eg)
crasfa *a beating*

Câth i crwt hemad am wmed-weud.
Cafodd y bachgen grasfa am ateb
yn ôl.
*The boy got a beating for answering
back.*

hemo (be)
rhoi crasfa/bwrw'n drwm *to give a
beating/to pelt down (of rain etc)*
Wedd i ceser in hemo lawr.
Roedd hi'n bwrw cesair yn drwm.
The hailstones were pelting down.

hen amser (ans)
hen bryd *high time*
Mae'n hen amser inni fwrw hi am getre.
Mae'n hen bryd inni ei throi hi
tuag adre.
It's high time we went home.

hen stander (eg)
hen law brofiadol
someone with experience

hen wella (ans)
wedi gwella ers meitin
long since got better

hen whech (eg)
hen ddyled (CShB) *an old debt*

herfa (eb)
paratoi i redeg mlaen llaw/'cymryd
herfa' (CShB) *prepare to run ahead*

herllug (ans)
haerllug *impudent*
Wedd e'n ddigon herllug i jwmpo'r ciw.
Roedd e'n ddigon haerllug i
neidio'r ciw.
*He was impudent enough to jump the
queue.*

het (eg)
cetyn/ysbaid *a while*
New ni un het fach 'to!
Gwnawn ni ailafael yn y gwaith
unwaith yn rhagor!
We'll do another spell of work.

hêto (be)
casáu *to hate*
Hêten i feddwl beth alle fod wedi
digwidd sen i wedi colli rheoleth ar i
car.
Fuaswn ni ddim yn hoffi meddwl
beth allai fod wedi digwydd
petawn i wedi colli rheolaeth ar y
car.
*I would hate to think what could have
happened if I had lost control of the
car.*
Wdw i'n 'i hêto fe.
Rwy'n ei gasáu â chas perffaith.
I absolutely hate it.

hido (be)
poeni *to fret*
Hiden i farblen.
Fuaswn i ddim yn poeni yr un iot.
I wouldn't mind not one iota.

hidre (eg)
hydref *autumn*

hifed (be)
yfed *to drink*
Hifodd e'r botreled o ddŵr ar 'i ben.
Yfodd e'r botelaid o ddŵr ar ei
ben.
*He drank the bottleful of water in one
go.*

hildo (be)
ildio *to yield*

Ma nw mor benstiff new nw ddim hildo modfedd.

Maen nhw mor ystyfnig, wnân nhw ddim ildio modfedd.

They are so stubborn, they won't yield an inch.

hinda (eb)

hindda *fair weather*

hiol (eb)

clos/buarth (Cwm-gwaun) (GDD) *farmyard*

hireth (eg)

hiraeth *a longing*

hirodd (ans)

amser maith *a long time*

Buo nw am hirodd in dishgwil am i bws.

Buon nhw am amser maith yn disgwyl am y bws.

They were a long time waiting for the bus.

hisan

llefaru'n gras, fel rheol yn geryddol *to hiss* (WWP)

hisboi (adf)

hyd nes ei bod *until*

Arsa i 'da ti hisboi'n ole.

Arhosaf gyda thi hyd nes ei bod yn olau.

I'll stay with you until it's light.

hisht! (ebych)

ust! *quiet!/hush!*

Hisht! Hisht! Ma'r gath in i gisht.

ho (eb)

hoe/saib *a rest*

hoblan (be)

gwneud mân swyddi *to do odd jobs*

Sdim gwaith amser llawn 'dag e, ond mae e'n hoblan obiti'r lle.

Does dim gwaith amser llawn ganddo ond mae'n gwneud mân swyddi o gwmpas.

He doesn't have a full time job, but he does odd jobs round about.

hobls (ell)

mân swyddi *odd jobs*

holbidág (ans)

yn dynn wrth ei gilydd

hold fast/stuck

Ma'r sosejis in holbidág in i gril.

Mae'r selsig yn dynn wrth y gril.

The sausages are stuck to the grill.

hole (ardd)

tu ôl *behind*

We'r da'n dwâd lawr i feidir a'r ast in dynn ar 'u hole.

Roedd y gwartheg yn dod i lawr y lôn a'r ast yn dynn ar eu hôl.

The cows were coming down the farm lane with the dog close behind.

hol ffast (ans)

yn dynn *hold fast*

Dala'n hol ffast in ir handl!

Dal yn dynn wrth yr handlen!

Hold fast in the handle!

hon'co (rhag. dangosol)

hon acw *that one (fem)*

(yn aml gan ŵr am ei briod) *her indoors*

hopso (be)

meddwi (WWST) *to get drunk*

hopsyn (ans)
wedi meddwi (WWW) *drunk*

hoson (eb) **sane** (ell)
hosan(-au) *sock(s)*

hotl–botl (eb)
(iaith plentyn) potel dŵr twym
(*a child's word*) *hot water bottle*

hou (be)
hau *to sow*

houl (eg)
haul *sun*

how (eb)
hof *hoe*

howo (be)
hofio *to hoe*
Ma ish howo'r pâm blode 'ma, achos ma'r whin in geingo'n jogel.
Mae eisiau hofio'r gwely blodau hyn, oblegid mae'r chwyn yn ennill cymaint.
The flower bed needs howing, because the weeds are gaining rapidly.

howr (eg)
heuwr *sower*

hufen iâ (eg)
ice cream
diffiniad o hufen iâ – digon i gadw dyn segur in rhydd
definition of an ice-cream – enough to keep the bowels of an idle man regular

hwdog (ans)
dim chwant bwyd/anniolchgar
to be off one's food/ungrateful

Digon hwdog yw hi wedi 'i phwl o salwch.
Does fawr o chwant bwyd arni wedi ei phwl o salwch.
She's off her food after her bout of illness.
Paid bod mor hwdog achán wrth dderbyn i present.
Paid â bod mor anniolchgar wrth dderbyn yr anrheg.
Don't be so ungrateful for receiving the gift.

hwdwch (eg)
rhywbeth neu rywun mawr, afrosgo (WW) *something or someone big and clumsy*

hwffto (be)
wfftio/dibrisio (WWP)

hwfftog (ans)
am un sy'n codi ei drwyn ar fwyd
of someone who turns his nose up on food
Mae e mor hwfftog, pring bita neith e.
Mae e'n codi'i drwyn cymaint ar fwyd fel mae prin bwyta a wna.
He turns is nose up on his food so much that he barely eats.

hwmedd/hwmllyd (ans)
ag arogl hen a llaith *old musty smell*
Agorwch i ffenest! Ma smel hwmedd iawn in y rhŵm 'ma.
Agorwch y ffenest! Mae arogl hen a llaith yn yr ystafell.
Open the window, there's an old musty smell in this room.

hwmo (be)
gordwymo (am wair)
to overheat (of hay)

hwn'co (rhag. dangosol)

hwn acw *that one yonder (of male)*

Beth ma hwnco'n neud fan 'co?

Beth mae hwn acw yn ei wneud
fan acw?

What is that man/boy doing yonder?

hwp (eg) **hwpad** (eg)

gwthiad *to push*

Câth e hwp lawr stâr.

Cafodd ei wthio i lawr y grisiau.

He was pushed down the stairs.

hwpo (be)

gwthio *to shove/to push/to stick*

Paid hwpo di fys miwn i'r darten fale
'na.

Paid â gwthio dy fys i mewn i'r
darten afalau yna.

*Don't stick your finger into the apple
tart!*

hwre!

Dyma ti! Cymer hwn! (wrth roi
rhywbeth i rywun)

Here you are, take this!

hwrnu (be)

chwyrnu *to snore (of people)/to snarl
(of dog)*

hwtran (be)

gwasgu ar rywun i gymryd neu
brynu rhywbeth *to insist on giving
or enticing someone to buy something*

Sdim gwerth ichi hwtran i mat arna-i
am unrhyw brish, sai'n moyn e!

Does dim gwerth ichi geisio
gwerthu'r mat i fi am unrhyw bris,
does mo'i angen arna i!

*You're wasting your time trying to sell
the mat to me at any price, I don't
want it!*

hwthad (eg)

chwyth/chwythiad *a blow*

hwthu (be)

chwythu *to blow/to pant*

iach (ans)

healthy/sound

Mae e'n ddigon iach in 'i gred.

He's quite sound in his belief.

ialen (eb)

gwialen *stick/cane*

iawnu (be)

bywiogi *to liven/perk up*

Fe iawnodd hi pan welodd 'i ffrind.

Bywiogodd pan welodd ei ffrind.

She perked up when she saw her friend.

iawnyd (be)

unioni/mynd ati (CShB)/brysio

to straighten/to get a move on

Mae'n tinnu mlân, a mae'n bryd inni 'i hiawnyd hi.

Mae'n hwyrhau, ac mae'n bryd inni symud ymlaen.

It's getting late, and it's time that we got a move on.

Iawna hi! Brysia! *Get a move on! (singular)*

Iawnwch hi! Brysiwch! *Get a move on! (plural)*

iechyd (eg)

health

O'r iechyd sy'n gwbod! (ebych)

Oh, for heaven's sake!

iddi (ardd)

dwâd iddi bwrw glaw *to rain*

Dâth iddi'n drwm.

Daeth hi i law trwm.

It began raining heavily.

iege 'de

do ddim/ie (gyda phwyslais) *yes (emphatic)*

"Dim ti dinnodd i llun 'ma !" "Iege 'de!"

"Nid ti tynnodd y llun hwn!" "Ie, siŵr!"

"You didn't draw this picture!" "Yes, I did!"

iet (eb) **iete** (ell)

gât (ar golfachau) *gate (on hinges)*

Iet-hen-ucha, Iet-y-frwynen (enwau lleoedd, *place names*)

iewnodd (bf)

unionodd/safodd yn syth (WWP)

he stood upright

ife?

ai e? *is it?/was it?*

ife'n wir?

indeed?

ife ddim?

ai e ddim? *was it not?*

'Na beth ginigoch chi neithwr, ife ddim?

Dyna beth gynigioch chi neithiwr, ai e ddim?

That's what you proposed last night, was it not?

ifed (be)

yfed *to drink*

peth ifed diod gadarn *an alcoholic drink*

ifenctid (eg)

ieuenctid *youth*

ifidw (eg)

y darn lleia (CShB) *the last or only thing a man has in his possession (GDD)*

ifflon (ans)

yfflon/yn ddarnau mân

fragmented/utterly broken

in ifflon racs/jibidêrs *into smithereens*

iglan (eb)

ydlan *rickyard*

ilfyn (eg)

y darn bach lleia 'ilfyn o gaws' (CShB) *a small particle of anything (GDD)*

imbed (ans)

enbyd *terrible/awful*

Ma'r tewi 'ma'n imbed.

Mae'r tywydd hwn yn ofnadwy.

This weather is terrible.

Wdw i'n gweld hi'n imbed i dalu cwmint.

Rydw i'n ei gweld hi'n ofnadwy i dalu cymaint.

I think it's terrible to pay so much.

imhwêdd (be)

begian (CShB)/erfyn

to beg/to implore

imil (egb)

ymyl *edge/border*

ar imil y claw ar bwys y clawdd

near the hedge

imlân (adf)

ymlaen *on/onward*

in (rhag) (+treiglad meddal)

fy *my*

in bigwrn i (<pigwrn) fy mhigwrn *my ankle*

in dad i fy nhad *my father*

in gender i fy nghefnder *my cousin (male)*

in frawd i fy mrawd *my brother*

in ddant i fy nant *my tooth*

in ardd i fy ngardd *my garden*

in fam i fy mam *my mother*

in ligad i fy llygad *my eye*

in rŵm i y stafell *my room*

in yn *in*

in ir ysgol yn yr ysgol *in school*

inda i ynof fi *in me*

indo ti ynot ti *in you*

indo fe ynddo fe *in him*

indi hi ynddi hi *in her*

indo ni ynom ni *in us*

indo chi ynoch chi *in you*

indo/indi nw ynddyn nhw *in them*

Weno indo'i unan in iawn.

Nid ef ei hun ydoedd.

He wasn't himself.

in i fan

yn y man/maes o law *soon/later (not 'at once' which is* 'ar unwaith')

inda/hinda (eb)

hindda *fair weather*

indodyd (adf)

o bosib (CShB) *possibly/without a doubt (GDD)*

infyd (ans)

ynfyd *mad/livid*

Wedd e'n infyd grac wedi i riwun dorri miwn a rhacsan 'i gar.

Roedd e o'i go wedi i rywun dorri mewn a dinistrio ei gar.
He was raving mad after someone had broken into and trashed his car.

inte (rhag)
yntau *he too*
Seno inte'n ifed coffi whaith.
Nid yw yntau'n yfed coffi ychwaith.
He doesn't drink coffee either.

iorwg (eg)
iddew *ivy*

ir (y fannod)
yr *the (definite article preceding vowels and the letter 'h')*

is (ardd)
ers *since*
is gwedo ys dywedodd
as someone said
Mae'n 'codi castelli', is gwedodd i wraig.
Mae'n 'codi castelli' (cymylau mawr tywyll), ys dywedodd y wraig.
Great black clouds are gathering as the lady said.

isbridieth (eb)
ysbrydiaeth *encouragement*

isgaeth (eb)
isgaeth wyllt/wen! O'r iechyd mawr! *Heaven's above!*

isgawn (ans) **isgon** (WWST) **ysgon** (WW)
ysgafn *light*

isgawndyd (eg)
ysgafnder (CShB) *lightness*
isgawndid meddwl *mental relief* (GDD)

isgawnid (be)
ysgafnhau (am y tywydd)
to lighten (of weather)

isgawnu (be)
ysgafnhau *to lighten*

isgus (eg)
esgus *pretend*
We whare isgus in beth mowr 'da ni'n blant.
Roedd chwarae pethau dychmygol yn beth mawr gyda ni yn blant.
Playing pretend was an important part of our play when we were children.
isguses i esgusais *I pretended*

isgol (eb) **isgolion** (ell)
ysgol(-ion) *school(s)*
Isgol Crimich Ysgol Crymych
Isgol Clide Ysgol Clydau

isgryd (eg)
ysgryd *shiver*
Âth isgryd wêr drosta i i gyd.
Aeth ysgryd oer drosof i gyd.
A cold shiver went all over me.

isgwiddo (be)
ysgwyddo *to shoulder*
isgwiddo'r baich ysgwyddo'r baich
to shoulder the burden

ishe/isie (be)
eisiau *to want*
ishe ar eisiau ar *to need*

I

Ma ishe mynd i'r siop arni.
Mae angen mynd i'r siop arni.
She needs to go to the shop.

ishel (ans)
isel *low*

isheldra (eg)
iselder/anobaith (CShB)
depression/despair

ishte (be)
eistedd *to sit*

istod (ardd)
yn ystod *during*
In istod y blinidde dwetha 'ma.
Yn ystod y blynyddoedd diwetha
hyn.
During these last years.

ithin (ell) **ithinen** (eb)
eithin(-en) *gorse*

ithryn (eg)
chwithryn/dim o gwbl (WWP)
the least bit

iwsd (ans)
cyfarwydd *accustomed/used to*
Fe ddaw hi'n iwsd iddo, glei!
Fe ddaw hi'n gyfarwydd ag e,
mae'n siŵr!
She'll get accustomed to it, I suppose!

iwso (be)
defnyddio/arfer cymryd
to use/to take
Seno ni'n iwso'r gair 'pilipala' am iâr
fach ir haf.
Dyn ni ddim yn defnyddio'r gair

'pilipala' am 'iâr fach yr haf'.
*We don't use the word 'pilipala' for
'iâr fach yr haf'.*
Wen i'n iwso rhoi gwaedd arni nw bob
wsnoth.
Arferwn alw gyda nhw bob
wythnos.
I used to call with them every week.
Anghofiodd hi iwso 'i thablets bore 'ma.
Anghofiodd hi gymryd ei thabledi
bore heddiw.
*She forgot to take her tablets this
morning,*

116

J

jac (eg)

pob wan jac pob copa walltog *every jack one*

We pob wan jac wedi dwâd â'i fwyd 'i hunan.

Roedd pob copa walltog wedi dod â'i fwyd ei hunan.

Every jack one had brought his own food.

Jac Sais (eg)

enw ar blentyn sy'n troi i siarad Saesneg *a name for a child who turns to speak English*

jacijwmper (eg)

ceiliog y rhedyn *grasshopper*

jaciraca (eg)

pryf dŵr/rhywun aflonydd/ anwadal/dyn dwl *water-boatman/ a restless or foolish person*

jain (eg)

diawl *devil*

Beth mo'r jain! (ebych) *What the devil!*

jâl (eg)

carchar *jail*

jam (eg)

Ma pethe'n gweitho fel jam.

Mae pethau'n gweithio'n gampus.

Things are going like clockwork.

jant (eb)

siwrnai *a journey/a spin*

Etho ni am jant fach in i car.

Aethom am siwrnai fechan yn y car.

We went on a small journey in the car.

jant wast siwrnai seithug *a wasted journey*

jantan (be)

teithio *to journey/to gallivant*

Ma nw wedi mynd i jantan heddi 'to.

Maen nhw wedi mynd i deithio heddiw eto.

They've gone gallivanting today again.

jared (eb) **jareidi** (ell)

jariaid *a jarful/jarfuls*

jaribô (ebych)

O'r annwyl! *Gracious me!* (GDD)

jawch (ebych)

Jawch ariôd! Beth ddiawl!

What the dickens!

jawl (eg) **jawled** (ell)

diawl(iaid) *devil(s)*

Ma gwaith ar jawl mlân 'da ni.

Mae gwaith ofnadwy o galed ymlaen gennym ni.

We have devilishly hard work on.

Cer i'r jawl! Dos i'r diawl! *Get lost!*

jawlo (be)

diawlo/rhegi *to curse/to swear*

Wedd e'n 'u jawlo nw i'r cwmwle.

Roedd e'n eu rhegi nhw i'r cymylau.

He was cursing them heavily.

jaws i!/jawst i (ebych)

(gweler/see jawch)

jengyd/jangyd (be)
dihengyd/dianc *to escape*
Gorffennol
jenges i dihengais i *I escaped*
Dyfodol
jenga i dihenga i *I will escape*
Amodol
jengen i dihangwn i *I would escape*
Jengodd i llo mas o'i gatsh.
Dihangodd y llo allan o'i loc.
The calf escaped from his pen.

Jehiw (enw priod) *(personal noun)*
mind fel Jehiw mynd ar garlam
wyllt *to go at full speed*

jeli (eg)
jelly
Ma pen draw ar fita jeli 'da
pinshwrn.
(pan fo rhywun yn gweithio'n
galed ar ryw dasg anodd ond yn
ofer)
*(could be said when someone is striving
hard on a difficult job but to no avail)*

jeli brogáid (eg)
grifft brogáid *frog spawn*

jentîl (ans)
crachfonheddig/swanc *posh/genteel*

jib/jiben (eb) **jibs** (ell)
cuwch/cwg *grimace*
Nâth hi jib fel se 'i'n mind i lefen.
Fe guchiodd hi fe petasai'n mynd
i grio.
She grimaced as if she was going to cry.

jibidêrs (ans)
yn ddarnau mân
in pieces/smithereens

jibo (be)
tynnu allan o wneud rhywbeth
to jib/to give up
cerdded bant o sefyllfa pan nad
yw'n cael ei ffordd
*to walk away from a situation when
one doesn't have one's way*
Wen i wedi goligu mind ond jibes i in i
diwedd.
Roeddwn wedi bwriadu mynd
ond tynnais allan yn y diwedd.
*I had intended to go but I jibbed in
the end.*

jingelerins (ell)
tlysau *jewels*

jini flewog (eb) **jinis blewog** (ell)
siani flewog *tiger-moth caterpillar*
Ma gweld jini flewog ar ir hewl in ir haf
in arwidd o law.
Mae gweld siani flewog ar yr heol
yn yr haf yn arwydd o law.
*Seeing a tiger-moth caterpillar on the
road in summer is an indication of rain.*

jiw (ebych)
O jiw annwil! O'r annwyl! *Oh dear!*
Jiw safion! Duw caton ni! *God
save us!*

jocôs (ans)
diddig *contented*
Ma'i 'n blentyn jocôs, seni byth in
cwino.
Mae hi'n blentyn diddig, dyw hi
byth yn cwyno.
*She is a contented child, she never
complains.*

jogel (ans)
tipyn *quite*

Ma sbel jogel 'da fe i find.

Mae tipyn o ffordd gydag e i fynd.

He's got quite a way to go.

jogi (eg)

diogi *laziness*

Jogi, jogi, gad fi'n lloni.

Diogi, diogi, gad fi'n llonydd.

jogïan (be)

diogi/segura *to be lazy*

Sa'i 'di neud dim drw'r dydd ond jogïan.

Dw i ddim wedi gwneud dim drwy'r dydd ond segura.

I've done nothing all day but being lazy.

joio (be)

mwynhau *to enjoy*

Joies i mâs draw.

Mwynheais i'n fawr iawn.

I enjoyed myself immensely.

jôr/jiôr (be)

rhwystro *to stop* (GDD)

jwst (adf)

nawr jwst gynnau fach *just now*

L

lab /lap (eg)

cleber/clebran *gossip/chatter*

Gad di lab! Rho'r gorau i dy glebran! *Stop nattering!*

laban/lapan (be)

clebran *to gossip/to chatter*

Ma'i'n leico laban am fusnes pobol erill.

Mae hi'n hoff o hel clecs am fusnes bobl eraill.

She likes to gossip about other people's business.

labwst/labwstyn (eg)

un garw/twp

a rough/ignorant person

lach (eb)

chwipiad/fflangelliad *lash*

Hen gimeriad digon troiedig yw e, gyda'i lach ar bawb a phopeth.

Mae'n hen gymeriad digon annymunol gyda'i lach ar bawb a phopeth.

He's an undesirable character, who's critical of everyone and everything.

ladi wen (eb)

the white lady

Drychiolaeth a welid gan bobl ofergoelus yn yr hen ddyddiau.

An apparition seen by superstitious people in the old days.

lapad (eg)

llyfaid *a lick*

lapo (be)

llyfu *to lick*

lapswchan/ lapswcho (be)

cusanu *to kiss*

lasen (eb) **lasyn** (eg) **lasys** (ell)

carrai careiau *shoe-lace(s)*

laso (be)

clymu'r careiau *to tie shoe-laces*
Wit ti wedi laso di shŵs in ddigon tyn?
Wyt ti wedi clymu dy gareiau yn
ddigon tyn?
Have you tied your shoe-laces tightly?

lasog (eb)

glasog/crombil stumog *gizzard*
Rhaid tinnu'r lasog mas o'r twrci cyn 'i
gwcan e.
Rhaid tynnu'r lasog allan o'r twrci
cyn ei goginio.
*The gizzard must be taken out of the
turkey before it is cooked.*

lefelu (be)

synhwyro/dychmygu
to envisage/to imagine

leflo (be)

anelu (WWW) *to aim*

lei, glei (ebych)

hyd y gwela i *I suppose*

leico (be)

hoffi *to like*
Seno'n leico'i le.
Dyw e ddim yn hoffi ei le.
(lit. It doesn't like it's place.)
(am flodyn nad yw'n tyfu'n dda)
(said of a plant that does not grow well)
leico peido (be) hoffi peidio *to like
not to*
Wena i'n leico peido â'i helpu fe.
Doeddwn i ddim yn hoffi peidio
â'i helpu fe.
I didn't like not to help him.

leimpres (eg)

celficyn â dau gwpwrdd ar y top a
droriau ar y gwaelod *linen-press (a
piece of furniture)*

lele (ell)

stumiau/ffansïau (CShB) *grimaces*
lele a swache llawer o ystumiau
wrth siarad *grimaces while speaking*

leshans (eb)

trwydded *licence*

lest (eb)

pren troed (offer crydd)
last (shoemaker's tool)

leyw (ans)

(gweler/see gleyw) *clean/clear*

lifret (eb)

cwningen fechan/merch yn ei
harddegau
a young rabbit/a girl in her teens
(GDD)

listi (ans)

cryf/heini (am ddyn neu fenyw)
strong/lusty
We Jemeima Niclas in feniw fowr listi.
Roedd Jemeima Niclas yn fenyw
fawr a chryf.
Jemeima Niclas was a strong and lusty woman.

lôn (eb)

lawnt *lawn*
Ma ishe torri'r lôn in imbed.
Mae angen torri'r lawnt yn
ofnadwy.
The lawn needs cutting badly.

lòs (eb)

lodes *girl*
Beth wedest ti, lòs?
Beth ddwedaist ti, ferch?
What did you say, girl?

lowryn (eg)

awyr dywyll/cymylog
an overcast sky
Ma hen lowryn in i tewi nawr 'to.
Mae'r tywydd wedi troi'n dywyll a
chymylog nawr eto.
The weather has become overcast now again.

lowsed (eb)

twll hirgul yn wal y beudy i adael
aer a golau i ddod i mewn
lancet (window)

lŵans (eg)

lwfans/caniatâd *allowance/ permission*

lwêth/lŵeth (adf)

eilwaith *again*
Mae e'n galw 'da nw nawr ac lwêth.
Mae e'n rhoi tro amdanynt nawr
ac yn y man.
He visits them now and again.

lwffian (be)

traflyncu *to gobble*
Paid â lwffian di fwyd, neu ti'n siŵr o
dagu.
Paid â thraflyncu dy fwyd, neu
byddi di'n siŵr o dagu.
Don't gobble your food, or you're sure to choke.

lwmber (eg)

llwyth trwm a lletchwith
a heavy and clumsy load

lwmberog (ans)

trwm/lletchwith *heavy/clumsy*
Mae'n sindod bo nw wedi galled simud
llwyth mor lwmberog.
Mae'n syndod eu bod nhw wedi
gallu symud llwyth mor lletchwith.
It's surprising that they could have carried such a clumsy load.

lwmbwredd (ans)

clogyrnaidd/trwsgl *clumsy*

lwmpen (eb) **lwmpyn** (eg) **lwmpe**
(ell)

Mae wedi dod in lwmpen o ferch.
Mae hi wedi dod yn bladres o
ferch.
She has become a strapping lass.

lwmpyn o grwt

bachan mawr *a strapping lad*

lw'r wmed

llwyr wyneb/ymlaen yn ddiatal
(WWST) *to go forward without
restraint*

lwtsh (eg)

hylif anhyfryd ei natur
unpleasant looking liquid
Wit ti'n galw'r lwtsh 'ma in de?
Wyt ti'n galw'r ddiod yma yn de?
Do you call this concoction tea?

lwtshan (be)

tywallt/siglo *to spill/to shake*
We'r dŵr in lwtshan mas o'r stên wrth
'i chario hi.
Roedd y dŵr yn colli o'r piser
wrth ei gario.
*The water was spilling out of the
pitcher as it was carried.*

lwtshen (eb) **lwtshys** (ell)

llond ceg o 'lwtsh'
*a mouthful or spoonful of unpleasant
liquid*

lwtshyn (eg)

dilledyn llac/di-siâp (GDD) *a baggy
item of clothing*
Ma'r bwlofer 'ma'n llawer rhy fawr iti,
mae'n lwtshyn amdanat ti.
Mae'r bwlofer hon yn llawer
rhy fawr iti, mae'n llac a di-siâp
amdanat.
*This pullover is much too big for you,
it's baggy on you.*

Ll

llafur (eg)

ŷd *corn*
Mish Medi yw'r amser i dorri'r llafur.
Mis Medi yw'r amser i dorri'r ŷd.
September is the time to cut the corn.

llai (ans)

smaller/less
Ma 'i'n rhoces alluog, sa'i'n gweud llai.
Mae hi'n ferch alluog, dw i ddim
yn dweud i'r gwrthwyneb.
*She's an intelligent girl, I'm not saying
otherwise.*
Sai'n gwbod llai na sichith i dillad in i
tewi 'ma.
Dw i ddim yn amau na sycha'r
dillad yn y tywydd hwn.
*I don't doubt that the clothes will dry
in this weather.*

llaish (eg) **lleishe** (ell)

llais lleisiau *voice(s)*

llamandreth (eg)

cawl/trwbwl *mess* (CShB)

llathed (eb) **llatheidi** (ell)

hyd llath *yard's length*
Mae'n debyg iawn i'w dad, llathed o'r
un brethyn yw e.
Mae'n fab i'w dad.
He is a chip off the old block.

llaw (eb)

dwylo (ell) *hand(s)*
y law fach hyn y llaw fach hon *this
little hand*
(er bod y treiglad hwn yn

ansafonol, dyma a glywir yn
fynych ar dafod leferydd yr ardal)

llawes/llewish (eb) **llewishe** (ell)

llawes llewys *sleeve(s)*

Wedd e mas, cofia, in llewish 'i grys ar i
tewi wêr 'ma.

Roedd e allan yn llewys ei grys yn
y tywydd oer hwn.

*He was out in his shirt sleeves in this
cold weather.*

llawn dâl (eg)

ad-daliad *compensation*

Cew nw llawn dâl am ddwâd 'ma.

Cân nhw eu had-dalu am ddod
yma.

*They will be compensated financially
for coming here.*

llawnd (ans)

llawn *full*

llawnu (be)

llyfnu *to harrow/to level*

llusgo'r oged dros dir âr neu dir
glas *to drag the harrow over arable
land*

lle (eg) **llefydd** (ell)

lle lleoedd *place(s)*

achos *cause*

Ma lle i ofni bod i stori'n wir.

Mae achos gennym i gredu bod y
stori'n wir.

We fear that the story is true.

lleban (eg)

dyn diwerth *a useless fellow*

llecheden (eb)

mellten *lightning*

Âth i car heibo fel llecheden.

Aeth y car heibio fel mellten.

The car went past like lightning.

lled i pen (adf)

agored led y pen *wide-open*

lledieth (eb) **llidieth**

llediaith *Welsh spoken incorrectly and
with an English accent*

Mae e'n panso i ddisgu'r iaith ond ma
lledieth jogel arno.

Mae e'n ymdrechu i ddysgu'r iaith
ond mae ganddo dipyn o lediaith.

*He strives to learn the language but he
has quite an English accent.*

lledu (be)

to spread

lledu'r bara *to prepare bread and butter*

llefeleth (eb)

llyfeliaeth/amcan/syniad *idea*

Sdim llefeleth 'da hi obiti iwso'r
cifrifiadur.

Does dim syniad ganddi sut i
ddefnyddio'r cyfrifiadur.

*She has no idea about using the
computer.*

llefelyn (eg)

llyfelyn/llefrithen *stye (in eye)*

lleithdy/lleity (eg)

llaethdy *dairy*

lleitho'r lloi (be)

rhoi llaeth i'r lloi *to give milk to the
calves*

llester (eg) **llestri** (ell)
llestr *vessel*
llestriach   mân lestri *vessels*

lletwarded (eg)
llond lletwad   *a ladleful*
Coda letwarded o gawl i'r basin.
Cwyd lond lletwad o gawl i'r basn.
Lift a ladleful of broth into the basin.

lletwart (eb)
lletwad *ladle*

lletwith/lletwhith (ans)
lletchwith
awkward/clumsy/offhanded
Se 'i 'n lletwith inni beido â mynd i'r
angla.
Byddai'n lletchwith inni beidio â
mynd i'r angladd.
*It would be offhanded of us not to go to
the funeral.*

llether (eb) **llethre**
llethr(-au) *slope*
(enw gwrywaidd mewn enwau
lleoedd)

llewirchyn/llewyrchyn (eg)
ychydig o olau/dân
a little light/flame
Seno'r tân wedi diffod in llwyr, ma
llewirchyn in dala ar ôl.
Dyw'r tân ddim wedi diffodd yn
llwyr, mae fflam fechan yn dal ar
ôl.
*The fire isn't completely out, there's
still a little flame left.*

llibyngi (eg)
term dirmygus am ddyn

gwannaidd (WWST)
derogatory term for a weakling

llidan (ans)
llydan *wide*
Seno'r feidir gul in ddigon llidan i'r
garafán.
Dyw'r lôn gul ddim yn ddigon
llydan i'r garafán.
*The narrow lane isn't wide enough for
the caravan.*

llidanu (be)
llydanu *to widen*

llideini (be)
lledaenu *to spread/to circulate*
Llideinodd i stori fel tân gwyllt drw'r
ardal.
Lledaenodd y stori fel tân gwyllt
drwy'r ardal.
*The story spread like wild fire through
the area.*

llidrew/llydrew (eg)
llwydrew *hoarfrost*
We'r llidrew'n wyn drost ir ardd peth
cinta'n i bore.
Roedd y llwydrew'n wyn dros yr
ardd yn y bore bach.
*The hoarfrost was white over the
garden in the early morning.*

llidrew'r Iorddonen
y gwallt yn gwynnu   *the hair greying*

llidrewi (be)
llwydrewi/barugo *to cast hoarfrost*
Buodd hi'n llidrewi'n galed in istod i
nos.
Bu'n llwydrewi'n galed yn ystod
y nos.
*It cast a hard hoarfrost during the
night.*

llifin (ans)

llyfn *smooth/even/level*

Ma ishe neud i pâm in llifin.

Mae angen gwneud y gwely (yn yr ardd) yn llyfn.

The garden bed needs levelling out.

llifino (be)

llyfnhau *to smooth/to level*

llifir/llifyr (eg) **llifre** (ell)

llyfr(-au) *book(s)*

lliffan tafod

llyffannwst = afiechyd dan dafod gwartheg a cheffylau (WWST)

disease under tongue of cattle and horses

lligad (eg) **lliged** (ell)

llygad llygaid *eye(s)*

i ddou ligad y ddau lygad *both eyes*

Wdw i'n nabod llaish dinion ond in lliged i sy'n dewill.

Rydw i'n adnabod llais dynion ond methu gweld ydw i.

I recognise people's voices but not being able to see is my worry.

Shoni lligad i geiniog Sion llygad y geiniog *miser*

lligad llygad (am rwyd bysgota) *mesh* (WWP)

lligadyn/lligedyn (eg)

a wink

Chisges i ddim lligadyn.

Chysgais i ddim o gwbl.

I didn't sleep a wink.

lligotreg (eb)

cath dda am ddal llygod

a cat that's good for catching mice

llinger (ell) **llingeren** (eb)

llyngyr(-en) *tapeworms*

llingeryn (eg)

llingeryn o ddyn dyn main, tenau (yn ddirmygus) *a thin man (derogative)*

llinglwm (ans)

anodd/dyrys (CShB)

difficult/complicated

llimed (eg)

llymaid *sip*

Rhowch limed o ddŵr i fi, wdw i biti dagu.

Rhowch lymaid o ddŵr i fi, rwyf bron â thagu.

Give me a sip o water, I'm parched.

llisiwen (eb) **lliswennod** (ell)

llysywen llyswennod *eel(s)*

Wit ti fel llisiwen (am blentyn aflonydd).

You're like an eel (said of a restless child).

llithir (eg) **llithiron** (ell)

llythyr(-on) *letter(s)*

lliw (eg)

arlliw *trace*

Ma blas y tshytni in mynd â blas i paté ond jwst 'i liw e roies i.

Mae blas y tshytni yn mynd â blas y paté ond dim ond yr ychydig lleiaf rois i.

The chutney takes away the paté's taste but I only put a trace of it.

lliwanen (eb)

llywionen = sach o ddefnydd garw
wedi ei datod i gario gwair ac ati
*a sack of coarse cloth undone to carry
hay etc.*

lliwaned (eg) **lliwaneidi** (ell)

llond lliwanen
a load within an opened sack

lloc (eg)

ffald *pen*

llofestra (eg)

distryw (CShB) *destruction*

llond (eg)

full(ness)

Ma di lond di gambwyll bach, ond wes
e? (wrth blentyn drygionus).

Rwyt ti'n llawn drygioni, on'd
wyt ti?

*You are full of mischief on the quiet,
aren't you? (to a mischevious child).*

Ma'i lond e o'r Gŵr drwg. *(said of a very
mischievous child)*

Mae e'n llond 'i got.

Mae golwg dda arno.

He looks well (lit. He fills his coat).

llond pen (eg)

a mouthful

Câth i plentyn lond pen 'da'r sgwlin am
fod mor ddi-wardd.

Cafodd y plentyn lond pen gan yr
ysgolfeistr am fod mor ddrygionus.

*The child was given a mouthful by the
headteacher for being so naughty.*

Cwmrodd hi ormod o lond pen.

Fe gymerodd hi ormod o gegaid.

She bit off more than she could chew.

lloni (ans)

llonydd *still*

llosged

gweddillion eithin wedi llosgi
(WW) *left-over of burnt gorse*

llosgi bant (be)

to burn away

Ma'r cwêd 'ma'n llosgi bant fel matshis.

Mae'r coed hyn yn llosgi fel matsis.

These logs burn like matchsticks.

llou (ell) **lleuen** (eb)

llau lleuen *lice*

llou'r ffeirad (ell)

planhigyn â pheli bychan sy'n
glynu *cleavers (Galium aparine)*
(BMA)

llouad (eb)

lleuad *moon*

Pan ma llouad lawn mae'n help i
eiddfedu'r llafur.

Pan fo'r lleuad yn llawn mae'n
help i aeddfedu'r ŷd.

*When there's a full moon, it helps to
ripen the corn.*

llower (ans ac eg)

llawer (WWP) *many/much*

Llunden

Llundain *London*

Ca'r drws 'na nei di, wit ti wedi bod in
Llunden neu beth?

(fe'i dywedir wrth rywun sydd
wedi gadael y drws ar agor)

Cau'r drws yna, wnei di, wyt ti
wedi bod yn Llundain?

*Will you shut that door, have you been
to London or what? (said to someone
who has left the door open)*

llusgo arni (be)
dal i fynd
to keep on going/to battle on

lluwch (eg) **lluwche**
lluwch(feydd) *snowdrift(s)*

lluwcho (be)
lluwchio *to drift*

llwdwn (eg)
hwrdd *ram*

llwêr/llŵer (eb)
lloer *moon*

llŵer (ans ac eg)
(Brynberian) llawer *many*

llwybir/llwybyr (eg) **llwybre** (ell)
llwybr(-au) *path(s)*
llwybyr tarw y ffordd agosa *short cut*
(CShB)

llwyr/llŵr 'i ben
mynd am ymlaen *to go headlong*
llwyr 'i din
mynd am 'nôl *to go backwards*

llywethyn (eg)
lwmpyn mawr, llonydd/hwdwch
(CShB) *a big, still lump*

M

ma (be)
mae *is*
ma fe mae e *he is, it is*
ma hi mae hi *she is, it is*
ma nw maen nhw *they are*
Wen i'n meddwl ma *hi* nawr.
Roeddwn yn meddwl mai dyma'r
diwedd.
*I thought that this is it (that the end
had come).*

macnábs/meinábs (eg)
enw chwareus ar fachgen neu ddyn
*a playful term in addressing a boy or
a man*
Be sy mlân 'da macnábs in awr?
Beth sydd ymlaen gyda'r adyn yn
awr?
What is the little blighter up to now?

macyn (eg) (WWST)
hances boced *handkerchief*

macsu (be)
bragu cwrw *to brew beer*
We nw'n arfer macsu'u hunen ar bwêr o
ffermydd ir ardal slower dy.
Roedden nhw'n arfer bragu
eu cwrw eu hunain ar lawer o
ffermydd yr ardal slawer dydd.
*They used to brew their own beer on
many of the local farms in the olden
days.*
Mae'n macsu am storom.
Mae storm yn codi.
There's a storm brewing. (GA)
Mae e'n macsu am gwdwm gida'i
gampo dwl.

Mae e'n gofyn am godwm gyda'i neidio dwl.

He's bound to have a fall with his silly prancing around.

madel (be)

ymadael/gwahanu/ysgaru

to depart/to die/to separate/to divorce

Mae e wedi madel.

Mae e wedi marw.

He has departed this life.

Ma nw wedi madel ers bod in briod am bum mline.

Maen nhw wedi gwahanu ar ôl bod yn briod am bum mlynedd.

They have separated after being married for five years.

madfall (eg) **madfallod** (ell)

mablath/maplath/madlath (Gorllewin Sir Benfro) (LGW) genau goeg *lizard*

maethgen (eg)

helynt/tipyn o drafferth (WW) *trouble*

magad (eb)

cofleidiad *a cuddle*

Wedd hi'n well o gâl magad.

Roedd yn well o gael cofleidiad.

She was better after having a cuddle.

mang-gu (eb)

mam-gu *grandmother*

Mang-gu, mang-gu dewch mas o'r tŷ I weld John Hop ar gewn i ci.

mai (cys)

that

falle *mai* 'te efallai'n wir *perhaps that it is*

Sa'i'n gweud mai galwith e.

Dw i ddim yn dweud y gwnaiff e alw.

I'm not saying that he will call.

main (a)

tenau/tlawd *thin/poor*

Mae'n weddol fain arno ni a ninne heb waith.

Rŷn ni'n weddol dlawd a ninnau heb waith.

We are quite poor being out of work.

Ma hen wynt main aflan 'da hi.

Mae hi'n chwythu hen wynt ofnadwy o fain.

There's a piercing cold wind.

maintodd (eg)

lluoedd/llawer *many*

Sena i'n gwbod faintodd o bobol wedd in i dre heddi.

Wn i ddim faint o bobl oedd yn y dre heddiw.

I don't know how many people were in town today.

maldod (eg)

mwythau *pampering*

Câth y plentyn 'i faldodi'n shwps.

Cafodd y plentyn ei faldodi'n llwyr.

The child was utterly pampered.

manedd (ans)

hytrach yn fân *rather small*

We'r garetsh in i siop rhwbeth in fanedd iawn indi nw.

Roedd y moron yn y siop hytrach yn fân.

The carrots in the shop were rather small.

man'na/man'ny (adf)

man yna/man hynny *there*

mansher/manjer (eg)

cafn bwyd anifail/preseb *manger*

Wit ti wedi rhoid gwair i'r da in i mansher?

Wyt ti wedi rhoi gwair i'r gwartheg yn y preseb?

Have you put hay in the manger?

manshwn (eg)

plasty *mansion*

mantes (eb)

mantais *advantage*

achub mantes   manteisio

to take advantage

marce (adf)

oddeutu/tua *about*

Bidda i lawr 'da chi marce dou.

Byddaf i lawr gyda chi oddeutu dau.

I'll be down with you about two o'clock.

marco

Tawn i'n marco! (ebych) Ar fy ngwir! *Upon my word!*

maren (eg) **meryn** (ell)

maharen, meheryn

m'heryn defaid (CShB) *sheep*

cig maren cig dafad *mutton*

cawl maren *mutton broth*

maren rhost *roasted mutton*

marlat (eg)

marlad *drake*

marnod (eg)

nod coch ar ddafad *red mark on sheep*

mas o'i grys (fe/*he*)

mas o'i chrys (hi/*she*)

bod yn gandryll *to be livid*

mas o ddigwiddiad

weithiau *rarely*

Seni nw byth ar agor cyn naw, mond mas o ddigwiddiad.

Dŷn nhw byth ar agor cyn naw, dim ond ar droeon prin iawn.

They hardly ever open before nine.

mas tu fas (adf)

tu allan *outside*

mashîn lladd nadrodd (eg)

ffon gerdded *walking stick*
(lit. Snake killing machine.)

mashwn (eg) **mashwned** (ell)

saer maen seiri maen *mason(s)*

mashwna (be)

gwneud gwaith saer maen

to do a mason's work

mat (eg) **mate** (ell)

mat (–iau) *mat(s)*

Cadw ni beth buo ni in trafod o dan i mat.

Cadwn ni yr hyn a drafodon ni yn gyfrinachol.

We'll keep what we discussed a secret.

mate (ell) **maten**(eb)

tywarch *turf(s)*

maten (eb)

trwch *layer*

We'r mwswm in faten dew drost i pâm.

Roedd y mwsogl yn drwch tew dros wely'r ardd.

The garden bed was covered in a thick layer of moss.

matru (be)

dihatru (WW) diosg *to strip*

meddwl (eg) **meddilie** (ell)

meddwl meddyliau *thought(s)*

Miws i ti whare meddilie am bethe sy wedi hen ddigwydd.

Ni thâl i ti chwalu meddyliau am bethau sydd wedi hen ddigwydd.

You must not brood over things that have long since happened.

meddylyd (be)

meddwl (yn galed) *to think (hard)*

meiddi (be)

meiddio/mentro (nid maeddu=curo) *to dare*

Paid ti â meiddi gweud 'tho.

Paid ti â meiddio dweud wrtho.

Don't you dare tell him.

meinar (eg)

llanc ifanc *minor* (WWP)

meinedd (ans)

gweddol fain *rather slender*

Ma'r côd 'ma'n weddol feinedd.

Mae'r coed hyn yn weddol fain.

These sticks are rather slender.

men asen i! (ebych)

ar fy ngair! *my word!*

men Dewi Wyn! (hen lw)

(CShB) *(an old oath)*

men uffach i!

hell's bells!

men wyryf lân!

hen lw cyffredin ar lafar (CShB)

an old oath

mên (a)

cybyddlyd *mean/miserly*

Chewch chi ddim llawer at ir achos 'da hi, mae'n feniw fên.

Chewch chi ddim llawer at yr achos ganddi hi, mae'n fenyw gybyddlyd.

You won't have much towards the cause from her, she's a miserly woman.

mencyd (be)

benthyg *to borrow/to lend*

mentyg (be)

benthyg *to borrow, to lend*

Câl mentyg cael benthyg *to borrow*

Menticodd i llifre wrtha i.

Benthycodd y llyfrau oddi wrtha i.

He borrowed the books from me.

rhoi mentyg rhoi benthyg *to lend*

Rhoies i mentyg i llifre iddo fe.

Rhois benthyg y llyfrau iddo fe.

I lent him the books.

mesen (eb) **mes** (ell)

acorn(s)

mesen im mola hwch cyfraniad mor fach fel nad yw'n gwneud mymryn o wahaniaeth *a contribution so small that it makes no difference*

mesto (be)

ymestyn (WWST) *to stretch/to extend*

mignen (eb)
cors *bog*

mingi-mongan (ans)
igam-ogam (CShB) *zigzag*

milanes (eb)
gwrach/menyw ddrwg (CShB)/
rhywun rhyfygus (GDD) *witch/an
evil one*

mind in i gifer (be)
mynd ar ei union
to go along in a hurry
We'r llo in mynd ar 'i gifer am i bwlch
in i claw.
Roedd y llo yn mynd ar ei union
am y bwlch yn y clawdd.
*The calf was going in a hurry towards
the gap in the hedge.*

mini/miny/mwni (eg) **minidde**
(ell)
mynydd mynyddoedd *mountain(s)*
Ma llethre'r mini in serth iawn miwn
manne.
Mae llethrau'r mynydd yn serth
iawn mewn mannau.
*The mountain slopes are very steep in
places.*

minich (ans)
mynych/aml *frequent/often*
Ma nw'n mind i drampan in finich.
Maen nhw'n mynd i deithio yn
aml.
They go travelling frequently.

minnid/minnud (be)
mynnu *to insist*

minnidd (eg)
ymennydd *brain*
'bidde fe shŵr o fwrw 'i finidd
ma's' (WWST RO)
*(lit. He would surely knock his brain
out.)*

minno (be)
fel y mae'n dewis *as he chooses/
pleases*
Fe neith e fel i minno.
Fe wnaiff e fel y mae'n dewis.
He'll do as he pleases.

minno/menno/'no
beth bynnag *whatever*

minoitach (ell)
menywod amheus (CShB)
dubious women

minte fe/hi/nw
meddai ef/hi/nhw *he/she/they said*
Wedd hi wedi talu, minte hi.
Roedd hi wedi talu, meddai hi.
She had paid, so she said.

mish (eg) **mishodd** (ell)
mis misoedd *month(s)*

mishtir (eg)
ysgolfeistr: meistr tir (GDD)
schoolmaster: landlord
We mishtir in stwro'n jogel heddi bo ni
ddim wedi neud en gwaith cartre.
Roedd yr ysgolfeistr yn dwrdio
tipyn heddiw am nad oeddem
wedi gwneud ein gwaith cartref.
*The schoolmaster gave a big row today
because we hadn't done our homework.*

mistâco (be)
camgymryd *to mistake*
Mistâces i fe am riwun arall.
Fe'i camgymerais am rywun arall.
I mistook him for someone else.

mistyn (be)
ymestyn/gor-ddweud/mynd yn
hwy/estyn
to reach/to exaggerate/getting longer/to pass
Dâth hi i ben â mistyn i shelff ucha.
Llwyddodd i gyrraedd y silff uchaf.
She managed to reach the upper shelf.
Wedd e'n gweud bod cannodd o gathe
tu fas 'i dŷ e neithwr, ond mae e'n leico
mistyn.
Roedd yn dweud bod cannoedd o
gathod y tu allan i'w dŷ e neithiwr,
ond mae e'n hoff o or-ddweud.
*He said that there were hundreds of
cats outside his house last night, but he
likes exaggerating.*
Ma'r dwarnod in mistyn.
Mae'r diwrnod yn ymestyn.
The day is getting longer.
Mistynna'r pubur i fi os gweli'n dda!
Estyn y pupur i fi, os gweli'n dda!
Pass me the pepper, please!

mitin (eg)
cyfarfod *meeting* (WWP)

mitsho (be)
chwarae triwant *to play truant*

miwl (eg)
mul *mule*

miwn (ardd)
mewn *in*

miwn eil mewn eiliad/cyn pen fawr
o dro *in no time at all*
Peidwch becso, bidda i lawr 'da chi
miwn eil.
Peidiwch â phoeni, bydda i i lawr
gyda chi cyn pen fawr o dro.
*Don't worry, I'll be down with you in
no time at all.*

miws i fi
fiw i mi *I dare not*
Miws i fi weud 'thoch chi beth
ddigwiddodd.
Fiw i mi ddweud wrthoch chi beth
ddigwyddodd.
I dare not tell you what happened

mline/bline (ell)
mlynedd (eb) *years (after numerals)*
Buodd hi'n byw 'na am bum mline.
Bu'n byw yna am bum mlynedd.
She lived there for five years.

mocial/mocian/mocan (be)
gwatwar/chwerthin am ben/
dirmygu/pryfocio (CShB)
to mock (WWP)/*to despise/to provoke*

mochdra (eg)
budreddi *filth*

mochedd (ans)
mochaidd *filthy*
Mae 'i jôcs e'n weddol fochedd.
Mae ei jôcs e'n weddol fochaidd.
His jokes are rather filthy.

mochindra (eg)
mochyndra *filth*

moddion tŷ

(Cwm-gwaun) celfi
furniture (GDD)

moddionach (ell)

gwahanol fathau o foddion
different kinds of medicines

moelyd (be)

rhythu/moelyd llygaid (CShB
to gape/to stare
dymchwelyd (WWW) *to overturn*
moelyd 'i gluste *to prick up his ears*

moethyn (eg)

mwynhad (CShB)
enjoyment/pleasure

mofiad (be)

nofio (WWP) *to swim*
Fofiades i Nofiais i *I swam*

mogfan (eb)

diffyg anadl (WW) *asthma*

mogi (be)

mygu *to suffocate*
Brawd tagu yw mogi.
*Six of one and half a dozen of the
other.*

molwaden (eb) **molwad** (ell)

malwoden malwod *snail(s)*

molwaden ddu   molwad duon

gwlithen, gwlithod *slug(s)*
mor ddiffeth â molwaden gloff
(WWW) bod yn ystyfnig
(*lit.* As stubborn as a lame snail.)

montesh (eb)

mantais/cyfle *advantage/opportunity*

achub montesh achub y cyfle *to
seize the opportunity*
cwmryd montesh o riwbeth
manteisio ar rywbeth
to take advantage of something

morwm/morwn/moren (WW)
(eb) **morwnion** (ell)

morwyn(-ion) *farm maid(s)*

moryn (eg)

ton o ddŵr môr (WWP) *sea wave*

moshwns (ell)

stumiau *grimaces*
Ma rhyw foshwns penna 'da hi wrth
ganu.
Mae hi'n gwneud yr ystumiau
rhyfeddaf wrth ganu.
*She makes terrible grimaces while she
sings.*

mowceth! (ebych) *(interjection)*

mowr (ans)

mawr *big/large/much*
Ma pen mowr arno.
Mae e'n ddeallus iawn.
He's very intelligent.
Fuest ti fowr o dro.
Fuest ti ddim yn hir.
You weren't long.

mowrder/mowrdra (eg)

balchder *pride*

mowredd mowr! (ebych)

mawredd mawr!
I mowredd sy'n gwbod! *Heaven
knows!*

mowreddog (ans)

mawreddog *boastful*

Ma pen mowr arno, ond mae e'n fowreddog fid.

Mae e'n alluog ond mae'n rhwysgfawr hefyd.

He's intelligent but he's boastful as well.

mowrog ddyn! (ebych)

ddyn byw! *man alive!*

o'r mowrog ddyn annwil!

Mowrth (eg)

Mawrth *Tuesday/March*

Dy Mowrth Dydd Mawrth *Tuesday*

Mish Mowrth Mis Mawrth *March*

moyn (be)

ymofyn/eisiau/hôl *to want/to fetch*

Beth wit ti'n moyn i gino?

Beth wyt ti eisiau i ginio?

What do you want for dinner?

Cer i moyn torth o'r siop.

Dos i nôl torth o'r siop.

Go and fetch a loaf from the shop.

mudo (be)

symud *to move/to budge*

Wdw i'n câl gwaith mudo gida'r gwinie 'ma.

Rydw i'n cael gwaith symud gyda'r cryd cymalau hyn.

I find it difficult to move with this rheumatism.

Arsodd i deryn 'na a fudodd e ddim.

Arhosodd yr aderyn yno a symudodd e ddim.

The bird stayed there and didn't move.

mudo'r moddion symud y dodrefn

to move the furniture

mwdwlo (be)

crynhoi gwair ynghyd yn y cae yn fydylau ar gyfer eu llwytho ar gart neu gambo (WWST)

to collect the hay into haycocks in the field, ready to load onto the cart

mwêdd (be)

ymhŵedd/ymbil *to implore/to beg*

mwg (eg)

smoke

cyn wanned â mwg cyn wanned â brwynen *as weak as a kitten*

mwgrwch (eg)

mwg tew (CShB) *thick smoke*

mwgu (be)

mygu *to smoke*

Ma'r tân in mwgu ond sdim fowr o fflame 'dag e.

Mae'r tân yn mygu ond does fawr o fflamau i'w gweld.

The fire's smoking but there's hardly any flames.

mwgyn (eg)

sigarét *cigarette*

mwlins (ell)

math o bysgod (WWP)*a kind of fish*

mwlsyn (eg) **mwlsen** (eb)

gair anwes wrth gyfarch plentyn bach *term of endearment when talking to a child*

Beth ma'r mwlsyn bach in neud fan'na nawr 'to?

Beth mae'r adyn bach yn ei wneud fan yna nawr eto?

What's the little rascal doing there again?
ffŵl (WW) *a fool*

mwmial/mwmian (be)
siarad yn aneglur *to mumble*

mwmps (ell)
y dwymyn doben/clwy'r pennau *mumps*

mwnci (eg)
coler ceffyl *horse collar*
mwnci bach *tymer ddrwg bad temper*
Ma'r mwnci'n gwasgu arno.
Mae e wedi colli'i dymer
He has lost his temper.

mwrc (eg)
gair i gyfarch crwt bach *word to greet a small boy*
Shwd ma'r mwrc heddi?
Sut mae'r adyn heddiw?
How's the little fellow today?

mwrno (be)
hiraethu *to long for*

mwshrwms/mwsharŵms/ shrwms (ell) **mwshrwmsen/ mwsharwmsen** (eb)
madarch(en) *mushroom(s)*
Wedd hi'n cwtsho in i cornel fel mwshrwmsen fach.
Roedd hi'n cyrcydu yn y cornel fel madarchen fach.
She was squatting in the corner like a little mushroom.

mwstran (be)
brysio *to hurry up*

mwswg/mwswm (eg)
mwsogl *moss*

mwydyn (eg) **mwydon** (ell)
pry genwair *worm(s)/bait*
mwydyn (eg) llinyn y cefn (CShB) *spine*

mwygil (ans)
mwygl clòs/trymaidd (GPC) *close/muggy/sultry*
Hen dewi diflas, ddim un peth na'r llall se i'n 'i oligu wrth dewi mwygil.
Hen dywydd diflas heb fod yn un peth na'r llall fuaswn i'n ei olygu wrth 'dewi mwygil'.
We would use the term 'tewi mwygil' for miserable weather, neither one thing nor the other.

mwys (eg)
mesur ar gyfer ysgadan, yma chwe ugain (WWP) *a measure of herrings*

N

na (ateb negyddol)

na dw   nac ydw   *no, I'm not*

na fidda   na fyddaf   *no, I will not be*

na fidden   na fyddwn   *no, I would not be*

na wên   nac oeddwn   *no, I was not*

na 'na   na wnaf   *no, I will not (do)*

'na (adf)

dyna   *there is*

'na i (be)

gwnaf fi   *I will do/make*

nabod (be)

adnabod   *to know/to recognise*

Weno fe'n nabod i o ddinion i byd.

Doedd e ddim yn f'adnabod o bobl y byd.

He didn't know me from Adam.

Dyfodol

nabidda i   adnabyddaf fi   *I'll know*

nabiddi di   adnabyddi di   *you'll know*

nabiddith e   adnebydd e   *he'll know*

nabiddith hi   adnebydd hi   *she'll know*

nabiddw ni   adnabyddwn ni   *we'll know*

nabiddw chi   adnabyddwch chi   *you'll know*

nabidda nw   adnabyddan nhw   *they'll know*

Amodol

nabidden i e   adnabyddwn i e

I would know him

nabiddieth (eb)

adnabyddiaeth   *knowledge of a person*

colli nabiddieth ar riwun   colli adnabyddiaeth ar rywun   *to no longer know someone*

nabiddus (ans)

adnabyddus   *well-known*

Mae e'n nabiddus in ir ardal fel tinnwr côs.

Mae e'n adnabyddus yn yr ardal fel tipyn o dynnwr coes.

He's well known in the area as quite a teaser.

nachwaith (cys)

na/nac   *nor*

Seni'n moyn shwgir in 'i the, na llâth nachwaith.

Does dim eisiau siwgwr arni yn ei the, na llaeth ychwaith.

She doesn't want sugar in her tea, nor milk.

nâd (egb)

arferiad drwg   *bad habit/inclination*

Ma ishe tinnu'r hen nâd 'na mas ono fe.

Mae eisiau dileu yr arferiad drwg yna sydd ganddo.

There's a need to get rid of that bad habit he has.

naddo 'de

No, I didn't

"Fe fites di'r loshin 'na i gyd on do fe?" "Naddo 'de!" "Doddo 'de! Weles i ti."

"Bwyteaist ti'r melysion yna i gyd, on'd do?" "Naddo'n wir!" "O do! Gwelais i ti."

"You ate all of those sweets, didn't you?" "No, I didn't!" "Oh yes you did! I saw you."

naddu (be)

to chip/to sharpen (pencil)
Ma ishe naddu'r bensel 'ma.
Mae eisiau rhoi min ar y pensil hwn.
This pencil needs sharpening.
Wedd e'n arfer naddu pishin o sicamorwidden i neud llwye pren.
Roedd e'n arfer cerfio darn o sycamorwydden i wneud llwyau pren.
He used to carve a piece of sycamore to make wooden spoons.

nagos (ans)

yn agos *nearly*
Weni nw'n drich nagos cistel wedi'r gawed.
Doedden nhw ddim yn edrych yn agos cystal wedi'r gawod.
They didn't look nearly as good after the shower.

natur (eb)

tymer *temper*
'Na natur wyllt sy indo.
Dyna dymer wyllt sydd ganddo.
He has a terrible temper.

nawr a lwêth (adf)

nawr ac yn y man *now and again*
Sena i'n mind i Garfwrdding, mond nawr a lwêth.
Dw i ddim yn mynd i Gaerfyrddin, dim ond nawr ac yn y man.
I don't go to Carmarthen, only now and again.

nawr fach (adf)

gynnau *just now*
Wedd hi 'ma nawr fach.

Roedd hi yma gynnau fach.
She was here just now.

naws (eg)

tymheredd *temperature*
Ma naws wêr 'da hi.
Mae hi'n teimlo'n oer.
It feels cold.

naws (eg) (negydd)

naws gwell dim mymryn gwell
no better
naws callach mymryn callach
none the wiser
Se neb naws gwell o gloi'r drwse a'r ffenestri ar agor.
Fyddai neb fymryn gwell o gloi'r drysau a'r ffenestri ar agor.
No one would be the wiser to lock the doors while the windows are open.

necloth (eg) **neclothe** (ell)

cadach(-au) poced *handkerchief(s)*

nedwi (eb) **nedwidde** (ell)

nodwydd(-au) *needle(s)*
Ma twll i nedwi mor fach a'r ede mor dew.
Mae crau'r nodwydd mor fach a'r edau mor dew.
The needle's eye is so small and the thread is so thick.

nefodd (eg)

nefoedd *heaven*
Y nefodd sy'n gwbod! (ebych)
Y nefoedd sy'n gwybod!
Heaven knows!

neide (ell)

eneidiau/Gŵyl Eneidiau (CShB)
All Souls

Parc i Neide enw ar gae ar Fferm y Capel
(Tybed a oes cysylltiad yma â'r hen gred bod llawer wedi cael eu claddu yng Nghapel Cawy?)

neidir (eb) **nadrodd** (ell)
neidr nadroedd *snake(s)*
Wedd hi fflat-owt i nosweth 'ny twel, fe se'i ar ladd neidir.
Roedd hi'n brysur y noson honno fel petai ar ladd nadroedd.
She was very busy that evening, going at it hammer and tongs.

neis (ans)
braf /hyfryd (am fwyd) *nice /fine*
Seno ni'n câl tewi neis in ir haf fel wên ni.
Dŷn ni ddim yn cael tywydd braf yn yr haf fel yr oedden ni.
We don't have fine weather in the summer as we used to.

neised
mor hyfryd â *as nice as*
Seno bwyd shop cyn neised â bwyd getre, ond mae'n paso'n iawn.
Dyw bwyd siop ddim cystal â bwyd cartre, ond mae'n gwneud y tro.
Shop food isn't as nice as home food but it suffices.

neisys (ell)
losin/melysion (WWP) *sweets*

neles (bf)
anelais (CShB) *I aimed*

neno'r annwil! (ebych)
neno'r dyn! *dear me!*

nesa 'ma
y peth nesaf *the next thing*
A'r peth nesa 'ma weles i wedd hi'n cwmpo llwyr 'i hwmed.
A'r peth nesaf welais i roedd hi'n syrthio ar ei hwyneb.
And the next thing I saw was she falling on her face.

nesim i (bf) (Maenclochog)
wnes i /gwneuthum i *I did /made*

nèt (ans)
twt/cryno *neat* (WWP)

netin weier (eg)
weiar rhwyllog *netting wire*
Wedd ishe netin weier i gadw'r ffowls in saff rhag i cadno.
Roedd angen weiar rhwyllog i gadw'r ieir yn ddiogel rhag y llwynog.
Netting wire was needed to keep the chickens safe from the fox.

nethen i (bf)
(gweler/see neud)

neud (be)
gwneud *to do /to make*
Gorffennol
netho i/nes i gwnes i *I did*
netho ti/nes di gwnest ti *you did*
netho fe/nâth e gwnaeth e *he/it did*
netho hi/nâth hi gwnaeth hi *she/it did*
netho ni gwnaethon ni *we did*
netho chi gwnaethoch chi *you did*
netho nw gwnaethon nhw *they did*

Dyfodol

na i gwnaf fi *I will do*
nei di gwnei di *you will do*
neith e gwnaiff e *he will do*
neith hi gwnaiff hi *she will do*
new ni gwnawn ni *we will do*
new chi gwnewch chi *you will do*
na nw gwnân nhw *they will do*

Amherffaith/Amodol

nethen i gwnawn i *I would do*
nethe ti gwnait ti *you would do*
nethe fe gwnâi ef *he would do*
nethe hi gwnâi hi *she would do*
nethe ni gwnaem ni *we would do*
nethe chi gwnaech chi *you would do*
nethe nw gwnaent hwy *they would do*

Gorchmynnol

na di gwna di *you do*
neled e gwnaed e *let him do*
neled hi gwnaed hi *let her do*
new ni gwnawn *let us do*
new chi gwnewch *you do*
nelen nw gwnaent *let them do*
"Nei di'r gwaith?" "Na na, neled e fe."
"Wnei di'r gwaith ?" "Na wnaf, gwnaed ef e."
"Will you do the work?" "No I won't, let him do it."

neud amdeni (be)
penderfynu *to decide*
Wdw i'n neud amdeni i find mas am wâc bob dy.
Rwyf wedi penderfynu mynd allan i gerdded bob dydd.
I've decided to go out for a walk every day.
neud dolur brifo *to hurt*
neud in fowr o rwbeth gwneud yn fawr o rywbeth *make the most of something*
Na'n fowr o'r cifle i drafeilu'r byd tra bo ti'n ifanc.
Teithia'r byd tra bo ti'n ifanc a thra bo'r cyfle gennyt.
Travel the world while you are young and when you've got the chance to make the most of it.
neud i gore o'r gweitha gwneud y gorau o'r gwaethaf *make the best out of it*

newi/newy (ans)
newydd *new*
newi find newydd fynd *just gone*
Mae e newi find mas.
Mae e newydd fynd allan.
He's just gone out.

newid dwylo (be)
newid perchnogion *change owners*
Mae e'n le sy wedi newid dwylo in jogel.
Mae e'n lle sydd wedi newid perchnogion yn aml.
It's a place that has changed owners many times.

nibendod (eg)
annibendod *untidyness*

nidden (eb)
niwl *mist*
Ma gweld i nidden in mynd lan i mini in sein o dewi sych.
Mae gweld y niwl yn mynd i fyny'r mynydd yn arwydd o dywydd sych.
Seeing the mist rising up the mountain is a sign of dry weather.

niddu (be)

nyddu/troelli *to spin*

nifel (eg) **nifeiled** (ell)

anifail *animal*

nithio (be)

gwahanu'r grawn oddi wrth yr us
to winnow

We mashîn nithio in arfer bod 'da ni ar i ffarm.

Roedd peiriant nithio yn arfer bod gyda ni ar y fferm.

We used to have a winnowing machine on the farm.

niwed (eg)

harm

Sai'n gweld neith e niwed os na neith e les.

Dwi ddim yn gweld y gwnaiff niwed os na wnaiff e les.

I can't see it doing any harm, even if it doesn't do any good.

no (geiryn i gloi brawddeg)

beth bynnag *anyway/anyhow*

Weni nw 'na, no.

Doedden nhw ddim yno, beth bynnag.

They weren't there, anyhow.

Fel 'na mae, no!

Fel yna mae'r sefyllfa, beth bynnag!

That's how it is, however.

nöe (eb)

llestr pren i ddal y cig mochyn wedi ei halltu am dair wythnos
wooden vessel to hold the salted meat of the pig for three weeks

noethi 'i ddanne

dangos ei ddannedd/ysgyrnygu (am gi) *to snarl/to show one's teeth (of dog)*

treulio (am garped)
to wear out (of carpet)

Ma'r carped 'ma'n noethi 'i ddanne.

Mae'r carped hwn yn dangos ôl traul.

This carpet looks worn.

nofiad (be)

nofio *to swim*

'nôl draw

ymhell yn ôl *long ago*

Wen i'n twrio 'nôl draw in ir ache a ffeindio en bod in perthyn.

Roeddwn yn chwilio ymhell yn ôl i achau'r teulu a chael ein bod yn perthyn.

I was searching the family tree long ago and found that we are related.

nos bost

mewn anobaith llwyr
utter desperation

Se 'i'n nos bost arna i se'r car in torri lawr.

Buaswn mewn anobaith llwyr petai'r car yn torri i lawr.

I would be in utter desperation if the car broke down.

nosweth (eb) **nosweithi**

noswaith nosweithiau
evening(s)/night(s)

Mae'n tewillu'n glou i nosweithi diwetha 'ma.

Mae hi'n tywyllu'n fuan y nosweithiau diwethaf hyn.

It's getting dark quickly these last evenings.

nwddu (be)

nyddu *to spin*

nwêth (ans)

noeth *naked/bare*

Wedd eira i weld ar frige nwêth i cwêd.

Roedd eira i'w weld ar frigau noeth y coed.

Snow could be seen on the trees' bare branches.

nwrs (eb)

nyrs *nurse*

nwten (eb)

nyten   nyts/nytiau   *nut(s)*

nwy (rhag. pwysleisiol)

hwy/nhw   *they/them*

Nwy sy'n trefnu, nid fi!

Hwy sy'n trefnu, nid fi!

It's they who organize, not me!

'ny (rhag)

hynny   *that/those*

Wên i fel i boi i dwarnode 'ny.

Roeddwn yn hollol iach y diwrnodau hynny.

I was quite healthy in those days.

nysa (ans)

nesaf (WWP)   *nearest/next*

O

obiti/obwtu/ombitu/ybwti/ bwti/biti

o gwmpas/oddeutu/ynglŷn â *about/around/in connection with*

Ma nw'n gobeitho cirradd obiti dri.

Maen nhw'n gobeithio cyrraedd tua thri.

They hope to arrive around three.

Bydd rhaid iddo fynd a 'na gyd obiti 'ny.

Bydd rhaid iddo fynd a dyna ben arni.

He will have to go and that's all about it.

ochodyn (adf)

a chwedyn   *in any case* (WW)

ochor (eg)

side

Mae'n dda bo rhwbeth in troi o'n ochor i.

Mae'n dda bod rhywbeth o fantais i mi.

It's good that something turns out to my advantage.

o dan (ardd)

under

odana i   *under me*

odano ti   *under you*

odano fe   *under him*

odani hi   *under her*

odano ni   *under us*

odano chi   *under you*

odani nw   *under them*

odi (bf)

ydy   *yes she/he/it is*

odi ddi/ody ddi? ydy hi? *is she/it?*

oddar (ardd)
oddi ar *since*

odyn galch (eb) **odine calch** (ell)
odynau calch *kiln(s)*

ofedd (ans)
di-flas *tasteless*
Jam ofedd we nw'n cifri jam pompiwns slower dy.
Jam di-flas roedden nhw'n cyfri jam pwmpen slawer dydd.
They considered marrow jam to be tasteless in the olden days.

ofiad/oifad (WWW)(be)
nofio *to swim*

ofnatsan (ans)
ofnadwy (CShB) *terrible*

ofon (eg)
ofn *fear*
Câth lond twll o ofon pan welodd e rhwbeth in mudo in i cisgod.
Cafodd ofn dychrynllyd pan welodd rywbeth yn symud yn y cysgod.
He had a terrible fright when he saw something moving in the shadow.

ofon hir (adf)
cyn bo hir *before long*
Wela i chi ofon hir.
Fe'ch gwelaf cyn bo hir.
I'll see you before long.

off (adf)
off

Mae e'n bihafio fel boi off 'i ben.
Mae e'n ymddwyn fel rhywun o'i gof.
He's behaving like someone off his head.
Mae off 'da nw heddi 'to.
Maen nhw'n brysur heddiw eto.
They are busy today again.

ogistel â (adf)
yn ogystal a/ynghyd â *as well as*

ohena (ardd)
ohonof fi *of me/from me*
Beth ddaw oheno?
Beth ddaw ohono?
What will become of him?

oilcloth (eg)
math o liain bord plastig
a plastic tablecloth

ombeidus (ans)
ofnadwy/enbyd/rhyfedd *awful*
Ma'r cacs 'ma in ombeidus o neis.
Mae'r cacennau bach hyn yn rhyfeddol o flasus.
These small cakes are exceedingly nice.

on (cys)
ond *but*

ondi (ardd)
ynddi (WWP) *in it/her*

ondo (ardd)
ynddo (WWP) *in it/him*

ondife?
(geiryn mewn gofyniad) onid e?
is it not?

In Llunden i chi'n byw, ondife?

Yn Llundain rych chi'n byw, onid e?

You live in London, don't you?

(lit. It is in London that you live, is it not?)

onest (ans)

gonest *honest*

Mae e mor onest â'r dydd.

Mae e'n onest fel y dydd.

He's as honest as the day is long.

ontawe!

onid e! *is it not!*

ordors (ell)

gorchmynion *orders/commands*

Câth hi ordors i aros in i tŷ.

Cafodd orchymyn i aros yn y tŷ.

She was ordered to stay in the house.

orenshyn (eg) **orenjis** (ell)

oren orennau *orange(s)*

os (ardd)

ers *since*

Ma hi wedi mind bant os wsnoth.

Mae hi wedi mynd i ffwrdd ers wythnos.

She has been away for a week.

os ache ers achau *for ages*

Sena i wedi'i gweld hi os ache.

Dwi ddim wedi'i gweld hi ers achau.

I haven't seen her for ages.

os/ys (cys)

fel y *as*

os gwedo nw ys dywedon nhw

as they say

os do fe 'te!

(ymadrodd sy'n anodd ei gyfleu mewn Cymraeg safonol nac ychwaith mewn Saesneg. Ymateb i fynegi syndod a gwrthwynebiad i rywbeth sydd wedi digwydd.) *An idiom not easily translated, something near to 'if so' or 'if indeed it was the case'.*

Becodd rhiwun miwn i 'nghar i a wel, os do fe te, es i mas a rhoid pryd o dafod iddo.

Baciodd rhywun yn ôl i fy nghar ac oblegid hynny es i allan a rhoi pryd o dafod iddo.

Somebody reversed into my car, and so, I went out and gave him a telling off.

os dwetha fach (adf)

yn ddiweddar iawn *very recently*

os oese (adf)

ers oesau *for ages*

ots (eg)

gwahaniaeth *(do you) mind*

"Wes ots 'da chi bo fi'n ishte fan hyn?"

"Oes gwahaniaeth gennych mod i'n eistedd fan hyn?"

"Do you mind if I sit here?"

our (eg)

aur *gold*

owtin (eg)

ffwdan *performance*

We'n rhaid iddi nw bwsho'r bws mini lan i rhipyn, a weloch chi ariôd shwd owtin.

Bu'n rhaid iddynt wthio'r bws mini i fyny'r rhiw, weloch chi erioed y fath ddigwyddiad.

143

They had to push the mini bus up the hill, you never saw such a performance.

owyr (eg)

awyr *sky*

Owyr bach! (ebych) *Heaven's above!*

pabwr (eg)

pabwyr *wick*

Wedd e'n slafo cwmint wedd e'n whys babwr.

Roedd e'n gweithio mor galed, roedd e'n chwysu chwartiau.

He was working so hard that he was sweating profusely.

paco (be)

gyrru ymaith *to send away*

Ces i mhaco mas.

Cefais fy ngyrru allan.

I was sent out.

padell padelli (ell)
padell bridd (eb) **pedyll pridd** (ell)

padell dylino *a bowl for kneading dough*

Allen i ddim neud mwy heno, se'r byd in mind in bedyll.

Allwn iddim gwneud mwy heno, petai'r byd yn mynd yn anhrefn llwyr.

I couldn't do any more this evening even if the world turned into a pandemonium.

padell garreg (eb) **pedyll cerrig** (ell)

Llestr hirsgwar, bas, gyda phlwg a thwll yn y canol, a wneid o lechen ac a geid yn y llaethdy. Fe'i defnyddid i halltu'r mochyn a hefyd i gadw llaeth er mwyn i'r hufen godi i'r wyneb ar gyfer gwneud menyn.

A rectangular, shallow vessel, with a plug and hole in the centre, made of slate and found in the dairy. Used for salting ham and also where milk was kept for the cream to rise to the surface in preparation for making butter.

paff! (ans)

(onomatopoeia) *bang!*

Âth i bwlb letric paff.

Chwythodd y bwlb trydan.

The light bulb fused with a bang.

pang (eb) **pangfeydd** (ell)

haint heintiau *fit(s)*

pango (be)

cael haint *to faint*

Bues i biti bango in i gwres.

Bues i bron â chael haint yn y gwres.

I nearly fainted in the heat.

Paid siarad! (ebych)

Rwy'n dweud wrthoch chi!

I'm telling you!

Ma trwbwl 'da fi gida hwn, paid siarad!

Mae hwn yn peri trafferth i mi, rwy'n dweud wrthot ti!

This one is giving me hassle, I'm telling you!

pail (eg) **peile** (ell)

bwced bwcedi *bucket(s)*

Cicodd i fuwch i pail llâth i'r shedren.

Ciciodd y fuwch y bwced llaeth i'r gwter.

The cow kicked the milk bucket into the gutter.

peile gweigon (ell) bwcedi gweigion *empty buckets*

paish (eb) **peishe** (ell)

pais peisiau *petticoat(s)*

palafa (eg)

trafferth/ffws a ffwdan *trouble*

pam (adf)

why

"Pam?" "Achos bod cwt i ci in gam."

Ateb a roir i blentyn sy'n gofyn 'pam' o hyd.

An answer given to a child who forever asks the question 'why?'

pâm (eg) **pame** (ell)

gwely(au) (mewn gardd)

bed(s) (in garden)

i pâm blode y gwely blodau

the flower bed

i pâm cennin y gwely cennin

the leek bed

Ma gwaith whinnu ar i pame 'ma.

Mae gwaith chwynnu ar y gwelyau hyn.

These beds needs much weeding.

pamed (eg) **pameidi** (ell)

llawn gwely(au) o rywbeth

a bed of something (in garden)

pancos (ell) **pancosen** (eb)

crempog (-au) *pancake(s)*

Wedd e fel pancosen in i geia pan na alle weithio in ir ardd.

Teimlai'n ddiflas iawn yn y gaeaf pan na allai weithio yn yr ardd.

He felt miserable in the winter when he couldn't work in the garden.

panso (be)

cymryd gofal mawr/ymdrechu'n galed

to take great care in doing something/to strive hard

Mae'n câl gwaith disgu Cwmrâg ond

mae'n panso arni.

Mae hi'n cael gwaith dysgu
Cymraeg ond mae'n ymdrechu'n
galed.

*She has difficulty in learning Welsh
but she strives hard.*

pâr (eg) **pare** (ell)
bollt/clo *bolt/lock*

paradan (be)
cerdded yn ôl ac ymlaen
to walk back and for
"Ma rhyw baradan rhifedd 'da ti heddi,
clo!"
"Rwyt ti'n cerdded yn ôl ac
ymlaen yn ddi-ben-draw heddiw,
yn wir!"
*"You're walking back and for endlessly
today, indeed!"*

parc (eg) **perci** (ell)
cae caeau *field(s)*
Mae'n bryd mynd i'r parc â'r pedwar
post.
Mae'n bryd mynd i'r gwely.
It's time to go to bed.

paro (be)
bolltio/cloi *to bolt/to lock*
"Wit ti wedi paro'r drws?"
"Wyt ti wedi cloi'r drws?"
"Have you locked the door?"

parte (ell)
ardaloedd *parts/areas*
Ma lot o bobol dierth wedi dwâd i fyw
i'r parte 'ma.
Mae llawer o bobl ddieithr wedi
dod i fyw i'r ardaloedd hyn.
*Many strangers have come to live in
these parts.*

particilar (ans)
anodd ei blesio *particular*

paso (be)
penderfynu/gwneud y tro/cymryd
*to take/to come to a conclusion/to
make do/to take*
We ni'n darllen di waith neithwr a baso
ni 'i fod e'n dda.
Roedden ni'n darllen dy waith
neithiwr a phenderfynon ni ei fod
yn dda.
*We read your work last night and we
decided it was good.*
"Shwd ma'r bwyd in paso?"
"Sut mae'r pryd bwyd yn mynd
lawr?"
"How do you find the meal?"
"I chi moyn dished o de ?" "O, fe base
nawr."
"Hoffech chi baned o de?"
"Byddai'n dderbyniol iawn."
*"Would you like a cup of tea?" "It
would go down a treat."*
Wdw i'n paso taw nw fuodd 'ma.
Rwy'n cymryd mai nhw a fu yma.
I take it was them who had been here.

paso heibo (be)
edrych heibio/maddau
overlook/disregard
I ni'n paso heibo'r crwt, wâth mae e'n
rhy ifanc i silweddoli beth mae e'n
neud.
Rŷn ni'n edrych heibio'r bachgen,
waeth mae e'n rhy ifanc i
sylweddoli yr hyn mae'n ei wneud.
*We overlook the boy, because he's too
young to realise what he's doing.*

patro (be)
taro/ergydio *to buffet* (WWP)

patrwn (eg) **patrwne** (ell)
patrwm patrymau *pattern(s)*

patshyn (eg) **patshys** (ell)
clwt/patshyn o dir/llain o dir
patch/a patch of land
Tra bo patshyn glas seis tin di drowser
in ir owyr, ma gobeth am dewi ffein.
Tra bo darn o awyr las rhwng y
cymylau, mae gobaith am dywydd
teg.
*(lit. As long as there is a patch of blue
sky the size of the backside of your
trousers there's hope that the weather
will be fair.)*

pecial (be)
sŵn yn y llwnc wrth dorri gwynt
to belch
Ma rhyw becial rhifedd 'dag e wedi
iddo lwffian 'i gino mor glou.
Mae rhyw dorri gwynt rhyfedd
arno wedi iddo draflyncu ei ginio
mor gyflym.
*He belches terribly after scoffing his
dinner so quickly.*

pecran (be)
pecian/pigo *to peck*
Dima'r deryn du'n dwâd 'nôl a pecran
'run man in gowir.
Dyma'r aderyn du'n dod 'nôl a
phigo 'run man yn gywir.
*And there's the blackbird returning to
peck exactly in the same place.*

pechadurus (ans)
ofnadwy *terrible*
Ma ishe mind trw'r papure 'ma'n
bechadurus.
Mae angen mynd trwy'r papurau
hyn yn ofnadwy.
These papers need sorting terribly.

pedlo (be)
to pedal
"Shwd ma pethe?" "O, dal i bedlo,
twel!"
"Sut mae pethau?" "O, cadw i
fynd, fel y gweli!"
*"How's things?" "Keeping going, as
you see!"*

pego mas (be)
llesgáu/blino'n lân
to flag/to be dead tired
Ma'r crwt wedi pego mas wedi'r gwaith
trwm.
Mae'r bachgen wedi llesgáu wedi'r
gwaith trwm.
*The boy is dead tired after the heavy
work.*

peil peile (ans)
llawer(-oedd) *many*
We peil o blant wedi dwâd i'r parti.
Roedd llawer o blant wedi dod i'r
parti.
Many children had come to the party.
Sdim peil mowr o winwns 'da fi leni.
Does dim llawer o wynwyn gen i
eleni.
*I haven't got a large amount of onions
this year.*

peiled (eg) **peileidi** (ell)
llond bwced *a bucketful*
Allwishodd e'r peiled o lath miwn i'r
shyrn.
Arllwysodd e'r bwcedaid o laeth i
mewn i'r siyrn.
*He poured the bucketful of milk into
the churn.*

peilo (be)

pentyrru *to pile*
Peilo nw'r cerrig ar bwys talcen i tŷ.
Pentyrron nhw'r cerrig yn ymyl talcen y tŷ.
They piled the stones by the side of the house.

peis (eg)

gwasg gaws *cheese press*

peito (be)

trechu *to beat*
Peita i hwnna in i ras, cei di weld!
Trecha i hwnna yn y ras, cei di weld!
I'll beat him in the race, you'll see!

peltan (be)

bwrw glaw yn drwm *to rain heavily*
Wedd hi'n peltan hi bore 'ma.
Roedd hi'n bwrw glaw yn drwm bore heddiw.
It poured down with rain this morning.

pelten (eb) **pelts** (ell)

curfa *a hiding/a blow/a slap*
"Wit ti ishe pelten?" "Mentra di, cei di gwpwl o belts 'nôl!"
"Wyt ti am fonclust?" "Mentra di, cei di fonclust neu ddwy yn ôl!"
"Do you want a slap?" "You dare, and you'll have a few back!"

pen (eg) **penne** (ell)

head(s)
Ma un o'r plant wedi cwato'r bêl, so hinny dros 'u penne nw.
Mae un o'r plant wedi cuddio'r bêl, dyw hynny ddim y tu hwnt iddyn nhw.
One of the children has hidden the ball, that's not beyond them.

mind i'r pen mynd i'r eithaf
go to the extreme
dwâd i'r pen dod i'r meddwl
to spring to mind
Ddâth e ddim i 'mhen i i weud tho ti.
Ddaeth e ddim i'm meddwl i ddweud wrthot ti.
It didn't spring to my mind to tell you.
drost i pen dros y pen *to come over one*
Beth ddâth dros di ben di i weud i fath beth?
Beth ddaeth dros dy ben di i ddweud y fath beth?
What came over you to say such a thing?
pen deiar ar y ddaear *on earth*
Seni'n gwbod ar ben deiar ble mae wedi rhoid 'i hallweddi.
Dyw hi ddim yn gwybod ar y ddaear ble mae wedi rhoi ei hallweddi.
She doesn't know where on earth she has put her keys.

pen hen (ans)

aeddfed *mature (for one's age)*
Ma'r crwt mor ben hen.
Mae'r bachgen mor aeddfed am ei oedran.
The boy is so mature for his age.

pen mwnci (eg)

blodyn gardd oren a melyn neu goch *monkey flower (mimulus)*

pen tost (eg)

poendod *a headache/a nuisance*
Ma'r plant 'ma'n ben tost gida'u conan.
Mae'r plant hyn yn boendod gyda'u cwyno.
The children are a nuisance with their complaining.

i ben (adf)

ymhen *until*

Fe fidda nw 'da chi o 'ma i ben cwartar awr.

Fe fyddan nhw gyda chi cyn pen chwarter awr.

They'll be with you within a quarter of an hour.

pen (eg) **pens** (ell)

corlan(-nau) *sheepfold(s)*

pendifadde (ans)

pendifaddau/heb os nac oni bai *without a doubt*

I ni'n mind i weld i gwaith in galed in bendifadde.

Rŷn ni'n mynd i weld y gwaith yn anodd yn wir.

We'll find the work difficult without a doubt.

pendrwmu (be)

hel meddyliau *to ponder*

penddaru (be)

cael hen ddigon/syrffedu *to be fed up*

Mae e wedi penddaru ar glwêd ir un hen stori.

Mae e wedi syrffedu ar glywed yr un hen stori.

He's fed up of hearing the same old story.

penglwm (ans)

tyn iawn (CShB) *very tight*

penefer (ans)

dihidio/hunandybus (WWW) *uncaring/conceited*

pengogo (be)

dadlau brwd *heated discussions*

Wedd hi'n bengogo mowr rhint i ddwy blaid.

Roedd hi'n ddadlau brwd iawn rhwng y ddwy blaid.

There were heated discussions between the two parties.

penisha (eg)

parlwr *parlour*

We dim llawer o iws in cȃl 'i neud o'r penisha, dim ond nawr a lwêth pan fidde'r gweinidog in dwȃd i gino neu pan fidde angla.

Ni wneid llawer o ddefnydd o'r 'penisha', dim ond nawr ac yn y man pan fyddai'r gweinidog yn dod i ginio neu pan fyddai angladd.

The 'penisha' was seldom used, only when the minister would come to dinner or when there was a funeral.

penloian (be)

hamddena (CShB) synfyfyrio *to indulge in day dreaming* (GDD)

penna (ans)

pennaf *utmost*

'Na'r peth penna 'riôd!

Dyna'r peth rhyfeddaf erioed!
That's the strangest thing ever!

pennad (eg)

cegaid *a mouthful*
Rho bennad o ddŵr i fi, dwi biti dagu!
Rho gegaid o ddŵr i fi, rydw i
bron â thagu!
*Give me a mouthful of water, I'm
parched!*
Witi moyn pennad, rhwbeth i gadw'r
gwâd in dene?
Wyt ti am rywbeth i yfed,
rhywbeth i gadw'r gwaed yn
denau?
*Would you like something to drink,
something to keep the blood thin?*

pennu'n lân (be)

wedi ymlâdd *to be dead tired/to
wear oneself out*

pensel (eb) **pensilion** (ell)

pensil(-iau) *pencil(s)*
Mae e'n weddol drwm ar 'i bensel.
Mae'n codi'n weddol ddrud am ei
waith.
He charges quite a lot for his work.

pensych (ans)

hawdd/didrafferth (WWST) *easy*

penstiff (ans)

ystyfnig *stubborn*

pentigili/pentigily (adf)

bob cam *all the way*
Cerddes i getre pentigili o Crimich.
Cerddais adre bob cam o
Grymych.
*I walked home all the way from
Crymych.*

penwast (eg)

ffrwyn o raff i arwain anifail *halter*
(WWW)

penwendid (eg)

gwendid meddwl/diffyg deall
feeble-minded
Ma penwendid rhifedda ar rai in codi'u
plant heb ir iaith a nhwthe'n Gimry
Cwmrâg.
Mae gwendid meddwl ar y rheiny
sy'n codi eu plant heb yr iaith a
hwythau'n Gymry Cymraeg.
*Those who raise their children without
the language while they themselves are
Welsh-speaking are feeble-minded.*

penwinne (ell)

syniadau hurt *strange ideas*

perfe (eg ell)

perfedd *entrails*
Wedd e fel cifreithwr in holi 'mherfe i.
Roedd e fel cyfreithiwr yn fy
holi'n fanwl.
*(lit. He was interrogating me like a
lawyer with all his questions.)*

pernu (be)

prynu *to buy*
Pernodd hi'r car am brish rheswmol
iawn.
Prynodd hi'r car am bris rhesymol
iawn.
*She bought the car at a very reasonable
price.*

per'ny/pyr'ny (adf)

pryd hynny *that time*
We nw 'da chi per'ny.
Roedden nhw gyda chi bryd
hynny.
They were with you at that time.

Per'ny standes i bo fi ddim 'di gweu 'tho ti.

Pryd hynny y sylweddolais nad oeddwn wedi dweud wrthot ti.

It was then that I realized that I hadn't told you.

perswado (be)

perswadio/argyhoeddi *to persuade*

Perswades i ddi i beido mind.

Perswadais i hi i beidio â mynd.

I persuaded her not to go.

pert aflan

yn dda dros ben *exceedingly good*

Ma'r dillad in sichu'n bert aflan in i shed.

Mae'r dillad yn sychu'n dda dros ben yn y sièd.

The clothes are drying very well in the shed.

pert ofnadw   yn dda iawn *very well*

Ma'r gwaith in dwâd i ben in bert ofnadw.

Mae'r gwaith yn dod i ben yn dda iawn.

The work is getting done very well.

peth ifed (eg)

diod gadarn *alcoholic drink*

Leice ti beth ifed ar gifer ir annwid?

Hoffet ti rywbeth i yfed ar gyfer yr annwyd?

Would you like a drink to relieve that cold?

pewpan (be)

tafodi/cadw stŵr (WWP)

to scold/to make a noise

pibir (eg)

pupur *pepper*

'Nei di fistin i pibir i fi, plis?

Wnei di estyn y pupur i mi, os gweli'n dda?

Will you pass me the pepper, please?

pibish (ans)

di-hwyl/pigog (CShB) *irritable*

pibo (be)

cael dolur rhydd *to have diarrhoea*

pibren (eb) **pibrod** (ell)

losin mintys *peppermint-drop(s) (sweet)*

pibrog (ans)

â blas cryf o bupur *peppery*

picas (eb)

caib *pickaxe*

picwarch (eb) **picwerchi** (ell)

picfforch picffyrch *pitchfork(s)*

piff (ans)

gwael *poor/uninspired*

Sisneg digon piff sy 'da fi.

Saesneg digon gwael sydd gen i.

My English is rather poor.

'Na beth wedd pregeth biff!

Dyna beth oedd pregeth wael!

What an uninspired sermon that was!

pige (ell)

offeryn crafangog at godi gwair o ben y llwyth i ben y rhic

an implement with claws to lift hay onto the hayrick

bachau llymion ar flaen tryfer bysgota (WWP)

sharp hooks at the end of a fishing gaff

pigodyn (eg) **pigode** (ell)
ploryn(-nod) *pimple(s)*

pingad/pingo
bod yn llawn o rywbeth (am goeden) *to have an abundance of something (of a tree)*
Mae'r llwyn in pingo o fale leni.
Mae'r goeden yn llawn afalau eleni.
The tree has an abundance of apples this year.

pilen i glust (eb)
drwm y glust *ear-drum*
Ma pilen i glust wedi mind lawr 'da fi.
Mae sŵn rhyfedd yn y glust gen i.
There's a strange sound in my ear.

pilffran (be)
pigo (bwyd) *to pick at one's food*

pilffryn (eg) **pilffren** (eb)
rhywun bach, gwanllyd *a small weakly child*
pilffryn o grwt *a small and weakly boy*
pillffren o roces *a small and weakly girl*

pilyn (eg) **piline** (llu)
dilledyn *an article of clothing*
Wedd dim un pilyn amdano.
Doedd dim dilledyn amdano.
He didn't have a stitch of clothing on.

pincas (eg)
pincushion
Wedd i ffrog in dynn fel pincas amdeni.
Roedd y ffrog yn dynn fel pincas amdani.

The frock was as tight as a pincushion on her.

pinewid (eg)
mynawyd *bradawl*

pinfarch/pinwarch (eg)
cronfa ddŵr *dam*

piniwne (ell)
opiniynau hynod (WWW) *strange opinions*

pinshin/pinshon (eg)
pensiwn *pension*

pinsho (be)
pinsio/brathu *pinch/pierce*
Ma'r gwynt main 'ma'n pinsho.
Mae'r gwynt main hwn yn brathu.
This cold wind pierces.

pinshyn (eg)
pinsiad *a pinch*
Gadel rhwbeth his pen pinshyn.
Gadael rhywbeth hyd yr unfed awr ar ddeg.
To leave things to the very last.

pioden (eb) **piod** (ell)
magpie(s)
Ma nw'n sefyll mas fel piod inghanol brain.
Maen nhw mor amlwg â llaid ar farch gwyn.
They stick out like a sore thumb.

pip (eg)
cip *a glimpse*

pipo (be)

ymddangos *to appear*

Ma'r shilots in slow in dwâd, seni nw'n pipo.

Mae'r sialots yn araf yn dod, dŷn nhw ddim wedi ymddangos.

The shallots are slow coming, they haven't yet appeared.

pishyn (eg) **pishys** (ell)

darn/adroddiad *a piece/a recitation*

We pishyn hir 'da hi i ddisgu ar 'i chof.

Roedd darn hir ganddi i ddysgu ar ei chof.

She had a long piece to learn by heart.

pishyn tair darn tair ceiniog

a three-penny bit

pishyn grot darn pedair ceiniog

a four-penny bit

pishyn coron darn coron

a five-shilling piece

Mae'n bishyn smart.

Mae hi'n syfrdanol o hardd.

She's a stunner.

pisho mwnci/pisho cath/pisho gwidw

monkey's piss

Ma'r te 'ma mor wan â pisho mwnci.

Mae'r te hwn mor wan â phiso mwnci.

(lit. This tea is as weak as monkey's piss.)

pisho'r gwely (eg)

dant y llew *dandelion*

pishtillo (be)

pistyllu/arllwys y glaw

to pour down (with rain)

pishwel (eg)

piso a thail gwartheg

urine and cow dung

pitsho (be)

codi gwair i ben rhic neu fyrnau gwair i'r treilar

to lift hay onto the hayrick or bales of hay onto the trailer

dewis cyweirnod i ganu *to pitch a note*

Pitshodd ir arweinydd i gân in rhy uchel.

Trawodd yr arweinydd y nodyn yn rhy uchel.

The conductor pitched the note too high.

pitsho miwn estyn at fwyd *to tuck in (of food)*

Pitshwch miwn neu fe oerith i bwyd.

Bwytewch neu fe aiff y bwyd yn oer.

Tuck in or the food will get cold.

mynd ati o ddifri/ymroi *to apply oneself*

Mae'n bryd i ni bitsho miwn i'r gwaith.

Mae'n bryd i ni ymroi i'r gwaith.

It's time we applied ourselves to the work.

pitshwr (eg)

dyn neu offer sy'n codi gwair i ben y rhic *a man or implement to lift hay onto the hay rick*

pithawnos (eg)

pythefnos *fortnight*

piwcs, piwcs!

galw'r moch *to call the pigs*

piwr (ans)

pur *pure*

Wedd e'n bita'n biwr.

Roedd e'n bwyta'n dda.

He was eating well.

plaen (ans)

clir *clear*

Seno'n siarad in blaen o gwbwl.

Dyw e ddim yn siarad yn glir o gwbwl.

He doesn't speak clearly at all.

plago (be)

poeni   *to annoy/to pester*

Peidwch â 'mhlago i fel hyn.

Peidiwch â 'mhoeni i fel hyn.

Don't pester me like this.

plâm (eb) **plame** (ell)

plaen(-iau)   *plane(s)*

plamad (eg)

pryd o dafod/crasfa

a scolding/a telling off/a beating

Câth e blamad 'da'r sgwlin am beido neud 'i waith catre.

Cafodd bryd o dafod gan y prifathro am beidio â gwneud ei waith catre.

He had a telling off by the headteacher for not doing his homework.

planc (eg)

gradell *griddle*

bara planc bara'r radell *griddle cake*

plancrynion (ell)

plant 'crynion' neu foldew/ glaslanciau (WW) *round or fat-bellied children, teenagers*

planno (be)

cynllunio *to plan*

Planno ni i find ar en gwilie ond wedyn es i'n dost.

Cynllunion ni i fynd ar ein gwyliau ond wedyn euthum i'n sâl.

We planned to go on our holidays but then I fell ill.

plated (eg) **plateidi** (ell)

llond plat   *a plateful*

pledo (be)

dadlau *to argue*

Cer i'r gwely a paid â pledo 'da fi.

Dos i'r gwely a phaid â dadlau â fi.

Go to bed and don't argue with me.

pleisod (ell)

lledod *plaice* (WWP)

plêsd (ans)

wedi ei blesio *to be pleased*

Wit ti'n blêsd 'da'r gwaith?

Wyt ti wedi dy blesio â'r gwaith?

Are you pleased with the work?

pleso (be)

plesio *to please*

Sdim pleso ar rei, wes e?

Does dim plesio ar rai, oes e?

There's no pleasing some, is there?

plet (eg)

hynny o ddyfnder o wair o wanaf mewn rhic y gellir yn rhesymol ei gludo gan y torrwr (WWST)

the amount of a swath of hay in the rick that the cutter can reasonably carry in one go

plèt (eg)

plyg *a pleat*

dwâd i blèt cwblhau (gweithred)
to finish (a task etc)

Wedd e in i blete.

Roedd e'n chwerthin yn ei
ddyblau.

He was laughing his head off.

pligu (be)

plygu *to bend*

Ma'r daffodils wedi dachre pligu'u
penne.

Mae'r cennin Pedr wedi dechrau
plygu eu pennau.

*The daffodils have begun to bow their
heads.*

plishg (ell) **plishgyn** (eg)

plisg plisgyn *peeling(s)*

plishg tato *potato peelings*

plyg (eg)

fold

Wedd hi ar bwys 'i ffon in cered in 'i
phlyg.

Roedd hi ar bwys ei ffon yn
cerdded yn ei chrwman.

*She was using a stick and stooped as
she walked.*

plod (eg)

brethyn cwrs (CShB) *coarse cloth*

pluf (ell) **plufyn** (eg)

feather(s)

Ches i ddim cifle i find miwn i'w bluf e.

Chefais i ddim cyfle i holi ei hanes
a chael gwybodaeth ganddo.

*I didn't have a chance to ask him about
himself and to find out about him.*

plwc (eg)

dewrder *courage*

We plwc jogel indi i find i America ar 'i
phen 'i hunan.

Roedd hi'n ddewr iawn i fynd i
America ar ei phen ei hun.

*She was very courageous to go to
America on her own.*

pobad (eg)

cael eich pobi *a baking/to be
sunburnt*

Ceso ni bobad in ir houl.

Cawsom ein pobi yn yr haul.

We were sunburnt.

pobi (be)

tylino *to knead dough*

Rhaid pobi'r twês cyn 'i grasu fe in i
ffwrn.

Rhaid tyluno'r toes cyn ei bobi yn
y ffwrn.

*The dough has to be kneaded before
baking it in the oven.*

Wdw i'n mind i bobi heddi.

Rydw i'n mynd i wneud bara
heddiw.

I'm going to make bread today.

poddi (be)

boddi *to drown*

pompiwns (ell) **pompiwnsen** (eb)

pumpkin(s)

ponclust (eg)

bonclust/cernod *a box on the ears*

poplen (eb) **poplis/poplys** (ell)

(Llandudoch) carreg gron *pebble(s)*

Fe fidde nw'n twmo poplen in i ffwrn a'i

hiwso fel botrel dŵr twym.

Fe fydden nhw'n twymo 'poplen' yn y ffwrn a'i defnyddio fel potel dŵr poeth.

They would warm a pebble in the oven and use it as a hot water bottle.

porcen (eb)

merch noethlymun *a naked girl*

porcyn (eg)

bachgen noethlymun *a naked boy*

porcyn (ans)

noethlymun *naked*

Rhedodd e'n borcyn ar hyd i trâth.

Rhedodd yn noethlymun ar hyd y traeth.

He ran naked along the beach.

porco (be)

blingo (yn ariannol) *to fleece*

porfa fain (ell)

chwyn *weeds*

porter (eg)

math o gwrw a gymeradwyid fel cymorth i gryfhau o afiechyd (WWST) *a kind of beer taken to recuperate from an illness*

post/postyn (eg) **pyst** (ell)

post(s)

Mae hi'n perthyn i bost iet.

Mae hi'n hollol fyddar.

She's as deaf as a door-post.

Mae e mor farw â postyn iet.

Mae e cyn farwed â hoelen.

He's as dead as a dodo.

post (ans)

ofnadwy *terrible*

Mae'n anniben bost 'da ddi.

Mae'r lle'n ofnadwy o anniben ganddi.

She has a terribly untidy place.

pot (eg) **pote** (ell)

pot(s)

Wel 'na bot o ddyn!

Dyna ddyn twp!

What a fool of a man!

poten (eb)

pwdin (WWST) *pudding*

poten gwês (eb)

y cyhyr yng nghefn y goes *the muscle at the back of the leg*

poten ludw (eb)

cefndedyn *pancreas* (CShB)

potrel (eb) **potreli** (ell)

potel(i) *bottle(s)*

Torrodd i botrel in sgwils.

Torrodd y botel yn ddarnau mân.

The bottle broke into pieces.

potreled (eg) **potreleidi** (ell)

llond potel *a bottleful*

potreled o lâth potelaid o laeth *a bottleful of milk*

potsh (eg)

llanast *a mess/a muddle*

Cimisgo nw'r llunie in gawl potsh.

Cymysgon nhw'r lluniau mewn anhrefn llwyr.

They muddled up the pictures entirely.

tato potsh pryd o dato wedi'u stwnsho mewn ychydig o gawl *a meal consisting of mashed potatoes in some broth*

potsho (be)
pwnio *to mash*
Ma ishe potsho'r tato.
Mae angen stwnsho'r tatws.
The potatoes need mashing.

pown(d) (eb) **pownde** (ell)
pwys(-i) *pound(s) (weight)*
Mae wedi colli pownde ddar iddi find
ar ddeiet.
Mae hi wedi colli pwysi oddi ar
iddi fynd ar ddeiet.
She's lost pounds after going on a diet.

powns (eg)
clec *bang/thump (onomatopoeic)*
Etho nw miwn powns i gili.
Trawon nhw yn erbyn ei gilydd
gyda chlec.
They collided with a bang.

powri (be)
poeri *to spit*
powri'r gwcw   poeri'r gog *cuckoo-spit*

powto (be)
bechgyn yn taflu merched i ganol
y mydylau adeg cywain gwair
*boys throwing girls onto the haycocks
during haymaking*

prawn (eg) **prawne** (ell)
prynhawn (-au) *afternoon(s)*

pregeth (eg) **pregethe** (ell)
cerydd *reprimand/a telling off*

preimwn (eg)
cystadleuaeth aredig (WWW)
ploughing competition

preimwna (bf)
mynd i gystadleuaeth aredig
to plough in a ploughing match

prês (eg)
celficyn â silffoedd a droriau
*a piece of furniture with shelves and
drawers*

prifedyn (eg) **prifed** (ell)
pryfyn   pryfaid *insect(s)*

prifyn (eg)
geiryn o anwyldeb wrth gyfarch
plentyn bach *a term of endearment
when addressing a small child*
Ble ma'r prifyn bach nawr?
Where's the little mite now?

pring (ans)
prin *rare*
Ma'r whibanwr wedi mind in dderin
pring in ir ardal.
Mae'r gylfinir wedi mynd yn
aderyn prin yn yr ardal.
*The curlew has become a rare bird in
the area.*

pringder (eg)
prinder *scarcity*
Sdim pringder dŵr gida'r holl law i ni
wedi gâl leni.
Does dim prinder dŵr gyda'r holl
law rŷn ni wedi'i gael eleni.
*There's no scarcity of water with all the
rain we've had this year.*

prion (ans)
purion/gweddol *purely/all right*
Mae'n brion wedi'i llawdrinieth.

Mae'n eitha da wedi ei
llawdriniaeth.
She's all right after her operation.

prish (eg) **prishe** (ell)
pris(-iau) *price(s)*

prydol (ans)
iawn bryd (WWP)/prydlon
punctual

pun ai/pun neu (cysylltair)
pa un ai *whether*
Wedd hi'n gweud 'i bod hi'n blêsd 'da'r
anrheg, pun ai wedd hi, sai'n gwbod.
Roedd hi'n dweud ei bod hi
wedi'i phlesio â'r anrheg, pa un ai
oedd hi, dydw i ddim yn gwybod.
*She said that she was pleased with the
gift, whether she was, I don't know.*
Ma nw'n mind i wadu pun neu nw sy
wedi neud neu beido.
Maen nhw'n mynd i wadu pa un
ai nhw sydd wedi gwneud hynny
neu beidio.
*They are going to deny whether it was
they that dit it or not.*

punt (eb) **punnodd** (ell)
punt punnoedd *pound(s)*
Sai'n gwbod a wedd hi'n beth doeth i
bwrnu hwn, ond os daw hi i'r gweitha,
punt i'r gwynt fydd hi.
Dwi ddim yn gwybod a oedd
hi'n beth doeth i brynu hwn ond
os daw hi i'r gwaethaf, dim ond
ychydig delais i.
*I don't know whether it was wise to
buy this, but if the worst comes to the
worst, it only cost me a pound.*

pwdel (eg)
llaid gwlyb *puddle*

pwdlins (ell)
perfedd *entrails*

pwdryn (eg) **pwdren** (eb) **pwdrod**
(ell)
diogyn pobl ddiog *layabout(s)*
Weles i riôd shwt bwdryn o grwt.
Ni welais erioed y fath fachgen
diog.
*I've never seen such a layabout of a
boy.*

pwdwr (ans)
diog *lazy*
Wdw i wedi mind in bwdwr in i bore.
Rydw i wedi mynd yn ddiog yn
y bore.
I've become lazy in the morning.
pwdwr stecs pwdr drwyddo *rotten
throughout*

pwên (eb)
poene poen(-au) *pain(s)*
Wedd hi miwn pwên jogel dwe.
Roedd hi mewn tipyn o boen
ddoe.
She was in a lot of pain yesterday.

pŵer/pwêr (ans eg)
llawer *many*
We pŵer wedi dwâd i'r angla.
Roedd llawer wedi dod i'r
angladd.
Many had come to the funeral.

pŵg (ans)
pŵl *dull*
Ma'r lliw'n drichid in bŵg.

Mae'r lliw'n ymddangos yn bŵl.
This colour seems dull.

pwnge (ell)
torreth   *abundance*

pwngo (be)
bod yn llawn o rywbeth   *to abound*
Ma'r llwyn in pwngo o eirin bach.
Mae'r goeden yn llawn o eirin
bach.
The tree abounds with sloes.

pwl (eg)   **pwle** (ell)
pwl (o salwch)   *an attack of sickness*
Dâth pwl drosti in istod i gwasaneth.
Daeth pwl o salwch drosti yn ystod
y gwasanaeth.
*Something came over her during the
service.*
pwl dwl   pwle dwl   *wild moment(s)*
Mae e'n grwt tawel ar i cifan ond 'i fod
e'n cal pwl dwl nawr ac in i man.
Mae e'n fachgen tawel ar y
cyfan ond ei fod yn cael pyliau
anystywallt nawr ac yn y man.
*He's a quiet boy on the whole only
he has these wild moments now and
again.*

pwlffagan/pwlffacan (be)
ymdrechu'n galed   *to strive hard at
something although one finds it difficult*
Mae'n câl disgu Cwmrâg in ano, ond
mae'n pwlffagan arni.
Mae'n cael dysgu Cymraeg yn
anodd, ond mae'n ymdrechu'n
galed.
*She finds learning Welsh difficult, but
she strives hard at it.*

pwlffyn (eg)   **pwlffen** (eb)
pwlffyn o grwt   horwth o fachgen
a fat boy
pwlffen o roces   clompen o ferch
a fat girl

pwlog (ans)
am rywun sy'n cael pyliau
said of someone who has attacks
Mae'n weddol bwlog.
Mae'n cael pyliau.
She gets attacks.

pwmpiwns (ell)
pumpkins

pwmtheg/pimtheg (ans)
pymtheg   *fifteen*

pwnad (eg)
curfa   *a hiding*
Rhoiodd i sgraglin tene o grwt bwnad
i'r pwlffin tew.
Rhois y bachgen tenau gurfa i'r
horwth tew.
*The seemingly weak boy gave a hiding
to the fat one.*

pwnc (eg)
Y Gymanfa Bwnc
Achlysur blynyddol gan gapeli'r
ofalaeth i drafod pennod o'r
ysgrythur a chanu anthem ac
emyn. Bydd y plant yn dechrau a'r
oedolion yn dilyn.
*An annual event when chapels of the
pastorate come together to discuss a
passage of the scriptures and to sing
an anthem and a hymn. The children
deliver their presentation first followed
by the adults.*

pwncwr (eg)
 oedolyn sy'n hyddysg i drafod y
 bennod yn y Gymanfa Bwnc
 an adult capable of discussing the
 chapter in the Pwnc event

pwno (be)
 curo *to beat*
 pwno ar riwun ceisio perswadio
 rhywun *to try and persuade someone*

pwnsh (eg)
 Mae'n show byd 'i weld e, mae e fel
 pwnsh.
 Mae'n rhyfedd y byd i'w weld e,
 mae e mor ddiddig.
 It's a wonder to see him, he's so
 contented.

pwnsher (eg) **pwnsheri** (ell)
 puncture(s)

pwrn
 wedi'i brynu *bought*
 bara pwrn bara wedi'i brynu
 bought bread
 cacen bwrn cacen wedi'i phrynu
 bought cake

pwrnu/pyrnu (be)
 prynu *to buy*
 Pwrnes i ddwy dorth wen.
 Prynais i ddwy dorth wen.
 I bought two white loaves.

pwr'ny/per'ny/pry'ny (adf)
 y pryd hynny *at that time*

pwrs (eg)
 ceillgwd *scrotum*

pwrsyn (eg)
 gair i ddifrïo rhywun
 a term of abuse

pwslo (be)
 meddwl yn ddwys/synfyfyrio
 to think deeply/to muse
 Pwslo wedd hi a ethe 'i i'r gingerdd neu
 beido.
 Meddwl yn ddwys oedd hi a âi i'r
 gyngerdd neu beidio.
 She was thinking whether to go to the
 concert or not.

pwt (eg)
 pwniad *a nudge/a poke*
 Rhoiodd bwt in 'i braich i find o'r ffordd.
 Rhoddodd bwniad yn ei braich
 iddi fynd o'r ffordd.
 He nudged her in the arm for her to
 move out of the way.

pwtsh (ans)
 slwtshlyd *squelchy/mushy*
 We nw'n lyb bwtsh.
 Roedden nhw'n wlyb trwyddyn
 nhw.
 They were soaked through.
 Ma'r picls ma hitrach in bwtsh.
 Mae'r picls hyn braidd yn soeglyd.
 These pickles are rather mushy.

pwtshedd (eg)
 pentwr slwtshlyd *a squelchy heap*
 We'r dail in i claish in bwtshedd glyb.
 Roedd y dail ym môn y clawdd yn
 slwtshyn gwlyb.
 The leaves in the ditch were a squelchy
 heap.

pwy (rhag. gof.)

pa *who/what/which*

Pwy un sy well 'da ti?

Pa un sydd orau gennyt?

Which one do you prefer?.

Weles i ddi pwy ddwarnod.

Gwelais i hi y dydd o'r blaen.

I saw her the other day.

pwynto (be)

pwyntio *to point*

pwythyn (eg)

length of thread attached to a needle

Rhoiodd hi bwythyn o ede in i nedwi.

Rhoddodd hi bwythyn o edau yn y nodwydd.

She put a length of thread through the needle.

pyrcs (ell)

(gweler/see porcyn)

R

raben (eb)

isbridd caregog *stony subsoil*

"Codwch ir arad nawr lan o'r raben fel bo ni'n galled diall i tir." (Sylw un o'r to hŷn i'r cwmni ysgafnhau ychydig ar y drafodaeth ac i beidio â thurio mor ddwfn)

(lit. "Rise the plough up from the subsoil so that we can understand the ground." − a remark by one of the old generation for the company to lighten the discussion and not to burrow so deeply)

rabscaliwn (eg) **rabscaliwns** (ell)

dihiryn dihirod *rascal(s)*

We rhyw rabscaliwns wedi gadel âr mas o'r teiers i gyd.

Roedd rhyw ddihirod wedi gadael aer allan o'r teiars i gyd.

Some rascals had let air out of all the tyres.

racsan/rhacsan (be)

darnio/rhwygo *to tear/to wreck*

Torrodd rhiwun miwn i'r isgol a racsan i lle.

Torrodd rhywun i mewn i'r ysgol a darnio'r lle.

Someone broke into the school and wrecked the place.

ragwts (ell) **ragwtsen** (eb)

llysiau'r gingroen

ragwort (senecio jacobea)

We gofyn torri'r ragwts in gison rhag iddi nw ledu.

Roedd rhaid torri llysiau'r gingroen yn gyson rhag iddynt ledu.

*The ragworts had to be cut constantly
to stop them from spreading.*

rali (eb)
difyrrwch/hwyl *merriment*
We rali fowr in i dafarn neithwr.
Roedd difyrrwch mawr yn y
dafarn neithiwr.
*There was much merriment in the pub
last night.*

rampyn (eg)
rampyn o ben tost   cur pen ofnadwy
a terrible headache

ran finicha (adf)
ran fynychaf *almost*
Wedd hi'n cisho mind i'r capel ran
finicha bob dy Sul.
Roedd hi'n ceisio mynd i'r capel
ran fynychaf bob dydd Sul.
*She tried to go to chapel almost every
Sunday.*

randibŵ (eg)
twrw *noise/rumpus*
We randibŵ penna tu fas i'r tafarn
neithwr.
Roedd twrw ofnadwy y tu allan i'r
dafarn neithiwr.
*There was a terrible rumpus outside the
pub last night.*

ranshyn (eg)
tanllwyth *blazing fire*
Be sy'n well na ishte o flan ranshyn o
dân ar ddiwarnod wêr o eia?
Beth sy'n well nag eistedd o flaen
tanllwyth ar ddiwrnod oer o aeaf?
*What's better than sitting in front of a
blazing fire on a cold winter's day?*

rargol! **rargoledig!** (ebych)
my word!

raser (eb)
rasel *razor*
mor sharp â raser   mor finiog â rasel
as sharp as a razor

rasys (ell) **rasen** (eb)
pedolau dan wadnau clocs (WWP)
iron shoes under the soles of clogs

rebetsh (eg)
rhestr o eiriau dwl, annealladwy
incomprehensible gibberish
Pwy rebetsh wit ti'n gweud 'tho i 'to?
Pa ddwli rwyt ti'n dweud wrtha i
eto?
*What's that gibberish you're telling me
again?*

reid (eb)
lifft *lift*
rhoi reid i riwun   rhoi lifft i rywun
to give someone a lift.

reiets (ell)
twrw a chyffro *noise and commotion*
We rhyw reiets rhifedda da'r dridwns in
i cwêd dwê.
Roedd rhyw dwrw ofnadwy
gyda'r drudwyod yn y coed ddoe.
*The starlings were creating a heck of a
din in the trees yesterday.*

reils (ell)
cledrau *rails*
Mae e wedi mind off i reils in ofnadw.
Mae e wedi mynd ar gyfeiliorn yn
ofnadwy.
He's gone off the rails terribly.

reit i wala

i sicrwydd (WWST) *for certain*

reit iw âr! (ebych)

o'r gorau! *right you are!*

reitin (eg)

ysgrifen *writing*

'Na reitin teidi sy 'dag e.

Dyna ysgrifen cymen sydd ganddo.

What neat writing he has.

reito (be)

ysgrifennu *to write*

Mae e'n reito pishys ar gyfer i steddfode rownd bowt.

Mae e'n ysgrifennu darnau ar gyfer yr eisteddfodau yn gyson.

He consistently writes pieces for the eisteddfodau.

reit-o 'de! (ebych)

o'r gorau! *very well!/OK!*

"Fe alwa i 'da chi fory." "Reit-o 'de!"

"Fe alwaf gyda chi yfory." "O'r gorau!"

"I'll call with you tomorrow." "OK!"

retsho (be)

chwydu *to vomit*

Mae e'n ddigon i hala chi i retsho.

Mae e'n ddigon i'ch gwneud i chwydu.

It's enough to make you vomit.

ring (eb)

caniad (ffôn) *a phonecall*

"Jwst ring fach sharp i weud 'tho ti."

"Dim ond caniad bach cyflym i ddweud wrtho ti."

"Just a quick phonecall to let you know."

rint (ardd)

rhwng *between* (*gweler/see* rhint)

ripîto (be)

blas y bwyd a lyncwyd yn ailadrodd

to repeat (taste of food after swallowing)

Ma'r garlleg fites i i swper in ripîto.

Mae blas y garlleg a fwytais i swper yn ailadrodd arna i.

The garlic I ate for supper is repeating.

riwffor (adf)

rhywffordd *somehow*

Fe ddew nw ben â hi, riwffor neu gili.

Fe lwyddan nhw, rywffordd neu'i gilydd.

They'll manage somehow or other.

robin girrwr (eg)

robin gyrrwr *gadfly/horsefly*

roces (eb)

(*gweler/see* rhoces)

rodni (eg)

sipsi/teip gwael (CShB)

gypsy/a bad sort

rofft/crofft (eb)

enw cyffredin ar gae ar y ffermydd

a common name for a field on farms

rogle (ell)

arogleuon (WWP) *smells*

rownd (adf)

o gwmpas *around*

Bydd hi'n bryd inni find cyn troi rownd.

Bydd hi'n amser inni fynd cyn pen fawr o dro.

It will be time for us to go in no time at all.

rowndbowt (ans)

yn gyson *consistently*

Ma nhw ishe rhwbeth i fita, rowndbowt.

Maen nhw eisiau rhywbeth i'w fwyta yn gyson.

They consistently want something to eat.

rwbridodd/rywbridodd

yn hwyr iawn *very late*

Ddâth e ddim getre his rwbridodd.

Ddaeth e ddim adre tan yn hwyr iawn.

He didn't come home till very late.

rwbryd/rhwbryd (adf)

rhywbryd *sometime*

Wela i chi rwbryd in istod ir wsnoth.

Gwela i chi rywbryd yn ystod yr wythnos.

I'll see you sometime during the week.

rwden (eb)

darwden *ringworm*

rŵm-ford /rhŵm-ford (eg)

ystafell fwyta yng nghefn y tŷ

a dining room at the back of the house

rwnt/rhwnt (ardd)

rhwng *between*

rwp (ans)

yn sydyn *instantly/all of a sudden*

Gwmpes i rwp ar i fflags glyb.

Syrthiais yn sydyn ar y cerrig gwlyb.

I fell all of a sudden on the wet flagstones.

rwtsh (eg)

dwli *nonsense*

Peida siarad rwtsh!

Paid â siarad dwli!

Don't talk nonsense!

ryw shâp/rywshap (adf)

rhywsut/rhywffordd

somehow/someway

Rh

rhaca (eb) **rhaceie** (ell)
cribin(-iau) at grafu gwair, y
'rhaca fach' ar gyfer y dwylo, a'r
'rhaca fawr' i'w thynnu gan geffyl
(WWP) *rake(s)*
Mor ddwl â rhaca.
Yn wirion bost.
As daft as a brush.

rhacanu (be)
crafu *to rake*

rhacs/rhacsod (ell)
pobl wael/dihirod *bad people/rascals*
dillad rhacs dillad carpiog
rags/ragged clothes
mat rhacs mat a wnaed o garpiau
a mat made of rags
rhacs jibidêrs yn gyrbibion mân
in smithereens

rhacsan (be)
difetha *to spoil*
Mae e wedi rhacsan 'i tshans am gâl i
job wrth fod in hwyr i'r cifweliad.
Mae e wedi difetha ei siawns am
gael y swydd wrth fod yn hwyr i'r
cyfweliad.
*He has spoiled his chance to get the job
by being late for the interview.*

rhacsen (eb)
rhacsen o fenyw menyw ddrwg
a bad, useless woman

rhacsyn (eg)
rhacsyn o ddyn dyn drwg
a bad, useless man

rhacso (be)
rhwygo yn gareiau *to shred*
Fe racsodd 'i dillad wrth find drw'r
drain.
Fe rwygodd ei dillad yn gareiau
wrth fynd drwy'r drain.
*She tore her clothes in shreds by going
through the thornbushes.*

rhadus (ans)
hirbarhaol *longlasting*

rhaflo (be)
gwisgo/dod yn rhydd (am
ddilledyn) *to fray*
Ma hem 'i ffrog wedi rhaflo.
Mae hem ei ffrog wedi dod yn
rhydd.
The hem of her frock has frayed.

rhafls (ell)
y darnau o'r dilledyn sydd wedi
dod yn rhydd
the frayed fragment(s) of a garment

rhaffo'r llwyth (be)
to tie the load
"Shwt bregeth getho chi?" "We ddim
ishe rhaffo'r llwyth!" (cyfeiriad at
bregeth wan heb sylwedd, daw'r
ddelwedd o fyd amaeth – pan fo
ychydig o wair ar y cart does dim
angen rhaffo'r llwyth.)
*"What was the sermon like?" (lit.
There was no need to tie the load!
– referring to a poor sermon without
substance; the image comes from
agriculture, when there's little hay on
the cart there's no need to tie the load.)*

rhains (ell)
awenau *reins* (CShB)

rhamp/rhemp (ans)

gwyllt/rhywiol (CShB) *wild/sexy*

rhampan (be)

neidio a champio *to frolic*

Sdim posib rhoi'n feddwl ar waith a'r plant in rhampan obiti'r lle.

Does dim posibl canolbwyntio a'r plant yn neidio a champio o gwmpas y lle.

It's impossible to concentrate with the kids frolicking about the place.

rhan (eb)

part

Galle chi neud i gwaith o'n rhan i.

Gallech chi wneud y gwaith o'm rhan i.

You can do the work as far as I'm concerned.

Bennith e o ran 'i unan.

Daw i ben o ran ei hun.

It will end of its own accord.

rhas (eb) **rhasys** (ell)

ras(-ys) *race(s)*

rhastal (eb)

rhastl *rack/crib*

codi'r rhastal bwyta llai *to eat less*

(wrth godi'r gawell lle rhoir y gwair i fwydo'r ceffylau byddent yn methu estyn at y gwair ac felly'n bwyta llai)

(by raising the rack where hay was placed to feed the horses they wouldn't be able to reach the hay and therefore would eat less)

Os odi'r siwt 'na'n rhy dynn iti, mae'n bryd codi'r rhastal, glei!

Os ydy'r siwt yna'n rhy dynn i ti, mae'n bryd iti fwyta llai, siŵr o fod!

If that suit is too tight for you, it's time you ate less, I suppose!

rhawbal (eb)

rhaw ag ochrau iddi/hanner rhaw/hanner pâl *shovel with sides to it/half shovel/half spade*

rhawlech (eb)

rhaw bren denau a choes fer iddi a ddefnyddid i droi bara wrth ei grasu *oatcake slice*

rhebes(t) (eb) **rhebeste** (ell)

rhestr(-au) hir *a long list*

Rhoiodd hi ryw rebest hir o bethe i fi wedd hi ishe o'r dre.

Rhoes hi restr hir o bethau i fi roedd hi eisiau o'r dre.

She gave me a long list of things she wanted from town.

rhech (eb) **rhechfeydd** (ell)

fart

Wit ti fel rhech miwn pot jam.

Rwyt ti'n gwbl anobeithiol.

You're a total dead loss.

Man a man â rhech, a dwy rech am swllt.

Fe'i dywedir pan gytunir i wneud rhywbeth.

Said when one agrees to do something.

Ma mwy miwn rhech dafad na dom ceffile.

Mae mwy mewn rhech dafad na dom ceffylau. (cyngor garddwr)

There's more in a sheep's fart than horse manure. (gardener's advice)

rhech grôs anghydfod *disagreement*

Âth hi'n rech grôs rhinti nw.

Aeth hi'n anghydfod rhyngddyn nhw.

A disagreement arose between them.

rhedig (be)

aredig *to plough*

rheffyn pen bys

a straw rope made by twisting with finger and thumb – metaphorically a long story

Adroddodd e'r pishyn fel rheffyn pen bys.

Adroddodd e'r darn heb atalnodi.

He recited the piece without any punctuation.

rhegi (be)

gwrthdaro (am liw dillad ac ati) *to clash*

Ma'r lliwe'n rhegi 'i gili.

Mae'r lliwiau'n gwrthdaro.

The colours clash.

rhei (rhag)

rhai *some*

rheibus (ans)

afreolus *unruly*

rhein (rhag)

y rhain/y rhai hyn *these*

rheina (rhag)

y rhai yna *those*

rhein'co (rhag)

y rhai acw *those over there*

rhest (eg)

y gweddill *the rest*

Ma'r rhan fwyaf o'r defed fan hyn ond ble ma'r rhest?

Mae'r rhan fwyaf o'r defaid fan hyn ond ble mae'r gweddill?

Most of the sheep are here but where are the rest?

rhewyn (eg)

rhewyn dŵr/nant *brook*

rhibo (be)

swyno/rheibio *to bewitch*

Wit ti fel se ti 'di câl di ribo heddi 'to.

Rwyt ti fel petait wedi cael dy reibio heddiw eto.

It's as if you are bewitched today again.

rhic (eb)

rhic wair *hay-rick*

rhico (be)

rhwygo (dillad neu bapur) *to tear (clothes or paper)*

Rhices i 'nillad wrth find drw'r drisi.

Rhwygais fy nillad wrth fynd drwy'r drysi.

I tore my clothes as I went through the thorn bushes.

rhico 'da (be)

canmol/mynd gyda'r graen wrth hogi *to praise/to go with the grain*

Ma nw'n rhico 'da'r gweinidog newi.

Maen nhw'n canmol y gweinidog newydd.

They are praising the new minister.

rhidio (be)

rhydio/dafad yn gofyn hwrdd *to be in heat (of sheep)*

rhiddil lâth (eb)

hidl laeth *milk sieve*

rhifedd (ans)

rhyfedd *strange/exceptional*

Mae hi'n rhifedd ishe mudo.

Mae hi'n awyddus iawn i symud tŷ.

She's very keen to move house.

rhifedda (ans)

rhyfeddaf *exceptionally*

Mae'n neis rhifedda.

Mae'n rhyfedd o braf.

It is exceptionally fine.

rhig (eg)

igian *hiccup*

Ma'r rhig arno. Mae'r igian arno.

He has the hiccups.

rhigwm (eg) **rhigwme** (ell)

rhigwm rhigymau *rigmarole*

Cou mi nero, cilti cero,

Cou mi nero, cou mi,

Imp pimps drama,

Didlibwn o rinti,

Rignibwn a dim a cou mi.

(Pennill a ddysgwyd gan un o'r hen genhedlaeth yn yr ysgol. Ni wyddys beth yw ei ystyr na pha iaith yw hi.)

Hop i deri dando,

Âth ir hen wraig i Benfro

I mofyn sgidie o grôn llo

A'r fuwch heb fod in giflo.

Y ci mowr a'r ci bach in wmla,

Bwrodd y ci mowr y ci bach i'r llaca.

Gwedodd y ci mowr wrth y ci bach i godi,

A sichu'i ben in porfa.

(amrywiad:

"Rise up again" medde ci mowr wrth ci bach

A sych di ben in porfa).

Hen fenyw felen, felen

Yn sichu'i thin â deilen,

Hapws i ddeilen fod in grin

A hwpws 'i deufys i dwll 'i thin.

Ble wit ti'n byw? O dan sgiw,

Pwy sgiw? Sgiw bren,

Pwy bren? Pren sych,

Pwy sych? Sych di din â clwtin coch,

A towl e mas i dwlc i moch.

Amen, cath wen,

Towlu 'i thin dros 'i phen,

Ara bach a bob in dipyn

Ma saco bys lan tin gwibedyn.

(Dywedir pan fo angen bod yn ofalus wrth wneud rhyw orchwyl.)

Mae'n ôr, mae'n ôr,

Ma'r gwynt o'r môr,

Mae'n bwrw, mae'n bwrw,

Ma'r gwynt o Eglwswrw.

rhilog

yr hilog/tip/chwarel *hillock* (WW)

rhint/rhwnt (ardd)

rhwng *between*

rhinta i a 'nghawl rhyngof fi a 'nghawl *(lit. Between myself and my mess.)*

rhinti a (ardd)

i (wrth ddweud yr amser)

to (telling the time)

Mae'n ddeg munud rhinti a dou.

Mae'n ddeng munud i ddau.
It's ten minutes to two.

rhoces (eb) **rhocesi** (ell)

merch merched *girl(s)*

rhòch (eg)

cic/ergyd *a kick*
Mae tipyn o ròch ar i gwin 'ma.
Mae tipyn o gic gan y gwin yma.
This wine has got quite a kick.

rhod ddŵr (eb) **rhode dŵr** (ell)

rhod(-au) (d)dŵr *water wheel(s)*

rhoi (be)

bwrw ei ffrwyth (am de) *to brew*
Gad i te gâl amser i roi.
Gad i'r te gael amser i fwrw ei
ffrwyth.
Let the tea have time to brew.

rhoiog (ans)

hael *generous*
Ma hi'n rhoiog iawn sach na seni'n
gifoethog.
Mae hi'n hael iawn er nad yw'n
gyfoethog.
*She's very generous although she's not
rich.*

rhonc (ans)

helaeth/i'r carn
abundant/through and through
Ma dail rhonc mowr ar i blode 'ma.
Mae dail helaeth a mawr ar y
blodau hyn.
*These flowers have large and abundant
leaves.*
Mae e'n Sais rhonc.
Mae e'n Sais i'r carn.

*He's an Englishman through and
through.*

Rhos Pen-boir

Mae 'i hanner e'n pori ar Ros Pen-boir
rhan fwya o'r amser.
Mae ei feddwl ymhell y rhan fwyaf
o'r amser.
His mind is elsewhere most of the time.

rhowd (bf)

rhoddwyd *was given/was put*

rhownd (ans)

crwn *round*
Seno'n eitha rhownd.
Dyw e ddim yn llawn llathen.
He's got a screw loose.

rhowndo (be)

dod o gwmpas *to come around*
Bydd hi'n Nadolig whap fach, ma
pethe'n rhowndo'n glou.
Bydd hi'n Nadolig ymhen fawr o
dro, mae pethau'n dod o gwmpas
yn gyflym.
*It will be Christmas in no time at all,
things come around in no time.*

rhuddo (be)

deifio dilledyn *to singe (clothes)*

rhwbeth 'da

rhywbeth gyda/tua *about*
Rhwbeth 'da peder wsnoth biddw ni'n
mind ar en holideis.
Ymhen rhyw bedair wythnos
byddwn ni'n mynd ar ein gwyliau.
*In about four weeks time we'll be going
on holidays.*

(fel) rhwbeth dwl
yn ffoli/dotio ar rywbeth (CShB)
to dote on something

rhwbeth rhifedd (adf)
rhyfeddol *surprisingly*
Mae wedi gwella rhwbeth rhifedd.
Mae hi wedi gwella'n rhyfeddol.
She has made a remarkable recovery.

rhwgno (be)
rhygnu *to crease*

rhwgwn (eb) **rhwgne** (ell)
rhwgn(-au)/crych(-ion) *crease(s)*
Ma rhwgne in i pilyn 'ma.
Mae crychion yn y dilledyn hwn.
There are creases in this garment.
Weno'n llifin fel concrid, wedd fel se rhwgne indo fe.
Doedd e ddim yn llyfn fel concrid, roedd fel petai rhygnau ynddo.
It wasn't smooth like concrete, it's as if there were creases in it.

rhwng dou ole
rhwng golau ddydd a golau cannwyll/y cyfnos *between daylight and candle-light/dusk*
Wedd hi'n ano gweld ir hewl rhwng dou ole.
Roedd hi'n anodd gweld yr heol yn y cyfnos.
It was difficult to see the road at dusk.

rhwle (adf)
rhywle *somewhere/anywhere*

rhŵm (eg) **rhŵmydd** (ell)
ystafell(-oedd) *room(s)*

rhwmo (be)
rhwymo (llafur) *to bind corn*
bod yn rhwym *to be constipated*

rhwtad (eg)
rhwbiad *a rub/graze*
Ces i rwtad cas ar in fraich wrth fwrw'n erbyn i wal.
Cefais rwbiad cas ar fy mraich wrth fwrw yn erbyn y wal.
I had a nasty graze on my arm as I brushed against the wall.

rhwto (be)
rhwbio *to rub*
Rhwta'r reitin 'na mas, a dachreua 'to.
Rhwbia'r ysgrifen yna allan, a dechreua eto.
Rub that writing out and start again.

rhych (eb) **rhichie** (ell)
rhych(-au) *furrow(s)*
rhych dato *potato furrow*
Mae rhych 'i thin ar 'i thalcen.
Mae'n flin iawn.
She is very annoyed.
Mae e'n benderfinol o balu'i rych 'i hun.
to go his own way??
Mae e'n benderfynol o ddyfalbarhau ar waethaf pawb a phopeth.
He's determined to persevere despite anyone or anything.

rhyn (ans)
fel grit/graean *gritty*
Ma'r mins cig 'ma in rhyn in di ben di.
Mae'r mins cig hwn fel grit yn dy geg.
This mince meat feels gritty in your mouth.

S

Sabath

taith dwarnod Sabath   taith hir
a long journey

saco (be)

gwthio   *to put / to stick*

Sacodd e'i fys miwn i'r pwdin.

Gwthiodd ei fys i mewn i'r pwdin.

He stuck his fingers into the pudding.

Mae'n leico saco'i thrwyn i miwn lle na
ddile hi.

Mae'n hoff o wthio'i thrwyn i
mewn lle na ddylai hi.

*She likes poking her nose where she
ought not.*

saco bola'n dynn   bwyta nes bod y
bol yn llawn

sach (cys)

serch/er   *although*

Sai'n credu dewa nw i'r gingerdd sach i
fi weud 'ny'n gynt.

Dwi ddim yn credu y dônt i'r
gyngerdd er imi ddweud hynny
cynt.

*I don't believe they'll come to the
concert although I said so before.*

sach bo (cys)

serch bod   *in spite of*

Fuodd e ddim mas o'r tŷ drw'r dy, sach
bo'r tewi'n ffein.

Fu e ddim allan o'r tŷ drwy'r dydd,
serch bod y tywydd yn braf.

*He hadn't gone out of the house all
day, in spite of the fine weather.*

sachni/sachny/sechny (cys)

serch hynny   *in spite of that*

We'r tewi'n weddol sgadli ond fe etho
nw sachni.

Roedd y tywydd yn weddol arw
ond fe aethon nhw serch hynny.

*The weather was fairly rough but they
went in spite of that.*

sachabwnden (eb) (WWW)

gwraig annymunol
a disagreeable woman

safio (be)

arbed   *to save*

Mae'n dda bod e wedi safio cistel.

Mae'n dda ei fod wedi'i arbed
cystal.

*It's good that he was spared from being
too badly hurt.*

saff (ans)

diogel   *safe*

"Gâth e ddim 'i ddala 'da'r polis?" "Do'n
saff i ti!"

"Chafodd e ddim mo'i ddal gan yr
heddlu?" "Do wir!"

*"He wasn't caught by the police?"
"He was indeed!"*

sail (eb)

sail   *foundation*

Sdim digon o sail 'da fi iddo dano. (sôn
am gynnau tân)

Does dim digon o sail gen i i
gynnau'r tân.

*I haven't got enough of a foundation to
light the fire.*

saimo(d) (bf)

syna i'n gwbod   dwi ddim yn
gwybod   *I don't know*

sai'n siŵr

dwi ddim yn sicr *I'm not sure*

Sai'n siŵr os dyw hi'n dwâd i'r glaw neu beido.

Dw i ddim yn sicr a yw'n dod i'r glaw neu beidio.

I'm not sure whether it's going to rain or not.

sâl (ans)

ill

"Wen i mor sâl wen i'n meddwl bod gwreidde 'nhin i'n dwâd 'nôl."

(dywediad i gyfleu pa mor sâl oedd rhywun) *(a saying to convey how ill someone was)*

salw (ans)

hyll *ugly*

mor salw â mwnci in i frech

as ugly as sin

salw biònd ofnadwy o salw

exceptionally ugly

salwino (be)

gwaethygu/tywyllu (am y tywydd) *to become overcast*

Ma'r tewi'n salwino.

Mae'r tywydd yn gwaethygu.

It's becoming overcast.

sâm (eg)

saim *grease*

saman/samo (be)

rhoi saim ar rywbeth *to grease*

Rhaid saman tamed o sioclet drost i trap i ddala'r lligoden.

Rhaid rhoi siocled fel saim ar y trap i ddal y llygoden.

You have to grease some chocolate on the trap to catch the mouse.

samwnsa (be)

potsio *to poach (salmon)*

sana i

dwi ddim *I'm not*

Sana i /sena i/syna i/sai

dwi ddim *I'm not*

Sana ti/sena ti/syna ti/so ti

dwyt ti ddim *you're not (singular)*

Sano fe/seno fe/syno fe/so fe

dyw e ddim *he's not*

Sani hi/seni hi/syni hi/so hi

dyw hi ddim *she's not*

Sano ni/seno ni/syno ni/so ni

dŷn ni ddim *we're not*

Sano chi/seno chi/syno chi/so chi

dŷch chi ddim *you're not*

Sanyn nhw/senyn nhw/synyn nhw/son nhw dŷn nhw ddim *they're not*

Sara fach (eb)

blodyn bychan gwyn â phedwar petal *snow on the mountain (flower)*

sâr cwêd/côd (eg) **seiri cwêd** (ell)

saer coed seiri coed *carpenter(s)*

sâr mân (eg)

saer maen *stonemason*

rhint i seiri a'r porthmyn rhwng y cŵn a'r brain *to go to the dogs*

sarffedu (be)

syrffedu (CShB) *to suffer from excess/to have enough*

Wdw i wedi hen sarffedu ar wew i plant 'ma.

Rydw i wedi hen syrffedu ar gwyno'r plant hyn.

I've had quite enough of these children complaining.

sarn (ans) (eg)

a mess/hay/straw

Ma'r plant wedi drago'r cifan in gawl sarn in i rhŵm ffront.

Mae'r plant wedi creu annibendod yn yr ystafell fyw.

The children have made a complete mess of the living room.

Bydd i cifan lawr in gawl sarn drost en penne ni os na watshw ni.

Fe syrthia bopeth yn bendramwnwgl dros ein pennau os na wyliwn ni.

Everything will tumble down on top of us, if we're not careful.

Odi chi wedi rhoi sarn o dan i cedrïed?

Ydych chi wedi rhoi gwellt o dan yr anifeiliaid?

Have you put straw under the animals?

sarna i

does arna i (CShB) *I do not*

sarnu (be)

tywallt *to spill/to put straw (under animals)*

satan (eg)

Hen satan o feniw slei yw hi.

Hen satan o fenyw gyfrwys yw hi.

She's a sly old devil of a woman.

sbaddu (be)

disbaddu *to castrate*

sbagal (ans)

anniben *untidy*

sbage (ell)

pigau(CShB) *spikes*

sbaglog (ans)

gwael *poor*

Gweddol sbaglog wedd 'u Cwmrâg.

Roedd eu Cymraeg yn weddol wael.

Their Welsh was rather poor.

sbagog (ans)

rhyfedd/od *strange*

Wedd geire sbagog iawn 'da fe.

Roedd ganddo eiriau rhyfedd iawn.

He used very strange words.

sbarblyn (eg)

llanc hunandybus (WW)

conceited youngster

sbarcen (eb)

merch fywiog, ddireidus

a lively girl

sbarcyn (eg)

bachgen bywiog, direidus

a lively boy

sbâr (ans)

rŵm sbâr ystafell drugareddau

box room

sbario (be)

gadael i rywun gael rhywbeth

to spare

Allech chi sbario pownd o shwgir i fi?

Allech chi adael imi gael pwys o siwgr?

Could you lend me a pound of sugar?

sbarion (ell)

gweddillion bwyd *leftovers (of food)*

Dydd Llun i ni'n câl sbarion dy Sul.

Dydd Llun rŷn ni'n cael
gweddillion bwyd dydd Sul.
*On Mondays we eat Sunday's
leftovers.*

sbarioni (be)
gwastraffu (bwyd) *to waste (food)*
Miws i ni sbaroni a pobol in i byd in
llwgu.
Ddylen ni ddim gwastraffu bwyd a
phobl yn y byd yn newynnu.
*We ought not waste food while there
are people in the world starving.*

sbarwigad (eg)
dirgryniad *convulsion* (WWW)

sbarwigan (be)
ysgwyd (y corff) *to convulse*
Wedd e mor grac, âth e i sbarwigan.
Roedd e mor flin roedd ei gorff yn
ysgwyd i gyd.
He was so cross that he was convulsing.

sbathru (be) (WWW)
tasgu (am ddŵr) *to spray (of water)*

sbel (eg) **sbele** (ell)
ysbaid *a spell*
Wedd hi sbel cyn dino.
Roedd hi amser cyn dihuno.
She was a while before waking up.
ar sbele ar adegau/ar brydiau
at times
Ma gwres rhifedda 'da'r houl ar sbele.
Mae'r gwres rhyfeddaf gan yr haul
ar adegau.
It is scorching hot in the sun at times.
Ma'r gwinie'n wâth 'da fi ar sbele.
Mae'r cryd cymalau yn waeth gen
i ar brydiau.
My rheumatism is worse at times.

sbilbo bach (eg)
enw anwes ar blentyn bach
*a term of endearment in addressing a
child*

sbinen/hesbinen (eb) **sbinod/
hesbinod** (ell)
ŵyn benyw blwydd *yearling ewe(s)*

sbit (eg)
poerad *spit*
Mae e'r un sbit â'i dad.
Mae e'r un boerad â'i dad.
He's the spitting image of his father.

sblîn (eg)
poen dannedd/y ddannodd (CShB)
toothache

sblintryn (eg) **sblinters** (ell)
ysgyrion *splinters*

sbôcs (ell) **sbogen** (eb)
braich olwyn *spoke(s)*

sbon (ans)
newi sbon newydd sbon *brand new*

sboner (eg)
cariadfab *boyfriend*

sbort (eg)
hwyl *fun*
Ma nw fel se nw'n neud sbort am
'mhen i.
Maen nhw fel petaent yn gwneud
hwyl am fy mhen i.
They seem to be mocking me.

sbraglog (ans)

anniben yr olwg (am blanhigyn) *untidy (of plant)*

Ma'r planhigyn 'ma'n ddigon sbraglog 'da'i goese in mind i bob cifeiriad.

Mae'r planhigyn hwn yn ddigon anniben yr olwg gyda'i goesau'n mynd i bob cyfeiriad.

This plant is untidy with its stalks growing in all directions.

sbraglyn (eg)

hen sbraglyn o ddyn dyn diwerth, heb fawr o rinweddau yn perthyn iddo *an useless man who has hardly any virtues*

sbredo mas (be)

ymledu *to spread out*

sbreiad (eg)

chwistrelliad *a spray*

Ma amell i sbreiad in hala ofon ar i cilion.

Mae chwistrelliad nawr ac yn y man yn cadw'r clêr i ffwrdd.

A spray now and again keeps the flies away.

sbring (eg)

spring

Ma'r sbring in gryf. (*lit. The spring is strong.*)

(dywedir pan fo rhywun yn teimlo'n wan ac wedi blino oherwydd bod y tywydd yn newid, ym mis Mai fynychaf)

(*said when someone is weak and tired because of the change in weather, mainly in May*)

sbrilen (eb)

merch denau, dal *a tall, thin girl*

sbrilen o goeden coeden dal, denau *a tall, thin tree*

sbrilyn (eg) **sbrils** (ell)

bachgen tenau, tal *a tall, thin boy*

planhigyn tenau, tal *a tall, thin plant*

Ma'r planhigyn wedi tiddu'n sbrilyn uchel.

Mae'r planhigyn wedi tyfu'n denau a thal.

The plant has grown tall and thin.

sbwden (eb)

merch fach dew *a small plump girl*

sbwdyn/sbwtyn (eg)

bachgen bach tew *a small fat boy*

sbwds (ell)

kids

We ni'n arfer cered i'r isgol pan we ni'n sbwds.

Roedden ni'n arfer cerdded i'r ysgol pan oeddem yn blant.

We used to walk to school when we were kids.

sbwnad (eg)

sesiwn o garu *a session of making love*

sbwylo (be)

difetha *to spoil*

Mae hi wedi sbwylo'r plentyn.

Mae hi wedi maldodi'r plentyn.

She has spoiled the child.

sda fi ddim (bf)

does gyda fi ddim *I have not*

Sda fi ddim byd i weud 'tho fe.

Does gennyf i ddim byd i'w ddweud wrtho fe.

I have nothing to say to him.

sdim/sim

does dim *there isn't*

sdwetha fach

ychydig bach o amser yn ôl

a little while ago

Bues i am wâc lan i'r mini sdwetha fach.

Bues i am dro i fyny'r mynydd ychydig yn ôl.

I went for a walk up the mountain a little while ago.

se (bf)

tase/tasai

sen i	taswn i	*if I were*
se ti	taset ti	*if you were (singular)*
se fe	tase fe	*if he were*
se hi	tase hi	*if she were*
se ni	taswn ni	*if we were*
se chi	tasech chi	*if you were*
se nw	tasen nhw	*if they were*

seboni (be)

gwenieithio *to flatter*

sefyll arni (be)

cyrraedd *to reach*

I ni'n gwbod in gwmws lle ni'n sefyll arni.

Rŷn ni'n gwybod yn hollol ble rŷn ni wedi cyrraedd.

We know exactly where we have reached.

sefyll in stond sefyll yn llonydd

to stand motionless

'Na lle wedd e'n sefill in stond fel bwbach in i cornel.

Dyna lle roedd e'n sefyll yn llonydd fel bwgan yn y gornel.

There he was standing motionless like a bogey in the corner.

sefillach/sefillan (be)

sefyllian *to loiter*

seigen (eb)

cacen dom *cow-pat*

Damsheles i ar seigen o ddom da, a 'na beth wedd stecs!

Sengais ar dom gwartheg, a dyna beth oedd llanast.

I stepped on a cow-pat, and what a mess!

sein (eg)

hysbysfwrdd (WWP)/arwydd *notice-board/sign*

Ma gweld ponis ar ben Foel Drigarn in sein o dewi neis.

Mae gweld merlod ar gopa Foel Drigarn yn arwydd o dywydd teg.

To see ponies on the summit of Foel Drigarn is a sign of good weather.

seino (be)

llofnodi *to sign one's name*

Seinwch ich enw fan hyn, plis.

Llofnodwch yma, os gwelwch yn dda.

Sign here, please.

seis (eg)

maint/maintioli *size*

Ma ishe fe gâl gwbod 'i seis.

Mae angen i rywun dorri ei grib.

He ought to be cut down to size.

Seisnes (eb)

Saesnes *Englishwoman*
Seisnes ddwfwn   Saesnes rhonc
an Englishwoman through and through

Seison (ell) **Sais** (eg)

Saeson *Englishmen*

seld (eb)

dreser/dresel *dresser*

sens (eg)

synnwyr *sense*
Sdim mwy o sens in 'i ben e na sy 'da'r llawr!
Does dim mwy o synnwyr yn ei ben na sydd gan y llawr!
(lit. He has no more sense in his head than the floor!)
Ma sens in gweud 'ny!
Mae synnwyr cyffredin yn dweud hynny!
Common sense tells you that much!

sent (eg)

aroglau/gwynt da *perfume/scent*
sebon sent   sebon ag arogl
scented soap

sento (be)

arogleuo/gwynto *to scent*

seperetor (eg)

peiriant i rannu'r hufen oddi wrth y llaeth sgim
separator : a device to separate the cream from the skimmed milk

sepereto (be)

to separate

seso (be)

herio/llygadu/llygadrythu/ pryfocio/ysgyrnigo/ymosod/ chwilio am gyfle (WWST)
to challenge/to store/to provoke/to intend
'Na lle we'r gath in seso ar ir iâr.
Dyna lle roedd y gath yn llygadrythu ar yr iâr.
There was the cat staring at the hen.

sesyn/sezn (eg) (WWP)

tymor *season*

set (eb)

haid o gnafon *a group of rascals*
Ma'r adar mowr wedi mind â'r bara, 'na set yw nw!
Mae'r adar mawr wedi mynd â'r bara, dyna gnafon ydyn nhw.
The large birds have taken the bread, what rascals!

seti (be)

gosod *to set*
seti tato   gosod tato *to set potatoes*

sgadenyn (eg) **sgadan** (ell)

penwaig *herring(s)*
cymeriad direidus, hoffus
a mischievous, loveable character
'Na sgadenyn yw e, sdim dal beth wedith e nesa.
Dyna gymeriad yw e, does dim dal beth ddywed nesaf.
There's a character, there's no telling what he'll say next.

sgadli (ans)

garw/lletchwith (WW)
rough/clumsy
'Na beth yw tewi sgadli!

Dyna beth yw tywydd garw!
What rough weather!
Wedd hi'n weddol sgadli wrth ddwsto'r seld, fe dorrodd sawl llester.
Roedd hi'n weddol lletchwith wrth dynnu llwch y dreser, fe dorrodd hi sawl llestr.
She was rather clumsy in dusting the dresser, she broke several of the dishes.

sgant (ans)
ar dro/ar ei ochr (WWST)
crooked/lopsided

sgàp (eb)
cip *a glance/a glimpse*
Welo ni ddim sgàp o'r crwt lwêth.
Welson ni ddim cip o'r bachgen yr eilwaith.
We didn't see a glimpse of the boy again.

sgàpo
gadael allan *to skip/to omit*
Sgàpwn ni'r rhaglen 'na am i tro.
Fe wnawn ni hepgor y rhaglen yna am y tro.
We'll skip that programme for the time being.

sgaprwth/sgaprwydd (ans)
garw/annhyner/sionc/ystwyth
rough/nimble
Er i pwl o salwch, wdw i wedi bod in ddigon sgaprwth in nhrâd.
Er y pwl o salwch, rydw i wedi bod yn ddigon ystwyth ar fy nhraed.
Despite my bout of illness, I've been quite nimble on my feet.
Mae'n fenyw sgaprwth wrth 'i gwaith, mae'n neud popeth cyn pen eil ac ar i chifer.

Mae'n fenyw sionc wrth ei gwaith, mae'n gwneud popeth cyn pen fawr o dro ac ar ei chyfer.
She's a nimble woman with her work, doing everything in no time without delaying.

sgarjis (ell)
creithiau *scars*
Wedd e'n sgarjis drosto wedi mind drw'r drisi.
Roedd yn greithiau drosto wedi mynd drwy'r drain.
He had scars all over after being through the hawthorn.

sgarjo (be)
dilledyn yn gwneud dolur wrth rwbio *to chafe*
Ma'r trowser tyn wedi sgarjo 'nghrwên i.
Mae'r trowsus tyn wedi rhwbio fy nghroen i.
These tight pair of trousers have chafed my skin.

sgarlíp (ans)
sydyn/ffwrdd â hi/diofal/cyflym
sudden/careless/quick
Shecodd e'r oil a'r dŵr in weddol sgarlíp.
Gwiriodd yr olew a'r dŵr yn weddol gyflym.
He quickly checked the oil and the water.
Cew ni bryd bach sgarlíp, jwst rhwbeth i aros pryd.
Cawn ni bryd bach cyflym, dim ond tamaid i aros pryd.
We'll have a small quick snack, just to keep us until the main meal.

sgathrad (eb)

crafiad ar y croen

a scratch on the skin

sgathrid/sgathryd (be)

brysio/gwylltio/gwasgaru

to hurry/to scatter

Sgathrwch 'newch chi! Bydd i bws 'ma whap.

Brysiwch wnewch chi! Bydd y bws yma mewn chwinciad.

Hurry up will you! The bus will be here in an instant.

Sgathrodd i gwynt i dail i bob cifeiriad.

Gwasgarodd y gwynt y dail i bob cyfeiriad.

The wind scattered the leaves in all directions.

sgathru (be)

crafu'r croen *to scratch the skin*

Sgathrodd hi'i phen-glin wrth gwmpo ar i cerrig garw.

Crafodd groen ei phen-glin wrth gwympo ar y cerrig garw.

She scratched the skin of her knee by falling on the rough stones.

sgefen (ell)

ysgyfaint *lungs*

sgegan (be)

gweiddi *to shout*

Beth sy mlân 'da'r plant, in sgegan cwmint?

Beth mae'r plant yn ei wneud, yn gweiddi cymaint?

What are these children doing, with so much shouting?

sgeiddig (ans)

gosgeiddig/ystwyth *lithe/graceful*

sgeler (ans)

garw *rough*

Mae'n fore bach in sgeler.

Mae'n fore ychydig yn arw.

It's a rather rough morning.

sgella/sgilla (eg)

llosg cylla/diffyg traul

heartburn/indigestion

Ma sgella arna i wedi bita'r bwyd 'na.

Mae diffyg traul arna i ar ôl bwyta'r bwyd yna.

I've got indigestion after eating that food.

sgeman (be)

cynllwynio *to scheme*

Beth ma honna'n sgeman 'to?

Beth mae honna'n ei gynllwynio eto?

What is she scheming again?

sgemo (be)

braidd gyffwrdd (WWW)

to touch lightly/skim

sgeren (eb)

gwraig aflawen (dirmygus) (WWST) *a sad woman (derogatory)*

sgetshys (ell)

ffordd ddoniol gan rywun sy'n adrodd straeon *comical gesticulations by a comedian or story-teller*

We rhyw sgetshys penna 'dag e wrth weud 'i storie.

Roedd rhyw ystumiau rhyfedd ganddo wrth ddweud ei storïau.

He had the most comical gesticulations when telling his stories.

sgidadlan (be)

ffoi yn gyflym/carlamu

to escape suddenly/to gallop

Buo rhaid inni sgidadlan pan welo ni'r tarw in i parc.

Bu raid inni ffoi yn gyflym pan welson ni'r tarw yn y cae.

We had to escape suddenly when we saw the bull in the field.

sgiffen (eb)

cawod fach o law neu eira

a light shower of rain or snow

sgildanad (eb)

(gweler/see sgildanu*)*

sgildanu/sgoldani (be)

llosgi'r croen â dŵr berw *to scald*

Sgildanodd 'i llaw 'da'r dŵr berw o'r sospan.

Llosgodd groen ei llaw gyda'r dŵr berw o'r sosban.

She scalded her hand from the boiling water in the saucepan.

sgilfeth (ans)

rheibus/hunanol (CShB)

greedy/selfish

sgimbren (eg)

trawst mewn sièd i ddal y ddeupen gyda'i gilydd *a beam in a shed to hold both ends together* (GDD)

sgimen (eb)

haenen denau (WWW) *a thin layer*

sgipen/sgwithen o law (eb)

cawod fach o law

a light shower of rain

sgirion (ans)

yn rhacs (CShB) *in smithereens*

sgits (ell)

smotiau *spots*

We sgits o baent wedi tasgu ar hyd i llawr.

Roedd smotiau o baent wedi tasgu ar hyd y llawr.

There were spots of paint scattered on the floor.

sgithion (ell)

darnau mân (CShB) *small particles*

sgiw-wiff (ans)

ar dro *lopsided*

Ma'r llun 'ma ar sgiw-wiff, seno'n streit.

Mae'r llun hwn ar dro, dyw e ddim yn syth.

This picture is lopsided, it's not straight.

sgleidro (be)

llithrigo (WWP) *to slide*

sgoitan (be)

gwasgaru *to spread*

sgòl (eb)

codi'ch sgòl colli'ch tymer

to lose one's temper

Paid codi di sgòl arna i!

Paid colli dy dymer wrthyf fi!

Don't lose your temper with me!

sgoldan (ans)

yn ferw *boiling*

llâth sgoldan llaeth berw *boiled milk*

sgoldanu (be)
(gweler/see sgildanu)

sgothen/sgwithen (eb)
haenen *a layer*
Ma sgothen o eira drost i perci.
Mae haenen o eira dros y caeau.
There's a thin layer of snow over the fields.

sgothi (be)
taflu/gwneud anhrefn o rywbeth
to make a mess
Dâth ffwlbart miwn i'r isgol a sgothi'r cifan drost i lle.
Daeth ffwlbart i mewn i'r ysgol gan achosi anhrefn ar hyd y lle.
A polecat came into the school and made a mess of everything.

sgothi (be)
clirio popeth o'ch blaen
to make a clean sweep
Fe nath hi sgothi popeth in i gegin.
Fe gliriodd bopeth o'i blaen yn y gegin.
She made a clean sweep in the kitchen.

sgrabinio (be)
crafu (â'i ewinedd)
to scratch (with the claws)
Sgrabiniodd y gath e.
Crafodd y gath e â'i hewinedd.
The cat scratched him.

sgradan (be)
sgrechian mewn tymer
to screech in a temper

sgrafello (be)
cribo rhawn neu gorff anifail/crafu

blew mochyn yn lân wedi ei ladd
to scrape the hair off a slaughtered pig

sgraglyn (eg)
rhywbeth tenau, di-siâp
something thin and shapeless

sgrapen (eb)
hag

sgrapo (be)
dileu *to abolish*
Ma cistel inni sgrapo'r siniad.
Mae cystal inni ddileu'r syniad.
We might as well abolish the idea.

sgrapyn (eg)
egwyl (WW) *a break*

sgrech (eb)
a cry/lack of time/money etc.
mind in sgrech mynd yn brin/yn dlawd/yn fethiant (WWP)
Alla i byth dod – mae 'di mynd in sgrech arna i.
Ni allaf ddod – mae amser yn rhy brin i mi.
I can't come – I won't be able to make it on time.

sgrechgi (eg) **sgrechgwn** (ell)
un sy'n sgrechian
one who cries and shouts

sgrongol (eg)
peth mawr, afrosgo
a large, clumsy thing

sgrwb (eg)
stiffrwydd yn y breichiau a'r coesau wedi bod yn gweithio'n rhy galed

stiffness in the arms and legs after working too hard

Ma'r sgrwb arna i heddi 'rôl slafo dwê.

Mae'r stiffrwydd yn fy mreichiau a 'nghoesau heddiw ar ôl gweithio'n rhy galed ddoe.

My arms and legs are stiff today after working too hard yesterday.

sgrwben (eb)

menyw gybyddlyd   *a miserly woman*

sgrwbyn (eg)

dyn cybyddlyd   *a miserly man*

Roiodd 'rhen sgrwbin 'run ddime at ir achos.

Ni roes y cybydd yr un ddimau at yr achos.

The miser didn't give a penny for the cause.

sgrwmp (eg)

swm sylweddol (o arian)
a substantial amount (of money)

sgubo (be)

arswyll y glaw (am law)
to pelt down (of rain)

Wedd hi'n 'i sgubo hi i lawr.

Roedd hi'n arswyll y glaw.

It was pelting down.

sguthan (eb)

menyw annymunol
a disagreeable woman

sgwaffl (eg)

helynt (WWP)   *trouble/fuss*

sgwarog (ans)

â'i draed ar led   *with feet apart*

Wedd e'n sefill in sgwarog ar i stêj.

Roedd yn sefyll â'i draed ar led ar y llwyfan.

He was standing with feet apart on the stage.

sgwaru dom (be)

chwalu tail   *muck-spreading*

Ma'r gwas mas in sgwaru dom in i parc.

Mae'r gwas allan yn chwalu tail yn y cae.

The farm-hand is out muck-spreading in the field.

sgwerto (be)

chwistrellu   *to squirt*

Sgwerta ddropin o ddŵr drosto.

Chwistrella ddiferyn o ddŵr arno.

Squirt a drop of water over it.

sgwiffen (eb)

plufyn eira   *snowflake*

Gwelo ni amell sgwiffen o eira'n cwmpo.

Gwelon ni ambell blufyn eira yn disgyn.

We saw a few snowflakes falling.

sgwils (ans)

yn ddarnau mân   *in small pieces*

sgwintan/sgwinto (be)

edrych/bwrw cipolwg
to look/to glance

Sgwintes i rownd ond weles i ddim ened byw.

Edrychais o gwmpas ond welais i ddim un enaid byw.

I looked around but I didn't see a living soul.

sgwlc (eg)

gwledd/bwyd moethus (WWST)
a feast

sgwlcan (be)

dwyn (am fwyd)
to steal (food)/to pilfer
Sgwlcanodd rhiwun i cacs o'r cwpwrt.
Dygodd rhywun y cacennau bach
o'r cwpwrdd.
*Someone stole the small cakes from the
cupboard.*

sgwlffo (be)

traflyncu *to gorge*
sgwlffo'ch gwala bwyta llond eich
bol *to gorge oneself*

sgwlyn (eg)

ysgolfeistr *schoolmaster*

sgwtsh (eg)

porfa gwydn wedi pydru ar
dywarchen *tough grass that has
rotted on a turf*

sha (ardd)

tua *towards*
Mae wedi simud i fyw lawr sha Hwlffor.
Mae hi wedi symud i fyw i lawr i
gyfeiriad Hwlffordd.
*She's moved to live down towards
Haverfordwest.*

shabïedd (ans)

anniben/gwael *shabby*
Ma golwg shabïedd iawn ar i rhŵm.
Mae golwg anniben iawn ar yr
ystafell.
The room looks very shabby.

shabwchen (eb)

menyw annymunol *a disagreeable
woman*

shabwchlyd/shibwchlyd (ans)

di-raen *shabby*
Ma golwg weddol shibwchlyd arno.
Mae golwg weddol anniben arno.
He looks very untidy.

shabwcho (be)

anffurfio/sbwylio (CShB) *to spoil*

shadyn (eg)

ychydig *a little*
Mae e rhyw shadyn bach in well.
Mae e rhyw ychydig bach yn well.
He's a little bit better.
Mae hi shadyn bach ar ir ochor sych.
Mae hi ychydig bach ar yr ochr
sych.
It's a little bit on the dry side.

shafad (eg)

braidd gyffyrddiad *a graze*
Bues i biti gâl itha shafad wrth gwrdd
â'r car rownd i tro.
Roeddwn o fewn trwch blewyn i
fwrw'r car rownd y tro.
*I was within a hair's breadth from
colliding with the car on the bend.*

shafins (ell)

naddion *shavings*
tân shafins *flash in the pan*

shafo (be)

torri (am gloddiau)
to shave/to cut (hedges)
Seno bois i'r hewl in shafo'r cloddie 'da
crwman fel we nw'n arfer neud.

Dyw bois y ffordd ddim yn torri'r
cloddiau â chryman fel roedden
nhw'n arfer ei wneud.
*The council road-men don't cut the
hedges with a sickle as they used to do.*

shafo'n sych (be)
am wynt oer a sych sy'n brathu
said of a cold, dry and piercing wind

shangdifang (ans)
blith draphlith/mewn anhrefn
in confusion
Ma popeth in shangdifang in i rhŵm
sbâr.
Mae popeth yn blith draphlith yn
yr ystafell sbâr.
*Everything is in a disorder in the spare
room.*

shamffran (be)
malu   *to ground/to mince*
Paid shamffran di fisgïen fel 'i bod in
mind in fribish drost i llawr.
Paid malu dy fisgïen fel ei bod yn
torri'n friwsion mân dros y llawr.
*Don't ground your biscuit so that it
breaks into small crumbs over the floor.*

shanco (eg)
Man a man a shanco.
Llathen o'r un brethyn yw'r ddau.
Six of one, half a dozen of the other.

shangarthan (be)
cnoi   *to bite*
Wedi briwo a shangarthan pethe'n
ifflon racs (am yr ast).
*To shred and bite things into
smithereens (said of the young bitch).*

shans (eg)
cyfle *chance*
Ches i fowr o shans i fynd ar wilie.
Ches i fawr o gyfle i fynd ar
wyliau.
*I didn't have much of a chance to go on
holiday.*

shantar (ans) (WWW)
anniben *untidy*
drichid in ddigon shantar   edrych
braidd yn anniben   *to look rather
untidy*

shap (eg) **shape** (ell)
ffurf/llun/cyflwr
form/shape/condition
Beth yw'r shap 'ma ar weilod i pictwr?
Beth yw'r ffurf yma ar waelod y
llun?
*What's this form at the bottom of the
picture?*
Shwt shap sy arno nawr?
Sut gyflwr sydd arno nawr?
What's his condition by now?
We'r cacs wedi troi mas bob shape'n i
byd.
Trodd y cacennau allan bob ffurf
dan yr haul.
*The cakes turned out all shapes and
sizes.*
Watsha di na neith i gwynt droi wrth iti
weitho shape fel 'na.
Gwylia di na wnaiff y gwynt droi
wrth iti wneud ystumiau fel yna.
*Beware that the wind doesn't turn as
you pull faces like that.*
Ma shape penna ar do'r shed wedi'r
storom.
Mae cyflwr ofnadwy ar do'r sièd
wedi'r storm.
*The roof of the shed is in a bad state
after the storm.*

shapo (be)

ffurfio/dod yn ei flaen/edrych fel petai *to form/to come along/to look as if*

Shwd ma'r gwaith in shapo 'da chi?

Sut mae'r gwaith yn dod yn ei flaen gennych chi?

How's the work coming along with you?

Mae'n shapo i fod in ddwarnod neis heddi to.

Mae'n edrych fel petai'n mynd i fod yn ddiwrnod braf heddiw eto.

It looks as if it's going to make a fine day again today.

Mae'n shapo i dwmo mas 'na nawr.

Mae'n edrych fel petai'n mynd i dwymo y tu allan nawr.

It looks as if it's going to get warmer outside now.

Mae'n bryd iddo shapo'i stwmps.

Mae'n bryd iddo frysio.

It's time that he made a move on.

Shapa-i! Brysia! *Make a move on!*

shâr (eb)

rhan *share/portion*

Mae wedi câl shâr dda o'r arian.

Mae hi wedi cael rhan dda o'r arian.

She's had a good share of the money.

sharp/sharpach/sharpa (ans)

yn sydyn/cyflym/peniog *sharp/fast/intelligent*

Cerwch o 'ma in weddol sharp!

Ewch oddi yma'n weddol sydyn!

Be off with you sharpish!

Mae'n roces sharp am 'i hoedran.

Mae'n ferch alluog am ei hoedran.

She's an intelligent girl for her age.

Wen i'n 'i weld e lot sharpach.

Roeddwn i'n ei weld yn llawer mwy bywiog.

I saw him much livelier.

sharpo (be)

adfywio (wedi salwch) *to revive/buck up (after illness)*

Wedi'r hen bwl 'ma falle sharpith e lan.

Wedi'r hen bwl o salwch yma efallai y caiff e adfywiad.

After this bout of illness perhaps he'll buck up again.

sharso (be)

erfyn *to implore*

Sharso nw fe i beido â gweud.

Erfynion nhw arno i beidio â dweud.

They implored him not to tell.

shasb (eg)

siasbi *shoehorn*

shawns byth/fyth (adf)

yn anaml iawn *seldom*

Shawns fyth fydd e'n mind i'r tafarn mwyach.

Yn anaml iawn y bydd yn mynd i'r dafarn mwyach.

He seldom goes to the pub nowadays.

shêc (eg)

chwinciad *jiffy*

Bydd i côd sy 'da fi leni in llosgi bant cyn pen shêc.

Bydd y coed sydd gen i eleni yn llosgi mewn chwinciad.

The wood that I have this year will burn in a jiffy.

shêcad (eg)

  fawr o dro *no time at all*

  Fe fidda i 'na miwn shêcad.

  Fe fydda i yna cyn pen fawr o dro.

  I'll be there in no time at all.

sheco (be)

  edrych/archwilio *to check*

  Wedd e'n staro i bobman fel se fe'n sheco shwd le wedd 'ma.

  Roedd yn edrych i bobman fel petai'n edrych sut le oedd yma.

  He was staring everywhere as if he was checking what kind of place this was.

sheden

  (gweler/see shadin*)*

shedren

  ffos *ditch/gutter*

shengel (ans)

  sengl *single*

  dyn shengel dyn di-briod *bachelor*

shengler (eb) **shengleri** (ell)

  canhwyllbren(-nau) *candle(s)*

sheino (be)

  disgleirio *to shine*

sheinog (ans)

  disglair *shiny*

shetwaith (eg)

  twyll *deceit/deception*

  Câth e riwun arall i reito'r pishin in 'i le, 'na beth wedd shetwaith.

  Cafodd rywun arall i ysgrifennu'r gerdd yn ei le, dyna beth oedd twyll.

  He had someone else to write the poem for him, what deception!

shibigir (eb)

  merch ffraeth ei thafod, fusneslyd (WWST) *a busybody*

shibwchlyd (ans)

  (gweler/see shabwchlyd*)*

shibwns (ell) **shibwnsin** (eg)

  wynwyn bach *small onions*

shifi gochon (ell)

  mefus gwyllt *wild strawberries*

shifo (be)

  crebachu/gwaethygu mewn golwg *to deteriorate/to get worse in appearance*

  Sdim golwg dda o gwbwl arni, mae wedi shifo'n ofnadw.

  Does dim golwg dda o gwbl arni, mae wedi torri'n ofnadwy.

  She doesn't look well at all, she seems to have deteriorated badly.

shifflad/shiffad (eg)

  eiliad *an instant*

  mewn shifflad/shiffad mewn eiliad *an instant*

shifflincit (ans)

  distadl/dibwys (WW) *insignificant*

shiffto (be)

  ymdopi/gwneud y tro *to manage/ to make do*

  "Beth sy 'da ti i gino?" "Sai'n siŵr, ond fe shiffta i!"

  "Beth sydd gen ti i ginio?"

  "Dwi ddim yn siŵr ond fe wna i ymdopi!"

"What have you got for dinner?"
"I'm not sure but I'll find something!"
Fe shiffte ni'n brion se ni'n câl awr fach
'to.
Ymdopem ni'n o lew petaen ni'n
cael awr fach eto.
*We'd manage all right if we had
another hour.*

shigandod (eg)
maldod (WWW) *pampering*

shigen (eb)
cors/mignen *bog/quagmire*
tir corsog lle ma'r ddeiar in shiglo
odano ti
*a boggy land where the ground moves
under you.*

shiglad (eg)
ysgydwad/ergyd
a shaking/a blow/a knock (of feeling)
Se chi'n câl shiglad nethech chi ratlan,
siŵr o fod.
Petaech chi'n cael ysgydwad fe
wnaech ratlo, debyg iawn.
(sôn am rywun sy'n cymryd tabledi
di-ri)
*If you were given a shake you'd
probably rattle. (said of someone who
takes many tablets)*
Câth ardal gifan shiglad gas pan getho
nw'u lladd.
Cafodd yr ardal gyfan ergyd gas
pan lladdwyd hwy.
*The whole area was shaken when they
were killed.*

shiglo (be)
siglo *to shake*
Ma côs i ford in shiglo fel cwt i fuwch.
Mae coes y bwrdd yn siglo fel
cynffon y fuwch.

The table leg is unstable.
*(lit. The table leg shakes like the tail
of a cow.)*
Sdim fowr o amser ar ôl ond rhaid
shiglo arni.
Does fawr o amser ar ôl ond rhaid
bwrw ymlaen.
*There's not much time left but we must
carry on.*
shiglo'n wagal siglo'n ôl ac ymlaen
to shake to and fro

shigo (be)
ysigo *to sprain*
Sai'n moyn cered ar i cerrig, falle shigen
i 'migwrn arni nw.
Dw i ddim am gerdded ar y cerrig,
efallai ysigwn fy migwrn arnyn
nhw.
*I don't want to walk on the stones, I
might sprain my ankle on them.*

shigwdad (eb)
ysgydwad *a shake*
Ma ishe shigwdad dda ar i crwt am fod
mor ddi-wardd.
Mae angen ysgydwad dda ar y
bachgen am fod mor ddrwg.
*The boy needs a good shake for being
so mischievous.*

shigwdo (be)
ysgwyd *to shake*

shigwti (ebg)
sigl-i-gwt *wagtail*
ladi fach sy'n cerdded yn fân ac yn
fuan *a little madam*

shilblens (ell)
llosg eira *chilblains*

shilfoch (eb)
   ceg (CShB) *mouth*

shilgots (ell) **shilgotsyn**
   brithyll y dom *minnow(s)*
   We ni'n arfer pisgota shilgots 'da pot
   jam pan we ni'n fach.
   Roedden ni'n arfer pysgota
   brithyllod y dom â phot jam pan
   oedden ni'n ifanc.
   We used to fish minnows with a jam
   jar when we were young.

shils (ell)
   darnau bach *small pieces*

shime/shimle (eb) **shimeie** (ell)
   simnai simneiau *chimney*
   Seno'r shime 'ma'n tinnu.
   Dyw'r simnai hon ddim yn tynnu'r
   mwg.
   This chimney doesn't draw the smoke.

shinach (ebg)
   Hen shinach wedd hi.
   Hen hoeden oedd hi.
   She was a sly old woman.

shinachan (be)
   pigo (bwyd) *to pick (one's food)*
   Paid â shinachan di gig fel 'na!
   Paid â phigo dy gig fel yna!
   Don't pick at your meat like that!

shincin (eg)
   bara te (WWST) *bread in tea*

shinco (be)
   suddo/prinhau
   to sink/to become scarce
   Ma'r oil wedi shinco'n jogel in i tanc.

Mae'r olew wedi prinhau'n
rhyfedd yn y tanc.
The oil has sunk considerably in the
tank.
Er 'i fod in pwlffagan 'da'r disgu, bach
iawn sy'n shinco miwn.
Er ei fod yn ymdrechu'n galed
gyda'r dysgu, ychydig iawn mae'n
ei gofio.
Although he strives hard with his
education, very little sinks in.

shiprys (eg ans)
   cnwd o haidd a cheirch wedi'i
   gymysgu *a mixture of barley and oats*
   siarad shiprys siarad cymysgedd
   o Gymraeg a Saesneg *to speak a*
   mixture of Welsh and English
   bachan shiprys dyn di-ddal
   an unpredictable man

shiréw/sheréw (ans)
   anghwrtais ac annymunol (am
   wraig) *rude (of woman)*
   Hen fenyw shiréw mae wedi bod ariôd.
   Mae hi wedi bod yn fenyw
   anghwrtais erioed.
   She's always been a rude old woman.

shishwrn (eg) **shishwrne** (ell)
   siswrn sisyrnau *scissor(s)*

shiwanod (ell)
   defaid neu ŵyn gwael yr olwg
   a fagwyd ar borfa brin llethrau'r
   mynydd
   sheep or lambs of poor appearance,
   raised on the sparse mountain grass

shiwryn (eg)
   yswiriant *insurance*

shochad (eg)
cegaid/llymaid/llond pen (WWP)
a mouthful

shòl (eb) **shole** (ell)
siôl(-iau) *shawl(s)*

sholyn
llwyth bychan *a small load*

shoncod (ell)
meddwon (WW) *drunkards*

shoncen (eb)
tymer (WW) *temper*
am ferch ifanc (anwyldeb)
of a young girl (endearment)

shops (ell) **shopsen** (eb)
golwyth(-en)/cern(-au)/gên(-au)/
cernod
chop(s)/cheek(s)/jaw(s)/slap
Beth yw'r slab sy 'da ti ar di shops?
Beth yw'r llanast sydd gen ti ar dy
wyneb?
*What's that mess you've got on your
face?*
Ces i shopsen 'dag e.
Cefais gernod ganddo.
He gave me a clout.

shopsan (be)
cario clecs *to gossip*

shorsyn (eg)
(meddwi) yn swp/yn gaib
(WWST) *to be blind drunk*

short (eg) **shorte** (ell)
math(-au) *sort(s)*
Ma hwn yn wanol short i'r un sda ni.

Mae hwn yn fath gwahanol i'r un
sydd gennym ni.
*This one is different to the one we
have.*
Ma wanieth shorte o ddaffodils i gâl.
Mae gwahanol fathau o gennin
Pedr i'w cael.
*There are various kinds of daffodils to
be had.*

shorto mas (be)
rhoi mewn trefn/didoli *to sort out*

shot (eg) **shotsen** (eb)
cynnig *a try/a shot*
Rho shot arall arni!
Rho gynnig arall arni!
Give it another try!
Peidwch poeni dim, bidda i 'da chi
miwn shot.
Peidiwch â phoeni dim, bydda i
gyda chi mewn eiliad.
*Don't worry at all, I'll be with you in
a jiff.*
Fe ddiflannodd fel shot.
Fe ddiflannodd ar unwaith.
He disappeared like a shot.

show (eb)
sioe/rhyfeddod *a show/a wonder*
Ma show gweld y borfa nawr, ma ishe'i
thorri ddi'n imbed.
Mae'n olygfa gweld y lawnt nawr,
mae angen ei thorri yn druenus.
*The lawn is a sight to behold, it needs
cutting terribly.*
Show clwêd hi'n canu!
Mae'n rhyfeddod i'w chlywed yn
canu!
It's a wonder to hear her sing!

shwc-shac

sŵn traed gwlyb *sound of wet feet*
We'i sŵn e i glwêd in mind shwc-shac ar hyd i clos.
Roedd ei sŵn i'w glywed yn slwtsian ar hyd y buarth.
One could hear him going squelch squelch across the farmyard.

shwff-di-mwl

(gweler/see shwl-di-mwl)

shwgir (eg)

siwgr *sugar*

shwl-di-mwl

anhrefn llwyr *disorder/chaos*
Ma'r cifan wedi mind in shwl-di-mwl gida'r trefniade.
Mae'r cyfan wedi mynd yn anhrefn llwyr gyda'r trefniadau.
Everything has become a chaos with the arrangements.

shwl-shal (ans)

anniben *untidy*
'Na fenyw fach shwl-shal yw hi obiti'r tŷ.
Dyna wraig fach anniben yw hi o gwmpas y tŷ.
What an untidy little lady she is around the house.

shwnto (be)

siyntio/symud *to shunt*
Ma nw'n shwnto'r trycs ar i reils.
Maen nhw'n siyntio'r tryciau ar y cledrau.
They are shunting the trucks on the rails.

shwps/tshwps (ans)

yn ddarnau mân *in small pieces*

We'r papure in shwps ar i llawr.
Roedd y papurau yn ddarnau mân ar y llawr.
The papers were in small pieces on the floor.

bod yn shwps o annwid bod yn gors o annwyd *to be full of cold*
bleino'n shwps blino'n lân *to be dead tired*

shwpsad (eg)

câl shwpsad difetha rhywbeth drwy blygu/gwasgu *to spoil something by bending/squashing*
So'r pictwr 'ma werth dim wedi câl shwpsad fel hyn.
Dyw'r llun hwn yn werth dim mwyach wedi ei blygu fel hyn.
This picture is worthless after being bent like this.

shwpsan/shwpso (be)

dinistrio *to damage*

shwpsyn (eg)

pentwr *a heap*
Gadodd hi'r pilyn in un shwpsyn glyb ar i llawr.
Gadawodd hi'r dilledyn yn un pentwr gwlyb ar y llawr.
She left the garment in a wet heap on the floor.

shwpso (be)

difetha *to spoil*
Shwpsodd 'i waith cartre in 'i stampen fach wyllt.
Difethodd ei waith cartre yn ei natur wyllt.
He spoiled his homework when he lost his temper.

shwrlen (eb) **shwrls** (ell)

egwyd(-ydd) *fetlock(s)*

shwrlog (ans)

gydag egwyd *with fetlocks*
dafad shwrlog   dafad â chot hir o
wlân   *a sheep with a long fleece*

shwrne (eb)

siwrnai/taith/unwaith
journey/once/as soon as
Shwrne weles i ddi'n bwgwth glaw, es i
miwn i'r tŷ.
Unwaith y gwelais i hi'n bygwth
dod i'r glaw, euthum i mewn i'r
tŷ.
*Once I saw it was threatening to rain,
I went inside.*
Shwrne stedda i lawr dwi fel clwtyn.
Unwaith imi eistedd dwi wedi
ymlâdd.
Once I sit down I feel exhausted.

shwrne shawns (adf)

nawr ac yn y man   *now and again*
Mae'n galw 'co shwrne shawns.
Mae hi'n galw acw nawr ac yn y
man.
She calls with us now and again.

shwrwms (ans)

yn yfflon   *utterly broken*
Cwmpodd i basgeded o wie lawr in
shwrwms.
Cwympodd y fasgedaid o wyau i
lawr yn yfflon.
*The basketful of eggs fell and they
utterly broke.*

shwt (rhag. gof.)

sut *how*
Beth yw shwt beth â hyn?

Beth yw'r fath beth â hyn?
Whatever is such a thing?

shwt mae heddi

Dim ond shwt mae heddi geith e 'da fi.
Ni wnaf fawr o sylw ohono.
I shan't take much notice of him.

shw'waith?

beth am? *what about?*
Shw'waith se chi'n galw dy Sul?
Beth am ichi alw ddydd Sul?
What about you calling on Sunday?

sichad (eg)

syched *a drying*

sichder (eg)

sychder *drought*

siched (eg)

syched *thirst*

sidan (ans)

sydyn/doniol   *sudden/funny/comical*
Buodd hi farw'n sidan iawn.
Bu hi farw'n sydyn iawn.
She died suddenly.
Ma rhwbeth in sidan iawn indo.
Mae rhywbeth yn ddigri iawn yn
ei gymeriad.
*There's something quite comical about
him.*

sifil (ans)

difrifol *serious*
Drichodd hi'n sifil ar i crwt.
Edrychodd hi'n ddifrifol ar y
bachgen.
She looked seriously at the boy.
'Na olwg sifil sy ar ir hen bobol in i llun.
Dyna olwg ddifrifol sydd ar yr hen
bobl yn y llun.

The old people look so serious in the photograph.

silwi (be)

sylwi *to notice/to take notice*

Silwith e ar ddim byd dwi'n weud wrtho.

Dyw e ddim yn sylwi ar ddim byd dwi'n ei ddweud wrtho.

He takes no notice of what I tell him.

sim/sdim

does dim *there is no...*

Sim iws gweud dim byd wrthi.

Fiw inni ddweud dim byd wrthi.

We dare not tell her anything.

simach (eg)

sylw (WWST) *notice*

simud (be)

symud *to move*

Sdim simud arno.

Mae e'n gwrthod symud.

It won't budge.

sindod (eg)

syndod *surprise*

Mae'n sindod o dda wedi'r drinieth.

Mae hi'n syndod o dda wedi'r driniaeth.

She's surprisingly well after the operation.

sinnu (be)

synnu *to wonder/to surprise*

Sinen i fochyn na werthe nw'r lle.

Synnwn i damaid na werthen nhw'r lle.

I should not be surprised if they sold the place.

Siôn

Rhwbeth i dinnu Siôn i'r wledd we cinnig fel 'na.

Rhywbeth i demtio rhywun drwy gynnig rhywbeth iddo am ddim oedd hynna.

To tempt someone by giving him something for free, so as to entice him to buy more.

siopreg (eb)

gwraig siop *a female shopkeeper*

Sisneg (eg)

Saesneg *English*

Sdim ishe i chi wasto'ch Sisneg arna i, dwi'n siarad Cwmrâg in iawn.

Does dim eisiau i chi wastraffu eich Saesneg arna i, dwi'n medru'r Gymraeg yn iawn.

There's no need for you to waste your English on me, I speak Welsh fluently.

sithlyd (ans)

oerllyd *cold/shivery*

Wdw i'n teimlo'n sithlid in i tewi 'ma heb got.

Rydw i'n teimlo'n oerllyd yn y fath dywydd heb got.

I feel shivery in this weather without a coat.

sithu (be)

oeri/rhynnu *to get cold/to shiver*

Mae'n ddigon ôr i sithu'r brain.

Mae'n ddigon oer i rynnu'r brain.

(lit. It's cold enough to freeze the crows.)

siw na miw

(gweler/see .bo na ba)

siwto (be)

bod yn addas *to suit*

slab (eg)

llanast *a mess*

Beth yw'r slab 'na sy ar di wmed?

Beth yw'r llanast yna sydd ar dy wyneb?

What's that mess you've got on your face?

'Na beth yw slab!

Dyna lanast!

What a mess!

bob slab bob yn dipyn *bit by bit*

Ma'r dydd yn goleuo bob slab.

Mae'r dydd yn goleuo bob yn dipyn.

The day is getting lighter bit by bit.

Mae'n dwâd mlân bob slab 'da ni.

Mae'n dod ymlaen bob yn dipyn gennym ni.

It's coming along bit by bit with us.

slabdash (ans)

rywsut rywsut

any old how/without care

slabog (ans)

gwlyb a diflas (am dywydd)

wet and miserable (of weather)

slabyn (eg) **slaben** (eb)

dyn mawr/menyw fawr

a big man/a big woman

We Twm Carnabwth in slabyn o ddyn 'nôl i sôn.

Roedd Twm Carnabwth yn ddyn mawr yn ôl y sôn.

Twm Carnabwth was a big man according to legend.

slabran (be)

difwyno *to mess*

Slabranodd e'r paint drost i ford i gyd.

Difwynodd e'r paint dros y bwrdd i gyd.

He messed the paint all over the table.

slac (ans)

dala slac in dynn segura/ateb i gwestiwn busneslyd *to idle/answer to inquisitive question*

"Beth wit ti'n neud i diddie hyn?" "Dala slac in dynn."

"What are you doing these days?" "This and that."

slaco (be)

arafu (am law) *to ease(of rain)*

Mae fel se'i 'di slaco bwrw tam'bach.

Mae fel petai wedi arafu bwrw rhyw ychydig.

The rain seems to have eased a little.

slafdod (eg)

gwaith llafurus *toilsome work*

slafish (ans)

slafus/llafurus *industrious*

slafo (be)

gwneud gwaith llafurus

to do toilsome work

Mae e wrthi'n slafo bob dydd i gâl i tŷ'n barod.

Mae e wrthi'n gwneud gwaith llafurus bob dydd i gael y tŷ'n barod.

He toils away every day to get the house ready.

slamo (be)

cau yn glep *to slam*

Slamodd hi'r drws in 'i wmed e.
Caeodd hi'r drws yn glep yn ei wyneb.
She slammed the door in his face.

slashen (eb)
menyw fawr *a large woman*

slashyn (eg)
dyn mawr *a large man*

slatad (eg)
curfa *a beating/a thrashing*
Cetho nw slatad in i gêm.
Cawson nhw eu curo'n llwyr yn y gêm.
They were thoroughly beaten in the game.

slâten (eb) **slâts** (ell)
llechen llechi *slate(s)*

slawer dy/slower dy (adf)
ers llawer dydd *in bygone days*
Slawer dy fe fise'r plant in cered i'r isgol.
Ers talwm fe fyddai'r plant yn cerdded i'r ysgol.
In bygone days, children would walk to school.

slecht (eg)
llanast/diflastod (tywydd)
a mess/disagreeable (weather)
Âth i wi in slecht ar i llawr.
Aeth yr wy yn llanast ar y llawr.
The egg fell in a mess on the floor.
'Na slecht o ddwarnod yw hi heddi.
Dyna ddiwrnod diflas heddiw.
What a disagreeable day today.

sledj (eg)
car llusg *sledge*
Mae mor dwp â sledj os dyw hi'n credu 'na.
She's as thick as two short planks if she believes that.

sleiben/sleibren (eb)
menyw gyfrwys *a sly woman*

sleibyn/sleibryn (eg)
dyn cyfrwys *a sly man*

sleidro (be)
llithro *to slip/to slide*
Fe sleidrodd hi ar i stania.
Fe lithrodd hi ar y rhew du.
She slipped on the black ice.

sleishyn (eg) **sleishys** (ell)
sleisen *a slice*
Bydd sleishyn o facwn in ddigon.
Bydd sleisen o facwn yn ddigon.
A slice of bacon will be enough.

sleit (ans)
main *thin/slight*
Odi ddi'n bita'n iawn? Ma golwg sleit iawn arni.
Ydy hi'n bwyta'n iawn? Mae golwg fain iawn arni.
Does she eat well? She looks very slight.

slewc
ar slewc ar dro *tilting/distorted*
Wdw i'n gweld pethe ar slewc i gyd gida'r glasis 'ma.
Rwy'n gweld pethau ar dro i gyd gyda'r sbectol hon.
I see everything distorted with these spectacles.

slic (ans)

cyflym *slick/fast*

Rhoiodd hi gliriad slic i'r twmbwriach.

Rhoes hi gliriad cyflym i'r
annibendod.

She quickly cleared the untidy mess.

slimin/slimyn (eg)

dyn tal, tenau *a tall, slim man*

slimin/slimyn bacwn (eg)

ystlum *a bat*

We nw'n arfer credu os ethe slimyn
bacwn miwn i'ch gwallt ddethe fe ddim
mas.

Roedden nhw'n arfer credu petai
ystlum yn mynd i mewn i'ch
gwallt ni ddeuai allan.

*It was once believed that if a bat got
into your hair it wouldn't come out of
there.*

slipen (eb)

genethig *a slip of a girl*

slips (o blant) (ell)

plant ifanc *young children*

slipo (be)

picio/rhedeg

to run/to go hurriedly (GDD)

Slip lan i Crimich i gâl cig ar gifer fory.

Rhed lan i Grymych i gael cig ar
gyfer yfory.

*Run up to Crymych to get meat for
tomorrow.*

slipyn (eg)

bachgennyn *a slip of a boy*

sliw fowr (eb)

meddwad *a booze up*

Etho ni ar i sliw fowr neithwr.

Cawson ni feddwad neithiwr.

We went on the booze last night.

slops (ell)

gwaddodion *slops*

slops te *tea slops*

pail slops bwced gwaddodion
slops bucket

slorwm (eb)

neidr ddefaid *slow-worm*

Ma'r slorwm in ddigon diniwed.

Mae'r neidr ddefaid yn ddigon
diniwed.

The slow-worm is harmless enough.

slwdj/slwtsh (eg)

llaid *mud/sludge*

We'r eira in ddigon o slwtsh tu fas i'r tŷ
wrth iddi ddadleth.

Roedd yr eira yn ddigon o slwtsh
y tu allan i'r tŷ wrth iddi ddadlaith.

*The snow was a mess outside the house
as it melted.*

slwmbran (be)

hepian cysgu *to slumber*

Slwmbranes i o flân i tân.

Es i hepian cysgu o flaen y tân.

I slumbered in front of the fire.

smwglin (eg)

tafarn smwglin tafarn heb drwydded
i werthu diod *a pub with no licence
to sell drinks*

snobs (ell)

snwffian *snivel*

Sych i snobs 'na o di wmed.
Sych y snwffian yna oddi ar dy
wyneb.
Dry that snivel from your face.

snwcs (eg)
term chwareus i alw rhywun
a droll way of naming someone
Beth ma'r snwcs bach wedi neud 'to?
Beth mae'r adyn bach wedi'i
wneud eto?
What has the little mite done again?

snwffo (be)
to sniff
Beth ma'r ci in snwffan fan'na?
Beth mae'r ci yn snwffian fan yna?
What's the dog sniffing there?

sobor (ans)
sobr *serious*
Wel i sobor mowr!
Mawredd mawr!
Heavens above!
Wedd hi'n sobor o falch i weld e.
Roedd hi'n hynod o falch i'w
weld e.
She was truly glad to see him.

sôcad (eg)
gwlychfa *a soaking*

sôco/socan (be)
rhoi yn wlych *to soak*

sofol (ell)
sofl *stubble*

soga (eb)
menyw dew, fronnog (difrïol)
(WWP) *fat woman with large bust*

solffeio (be)
dysgu neu ganu sol-ffa
to learn or sing sol-fa

sôn (eg)
mention
Sim iws sôn am dalu.
Fiw inni sôn am dalu.
We dare not mention about paying.

sopas (eg)
blawd ceirch a llaeth enwyn a
fwytir yn oer   *oatmeal and*
buttermilk eaten cold

sopas (ans)
yn wlyb gan chwysu
to be wet with sweat
in sopa stecs   yn chwys diferol
sweating profusely

sopen (eb)
gwraig gorffog, ddisymud (difrïol)
(WWST)   *a large woman*
(ans) diferol   *dripping*
Wen i wedi glwchu'n lyb sopen.
Roeddwn wedi gwlychu'n wlyb
diferol.
I was dripping wet.

sowdwl (eb) **sodle** (ell)
sawdl   sodlau   *heel(s)*

sowdlwr/sodlwr (eg)
ci sy'n cnoi anifeiliaid ar y sodlau
a dog that bites animals on the heels

sown (ans)
yn wir   *indeed*
Odi sown mae e'n gwbod!
Ydy'n wir mae e'n gwybod!

Yes indeed he knows!
We, we sown, we nw'n cituno.
Roedden yn wir, roedden nhw'n
cytuno.
Yes indeed, they agreed.

sownd (ans)
tyn *tight*
Clwmo nw'r ci in sownd wrth i postyn.
Clymon nhw'r ci yn dynn wrth y
postyn.
They tied the dog tightly to the post.

spanish (ell)
melysion du *liquorice*

stablan (be)
gwneud llanast o rywbeth
to make a mess of something

stâd (eb)
ystad *state/estate*
Mae e'n handlo'i hunan in iwch na'i
stâd.
Mae e'n ymwareddu mewn ffordd
sydd yn uwch na'i ystad.
*He conducts himself in a way that is
above his station.*

stagyn (eg)
un bach byr, solet (CShB)
a short and stocky person

stambar (ans)
garw/afreolus *rough/unruly*
Wit ti'n weddol stambar nawr.
Rwyt ti'n weddol afreolus nawr.
You are rather unruly now.

stambaredd (ans)
diofal wrth drin rhywbeth *careless*

Wedd hi'n weddol stambaredd gida'r
llifir.
Roedd hi'n weddol ddiofal wrth
drin y llyfr.
*She was rather careless in handling the
book.*

stampan (be)
neidio a tharo'r traed ar y llawr
mewn tymer ddrwg
*to jump and stamp one's foot on the
floor in a bad temper*

stampen (eb)
natur wyllt *a bad temper*
Ma'r stampen fach in codi'n weddol
amal.
Mae'n gwylltio'n weddol aml.
She/he is quite often in a bad temper.

stania (eg)
rhew/iâ du *black ice*
Sdim byd mwy dansheris na'r stania ar
ir hewl.
Does dim byd yn fwy peryglus na'r
rhew du ar yr heol.
*There's nothing as dangerous as black
ice on the road.*

stando (be)
ystyried/meddwl *realize/think*
Standes i ddim gweud 'tho chi na
fidden i ddim getre.
Ystyriais i ddim dweud wrthoch
chi na fuaswn i gartre.
*I didn't think of telling you that I
would not be at home.*

stansh (ans)
crand/mawreddog/sylweddol
swank/genteel/substantial
Ma golwg fach weddol stansh arni.

Mae golwg fach weddol grand arni.

She looks rather genteel.

Ma hwn yn bryd stansh.

Mae hwn yn bryd sylweddol.

This is a substantial meal.

stapal (eb) **staple** (ell)

stwffwl styffylau *staple(s)*

staplo (be)

styffylu *to staple*

starfllyd (ans)

newynog *hungry*

Ma golwg wedddol starfllyd ar i cerins.

Mae golwg weddol newynog ar y trueiniaid.

The poor souls look quite hungry.

starfo (be)

newynu *to starve*

staro (be)

llygadrythu *to stare*

Starodd hi arno'n syn.

Llygadrythodd hi arno'n syn.

She stared at him in astonishment.

stashen (eb)

mwstashen *moustache*

stât (eg)

cyflwr *state*

Dilech chi fod wedi'i weld e, wedd e miwn shwt stât.

Dylech chi fod wedi ei weld e, roedd e yn y fath gyflwr.

You ought to have seen him/it, he/it was in such a state.

stecs (ell)

baw/llaid *mud*

'Na stecs wedd ar i clos wedi iddi fwrw.

Dyna laid oedd ar y buarth wedi iddi fwrw glaw.

The farmyard was in such a mess after it rained.

Mae'r plant in ddigon jocôs i whare in i stecs a'r baw.

Mae'r plant yn ddigon hapus i chwarae yn y baw a'r llaid.

The children are happy enough to play in the mud.

stecsan (be)

difwyno/difetha/gwneud llanast o rywbeth *to spoil*

stecslyd (ans)

budr/lleidiog a gwlyb

dirty/muddy and wet

Gwishg di got, mae'n weddol stecslyd mas 'na.

Gwisg dy got, mae'n weddol lleidiog a gwlyb y tu allan.

Put on your coat, it's rather muddy and wet outside.

stecsyn (eg)

rhywbeth budr/lleidiog

something dirty/muddy

'Na hen stecsyn o ddwarnod heddi 'to.

Dyna ddiwrnod budr heddiw eto.

What dirty weather yet again today.

stegetsh (ans)

gwlyb iawn *very wet*

Wdw i wedi glwchu his i cwrên a ma 'ngot i'n stegetsh.

Rydw i wedi gwlychu hyd at y croen ac mae fy nghot yn wlyb drwyddi.

I'm wet through to the skin and my coat is dripping wet.

steiff (eg)

arogl mwg a adewir mewn stafell
the smell of lingering smoke in a room
Agorwch i ffenest wir, ma steiff ofnadw miwn 'ma.
Agorwch y ffenest yn wir, mae arogl mwg ofnadwy i mewn yma.
Open the window indeed, there's a terrible smell of smoke in here.

steil (eg)

cyfenw *surname*
Beth yw 'i steil e?
Beth yw ei gyfenw?
What's his surname?

stên (eb) **stene** (ell)

ystên ystenau *pitcher(s)*

stened (eb) **steneidi** (ell)

llond ystên (ystenau) *a pitcherful(s)*

sticil (eb)

camfa *stile*

stico (be)

brysio/dyfalbarhau/gludio
to make haste/persevere/to stick
Stic di ati in ir isgol a dewi di mlân in o lew.
Dyfalbarha yn yr ysgol ac fe ddoi di ymlaen yn o lew.
Persevere at school and you'll make good progress.

stiff (ans)

anystwyth/amharod *stiff/reluctant*
Wdw i'n teimlo'n stiff drosta i wedi slafo dwê.

Mae fy holl gorff yn anystwyth wedi ei gorwneud hi ddoe.
I feel stiff all over after having overworked yesterday.
Wedd 'i'n weddol stiff 'da hi i godi'n fore.
Roedd hi'n weddol amharod i godi'n fore.
She was rather reluctant to get up early.

stiffdra (eg)

anystwythder yn y corff *stiffness*
We stiffdra rhifedd 'dag e in 'i fraich.
Roedd anystwythder mawr ganddo yn ei fraich.
He felt a terrible stiffness in his arm.

stiffhau (be)

anystwytho *to stiffen*
Ma 'ngoese i wedi stiffhau'n ofnadw wedi cered cwmit dwê.
Mae fy nghoesau wedi anystwytho'n ofnadwy ar ôl cerdded cymaint ddoe.
My legs have stiffened terribly after walking so much yesterday.

stiffni (eg)

anystwythder *stiffness*

stiffrwydd (eg)

anystwythder *stiffness*

stîl (eb)

haearn smwddio *iron*

stîlad (eg)

to have been ironed
Odi'r crys wedi câl stîlad?
Ydy'r crys wedi cael ei smwddio?
Has the shirt been ironed?

stîlo (be)

    smwddio *to iron*

stillen (eb) **stillod** (ell)

    styllen styllod *plank(s)*

    Sach 'i fod e wedi hifed cwmint wedd e'n sefill fel stillen.

    Er ei fod wedi yfed cymaint roedd yn sefyll cyn sythed â saeth.

    Although he had drunk so much, he stood as straight as a ramrod.

stîm (eg)

    ager/anwedd *steam*

    codi'n ffwl stîm codi'n frwd

    getting up/raring to go

stîmo (be)

    anweddu *to steam*

    Ma'r ffenestri 'ma wedi stîmo lan.

    Mae anwedd ar y ffenestri hyn.

    The windows have steamed up.

stimogus (ans)

    stumogus/archwaeth da at fwyd

    a good appetite

    bod ag awch am wneud rhywbeth

    to have ardour to do something

    Ma gofyn bod in stimogis cyn dachre ar shwd waith.

    Rhaid bod ag awch cyn dechrau ar y fath waith.

    One must be enthusiastic before commencing such work.

stirics (ell)

    sterics *hysteria*

stiwpid (ans)

    ystyfnig *stubborn (not stupid)*

    Cer miwn i'r car a paid bod mor stiwpid.

Dos i mewn i'r car a phaid â bod mor ystyfnig.

Get into the car and don't be so stubborn.

stocyn (eg)

    tas *stack*

    Mae'n sefyll lan fel stocin.

    Mae'n sefyll fel tas.

    It stands up like a stack.

stode (ell)

    ystodau = rhesi o wair newydd ei ladd (WWP) *swath(s)*

stofi (be)

    stofi magle ar wâll rhoi maglau ar wäell *to put stitches on knitting needle*

stoncyn (eg)

    un byr (styfnig hefyd) (CShB)

    a short (and stubborn) person

stond (eb)

    casgen fawr *a large barrel*

    sefyll in stond *to stand motionless/still*

    Safodd e'n stond pan welodd e'r ci in seso arno.

    Safodd yn ei unfan pan welodd e'r ci yn llygadrythu arno.

    He stood still when he saw the dog staring at him.

stond olchan (eb)

    casgen fawr i gadw bwyd y moch

    a large barrel to hold the pig's feed

storáis/storiáis (ell)

    storïau *stories*

storws (eb)

lle i gadw grawn

granary/over another building

stowne (ell)

pyliau dwl o bwdu/colli tymer

tantrums

Ma rhyw stowne rhifedda 'da'r crwt.

Mae'r bachgen yn cael rhyw byliau dwl rhyfeddaf.

The boy has awful tantrums.

stownllyd (ans)

gwamal/naturus/di-ddal (CShB)

fickle/unreliable

stra (eb)

(ar strae) crynhoi'r defaid/ crwydryn (am anifail)

gathering of sheep (WW) */astray/a straying animal*

Ma tair stra: stra gneifio, mynd ar ôl y defaid gwlanog, stra ŵyn gwrywod a stra ŵyn fenwod (er mwyn eu rhwystro rhag cymharu).

There are three sorts of gatherings: the gathering for shearing, gathering of male lambs and the gathering of female lambs.

strab (eg) **strabs** (ell)

cymeriad cymeriadau lliwgar, direidus *colourful and mischievous character(s)*

'Na strabs yw nw! Sdim dal beth new nw.

Dyna gymeriadau! Does dim dal beth wnân nhw.

What characters! There's no telling what they'll do.

straffaglan (be)

ymegnïo/ymdrechu *to strive*

We'r hen bobol in straffaglan i siarad Sisneg gore galle nw.

Roedd yr hen genhedlaeth yn ymdrechu i siarad Saesneg orau fedren nhw.

The old generation strived to speak English as well as they could.

strait/streit (adf)

(ar) unwaith *at once*

Bidda i'n dwâd gatre strait bennith i cifarfod.

Byddaf yn dod adref ar fy union unwaith i'r cyfarfod orffen.

I shall come home as soon as the meeting finishes.

straps (ell)

curiadau â strapen *blows by a strap*

Wit ti'n macsu am gwpwl o straps os na fihafi di.

Rwyt ti'n gofyn am gael dy guro â'r strapen os na wnei di fihafio.

You're asking for a strapping if you don't behave.

streino (be)

ysigo *to sprain*

Mae wedi streino'i chewn wrth gisho codi'r consárn mowr.

Mae hi wedi ysigo ei chefn wrth geisio codi'r llwyth enfawr.

She has sprained her back trying to lift the heavy load.

streit (adf)

yn syth *instantly*

streit bang (adf)

ar amrantiad *in an instant/at once*

Fe wedith e streit bang beth mae e'n feddwl.

Fe ddywed ar amrantiad beth sydd
ar ei feddwl.
He'll say at once what's on his mind.

sreitno (be)
unioni *to sraighten*
Streitna'r pictwr 'na, mae e tam'bach
ar slewc.
Uniona'r llun yna, mae e ychydig
ar dro.
*Straighten that picture, it's tilting
slightly.*

stribyn (eg) **stribs** (ell)
stribed(-i) *strip(s)*

strocen (eb) **strôcs** (ell)
gwaith/gweithred/gorchest
a stroke of work/act/achievement
Sai wedi neud strocen prinhawn 'ma.
Dwi ddim wedi gwneud unrhyw
waith prynhawn heddiw.
*I haven't done a stroke of work this
afternoon.*
'Na strocen 'i bod hi wedi câl gwaith
'da'r Brifisgol.
Dyna gamp ei bod wedi cael
gwaith gan y Brifysgol.
*What an achievement for her to have a
job with the University.*

strocs (ell)
pranciau *capers*

strongol mowr (eg)
rhywun/rhywbeth mawr
a large thing/person

stryglan (be)
ymdrechu'n galed/brwydro
to struggle

stwbwrn (ans)
ystyfnig *stubborn*

stwbwrno (be)
ystyfnigo *to be stubborn*

stwc (eg)
hen lestr menyn (un pren) (CShB)
neu i ddal llaeth *a vessel to hold
butter or milk*
dan stwc o'r golwg/di-sôn-amdano
(WW)
Câth 'i fagu dan stwc.
Cafodd ei faldodi a'i ddifetha pan
oedd yn blentyn.
He was spoilt as a child.

stwco (be)
codi nifer o ysgubau i bwyso ar ei
gilydd (WW) *to lift several sheaves
to lean against each other*

stwden (eb) **stwds** (ell)
styden styds *stud(s)*
Wedd e lan his at i stwden neithwr
lwêth.
Roedd yn feddw gaib neithiwr
drachefn.
He was blind drunk last night again.

stwffin (eg)
Mae e'n tinnu'r stwffin mas o ddyn.
Mae'n gwneud i rywun deimlo
wedi ymlâdd yn llwyr.
It takes the stuffing out of one.

stwffo (be)
gorfwyta *to stuff (of food)*
Tolia 'nei di! Paid stwffo cwmint!
Bydd yn gymhedrol! Paid â
gorfwyta cymaint!
Slow down! Don't stuff so much food!

stwffo gwellt (be) gwenieithio/
gorganmol *to flatter/to over-praise*

stwmo (be)

enhuddo *to bank up (fire)*
We chi'n stwmo'r tân cyn mind i'r gwely
a wedyn we chi'n torri'r stwmin in i
bore.
Byddech chi'n enhuddo'r tân cyn
mynd i'r gwely (h.y. rhoi glo mân
ar y tân) ac wedyn byddech chi'n
torri twll â phocer ynddo yn y
bore.
*You banked up the fire before going to
bed and then you would pierce a hole
in it with a poker in the morning.*

stwmpan (be)

ymdrechu *to strive*
We rhei oheni nw'n stwmpan gida'r
iaith.
Roedd rhai ohonyn nhw'n
ymdrechu gyda'r iaith.
*Some of them were striving with the
language.*

stwmpyn (eg) **stwmps** (ell)
butt-end(s)

stwne (ell)
pyliau o bwdu/colli tymer (WW)
tantrums

stŵr (eg)
câl stŵr cael pryd o dafod
to have a telling off

stwro (be)
rhoi pryd o dafod
to give a telling off
Stwrodd i titsher i plant am fod mor
ddi-wardd.

Rhoes yr athro bryd o dafod i'r
plant am fod mor ddrwg.
*The teacher gave the children a telling
off for being so naughty.*

stwythan (be)
ystwytho *to make flexible*
Sen i'n galled stwythan in unan i gyd
nawr, i gal gwared o'r gwinie 'ma, se 'i'n
dda 'da fi.
Petawn i'n gallu ystwytho fy hun i
gael gwared o'r cryd cymalau hyn,
byddai'n dda gennyf.
*If only I could flex my limbs, so as to
get rid of this arthritis I would be very
grateful.*

swabant (adf)
ar ei hyd (WWST) *flat*

swabar (ans)
(WWW) wedi eich gwlychu
to be soaked
'in swabar in ganol llâth a pishwel'
'wedi eich gwlychu yng nghanol
llaeth a biswail'
*to be soaked in the middle of milk and
cow urine*

swache (ell)
ystumiau *grimaces*

swae/swai (eg)
sŵn siarad *noise/talk*
We lot o swae 'da pobol pan geio nw'r
isgol fach.
Roedd tipyn o siarad gan bobl pan
gaeon nhw'r ysgol gynradd.
*There was much talk among people
when they closed the primary school.*

swalber (eg)

    clamp (WWP) *a large object*

swanc (ans)

    crand/mawreddog *swank*

swancen (eb)

    menyw fawreddog *a swanky lady*

swanco (be)

    rhodresa *to swank*

swardo (be)

    difwyno *to spoil*
    Peida gwishgo di ddillad newi a'u
    swardo nw.
    Paid â gwisgo dy ddillad newydd
    a'u difwyno nhw.
    Don't wear your new clothes and spoil
    them.

swc (eg)

    sugn (o laeth) (WWP)
    a suck (of milk)

swche (ell)

    gweflau/gwefusau
    lips/lips of animal

swci (ans)

    wên swci *oen llywaeth* *a pet lamb*

sweds (ell) **swedsen** (eb)

    erfin erfinen *swede(s)*
    Ma ishe potsho'r sweds.
    Mae angen stwnsio'r erfin.
    The swedes need mashing.

sweg (eg)

    soeg/gweddillion ar ôl bragu
    dregs from brewing

Ir hwch fud a fyt i sweg i gyd.
Yr hwch fud a fyt y soeg i gyd.
(sôn am rywun tawel mewn
cwmni sydd heb ddweud fawr
ddim ond sy'n gwrando ar bopeth)
Said of someone who is quiet in
company but listens to everything.

sweipen (eb)

    sylw coeglyd *a snide remark*
    Sweipen i fi wedd honna.
    Sylw coeglyd ar fy nghyfer i oedd
    hynny.
    That was a snide remark directed
    towards me.

swfrddanu (be)

    syfrdanu (CShB) *to stun/to bewilder*

swil(-s) (eg)

    bwyd i'r moch *pig swill*

swil/swilad (ad eg)

    golchiad *a swill/rinse*
    I chi wedi rhoid swilad i'r dillad?
    Ydych chi wedi rhoid dŵr dros y
    dillad?
    Have you rinsed the clothes?

swilo (be)

    rhoi golchad â dŵr glân
    to swill/rinse

swinc (ans)

    ar dro *squint* (CShB)

swlcen (eb)

    menyw â golwg bwdlyd
    a woman with a sulky look
    Hen swlcen we ni'n galw honno.
    Bydden ni'n galw honno yn un
    bwdlyd.

We used to call that woman a sulky one.

swlcyn (eg)
dyn â golwg bwdlyd
a man with a sulky look

swllt (eg) **swllte** (ell)
swllt sylltau *shilling(s)*
in lân fel swllt am ddyn â'i lendid yn
disgleirio fel swllt newydd sbon
*said of a man whose cleanliness shines
like a new shilling*
Wedd e werth 'i fwyd a swllt (WWST)
Roedd e'n werth ei fwyd ac
ychydig yn ychwanegol.
*He was worth his food and a little
extra.*

swmpo (be)
teimlo â'r bysedd
to feel with the fingers
Swmpa'r whiddi ma sda fi ar in fraich.
Teimla'r chwydd hwn sydd gen i
ar fy mraich.
Feel this swelling I have on my arm.

swmpus (ans)
gafaelgar/sylweddol *bulky/hefty*
Ma twrci swmpus 'da ni ar gifer
Nadolig.
Mae twrci sylweddol gennym ni ar
gyfer y Nadolig.
*We've got a hefty turkey for
Christmas.*

sŵn (eg)
sound
Bidda i 'da chi in sŵn naw 'ma.
Byddaf gyda chi pan fydd y cloc yn
taro naw.
*I'll be with you as the clock strikes
nine.*

swno gered (be)
canu'n ddi-baid *to sing ceaselessly*
Ma'r tecil in swno gered ar i tân.
Mae'r tegell wrthi'n canu ar y tân.
The kettle is singing away on the fire.

swp (ans)
yn sydyn/ar unwaith
suddenly/at once
cisgu swp cysgu ar unwaith
to sleep at once

swrth (ans)
sarrug *sullen*
Ma rhwbeth itha swrth indo.
Mae rhywbeth eithaf sarrug ynddo.
*There's something quite sullen about
him.*

swydd (eg)
yn un swydd un pwrpas yn unig
specifically
Dath hi ma'n un swydd i weud 'tho ni.
Daeth hi yma'n unswydd i ddweud
wrthym ni.
She came specifically to tell us.

symteims (ell)
hwyliau drwg (WWW) *bad moods*

T

ta (eg)
diolch (iaith plentyn) *thank you*
Gwed ta wrthi am i loshin!
Dwed diolch iddi am y melysion!
Say thanks to her for the sweets!

ta fe/ta hi (bf)
petai *if he/she had/were*
Ta fe wedi gweud i gwir o'r dachre'n deg, se'n well iddo in i pen draw.
Petai wedi dweud y gwir o'r cychwyn cyntaf, byddai'n well iddo yn y tymor hir.
If he had told the truth from the very beginning, it would be better for him in the long term.
Mae'n teimlo'n drist obiti'r mudo, ta hi'n cifadde.
Mae hi'n teimlo'n drist ynglŷn â symud tŷ, petai'n cyfaddef.
She feels sad about moving house, if she were to admit it.

ta beth (rhag)
pa beth bynnag *whatever*
Ta beth wedith e wrthi, ma hi'n siŵr o weld i whith.
Pa beth bynnag a ddywed ef wrthi, mae hi'n siŵr o ddigio.
Whatever he says to her, she's sure to take offence.

ta ble (rhag)
pa le bynnag *wherever*
Ta ble arswn ni ar i jant, bydd hi'n neis i gâl whê.
Pa le bynnag yr arhoswn ni ar y daith, bydd hi'n braf cael gorffwys.
Wherever we'll stop on the journey, it will be nice to have a rest.

ta pryd (rhag)
pryd bynnag *whenever*
Ma rhwbeth neu'i gili mlân 'da fi, ta pryd alwa nw.
Rwy'n brysur yn gwneud rhywbeth, pryd bynnag y galwan nhw.
I've got something or other on, whenever they call.

ta pwy (rhag)
pwy bynnag *whoever*
Ta pwy alwith, gwed bo fi ddim getre.
Pwy bynnag wnaiff alw, dwed nad ydw i adre.
Whoever calls, say that I'm not at home.

ta shwt (rhag)
sut bynnag *however*
Ta shwt 'nei di'r jobyn, dwi am e'n barod erbyn whech.
Sut bynnag wnei di'r gwaith, rydw i eisiau iddo fod yn barod erbyn chwech o'r gloch.
However you do the work, I want it ready by six o'clock.

ta wâth/waeth (rhag)
fodd bynnag *anyhow*
Ta wâth, ddetho ni ben â dwâd trw'r eira.
Fodd bynnag, fe lwyddon ni i ddod trwy'r eira.
Anyhow, we managed to come through the snow.

table (ell)
tablau lluosi *multiplication tables*
Wen i'n casáu gorffod disgu'r table pan wen i'n fach.
Roeddwn i'n casáu gorfod dysgu'r tablau pan oeddwn yn ifanc.
I hated having to learn the tables when I was young.

206

tablen (eb)

cwrw *beer*

tablen sêr yn feddw gaib
blind drunk

We nw'n dablen sêr in dwâd mas o'r tafarn.

Roedden nhw'n feddw gaib yn dod allan o'r dafarn.

They were blind drunk coming out of the pub.

tablenna (be)

yfed cwrw *to drink beer*

tac (eg) **tacle** (ell)

dyn(-ion) gwael, amharchus
a bad sort/scum (of people)

Hen dac cas yw e wedi bod ariôd.

Dyn gwrthun fuodd e erioed.

He has always been a bad sort.

Ma rhyw dacle di-wardd wedi rhacsan i lle.

Mae rhyw wehilion wedi distrywio'r lle.

Some rascals have trashed the place.

defed tac

Defaid un ffermwr a roir i bori ar dir a berchnogir gan rywun arall.

The sheep of one farmer that have been put to graze on the land of another.

tacen (eb) **tace** (ell)

hoelen esgid *boot-nail(s)*

tace mân hoelion bach â phennau crwn *small nails with round heads*

taclu (be)

gwisgo/paratoi
to get dressed/to prepare

We rhaid iddi daclu cyn meddwl am find mas.

Roedd rhaid iddi wisgo a pharatoi cyn meddwl am fynd allan.

She had to get dressed and prepare herself before thinking of going out.

ta-cu (eg)

tad-cu *grandfather*

ta chiffra i

(hen lw) (CShB) *(an old oath)*

tafodi (be)

ceryddu *to reprimand*

tafodi fel tincer dweud y drefn
to reprimand terribly

tafol (eb)

clorian *scales*

dail tafol *dock leaves (Rumex acetosa)*

Defnyddir y dail i leddfu pigiadau gan ddanadl poethion. *Used to alleviate nettle stings.*

tanglan (be)

poeni *annoy*

Ma'r ddou in tanglan â'i gili byth a hefyd.

Mae'r ddau yn poeni ei gilydd yn wastadol.

The two of them are forever annoying one another.

tai mas/teie mas (ell)

tai allan *outbuildings*

talcen (eg)

wyneb/haerllugrwydd
forehead/effrontery/impudence

Fe fwrodd e'n in nhalcen beth we 'da 'i i weud.

Trawodd yr hyn oedd ganddi i'w ddweud yn fy wyneb.

What she had to say hit me in the face.

Ma digon o dalcen 'da 'i i wmed-weud.

Mae digon o haerllugrwydd ganddi i ateb yn ôl.

She has enough impudence to answer back.

'Na dalcen sy 'dag e!

Dyna un haerllug yw e!

What an impudent fellow!

taleri (ell)

taleri (ell)

talar (eb) *headland*

Mae e yn rhedig i taleri.

Mae e'n aredig o gwmpas ymylon y cae.

He is ploughing around the edges of the field.

talïedd (ans)

talïaidd/penuchel *haughty*

Mae'n cered in ddigon talïedd.

Mae hi'n cerdded yn ddigon penuchel.

She walks quite haughtily.

tali-o (eg)

tali-ho *tally-ho*

Mae'n dali-o rhifedda 'ma heddi 'da'r sbringclino.

Mae'n ffair yma heddiw gyda'r glanhau mawr.

It's all go here today with the spring-cleaning.

talpe/twlpe (ell)

talpiau *lumps*

Diolch in dalpe ichi!

Diolch yn fawr iawn ichi!

Thank you very much!

tam'bach (eg)

tamaid bach/ychydig *a little*

tam'bach o hyn a tam'bach o'r llall

ychydig o hyn ac ychydig o'r llall

a little of this and a little of the other

tameide (ell)

tameidiau *pieces*

tampan (be)

bod yn gynddeiriog/gandryll

to be livid

Wedd hi'n tampan hi.

Roedd hi'n gandryll.

She was livid.

tân bôls (eg)

glo mân/cwlwm *culm fire*

glo mân a chlai wedi'u llunio'n beli *small coal and clay mixed and formed into balls*

We ti'n rhoi di fwyd i gwcan ar ben tân bôls.

Roeddet ti'n rhoi dy fwyd i goginio ar ben 'tân bôls'.

You cooked your food on the culm fire.

tân gole (eg)

Âth pethe'n dân gole rhinti nw pan ddachreuo nw ddadle.

Aeth y sefyllfa'n ymfflamychol rhyngddyn nhw pan ddechreuon nhw ddadle.

The situation became heated between them as they started arguing.

tanfa (eb) **tanfeie** (ell)

rhes o wair neu ŷd newydd ei thorri ar gae (WWW)

a row of hay or corn newly cut in the field

tanfeio/tanfeuo (be)

gwneud taenfa neu res o wair
(CShB) *to make a row of hay*

tan i'n marco! (ebych)

well I never! (interjection)

tannu (be)

taenu *to spread*
Odi ddi wedi tannu'r gwely?
Ydy hi wedi gwneud y gwely?
Has she done the bed?

tano'r mini/miny

llosgi'r cawn, yr eithin a'r grug i'r
borfa gael tyfu'n well *to set fire to
the reeds, the gorse and the heather to
enable the grass to grow better*

tanwent (eg)

coed tân *firewood*

tapo (be)

gwadnu esgidiau *to sole shoes*

tapyn (eg)

gwadn esgid *sole of shoe*

tàr (eg)

sudd *tar/juice (of wood)*
We tàr i weld in dwâd mas o'r cwêd
wrth iddi nw ginnu.
Roedd sudd i'w weld yn dod allan
o'r coed wrth iddyn nhw gynnau.
*Tar was seen to come out of the wood
as it was being lit.*

taraf (eg)

(ardal Twffton) brys *a hurry*
Sdim taraf arna i.
Does dim brys arnaf.
I'm in no hurry.

tarafu (be)

(ardal Twffton) brysio *to hurry*

taro (be)

sylweddoli *to realize*
Nawr fe darodd i mhen i bo fi heb dalu'r
bil letric.
Nawr y sylweddolais nad ydw i
wedi talu'r bil trydan.
*I've just now realized that I haven't
payed the electricity bill.*

tarhaus (ans)

trahaus/balch (WWP) *arrogant*

tasgu (be)

to sprout (of plant)/to bolt
Ma'r borfa 'ma wedi tasgu lan.
Mae'r glaswellt wedi tyfu ar
unwaith.
The grass has grown all of a sudden.
Tasga o 'ma 'nei di!
Brysia oddi yma wnei di!
Be off with you!

tasgu (be)

dianc/ei bachu hi *to scarper*
Mae'n bryd inni 'i thasgu ddi, glei!
Mae'n bryd inni ei bachu hi, sbo!
It's time for us to scarper, I suppose!

tasto (be)

blasu/teimlo *to taste/to feel*
Shwt ma'r cawl in tasto?
Sut mae'r cawl yn blasu?
What does the broth taste like?
Ma'r pilyn 'ma'n tasto'n ddamp i fi.
Mae'r dilledyn hwn yn teimlo'n
llaith i fi.
This garment feels damp to me.
tasto'n ôr/wêr teimlo'n oer *to feel
cold (of article)*

tasto'n galed/feddal   teimlo'n galed
/feddal   *to feel hard/soft*

taten (eb) **tato** (ell)

taten   tatws   *potato(es)*

Seni werth taten obiti'r tŷ.

Mae'n hollol ddiwerth o gwmpas
y tŷ.

She's quite useless about the house.

O! Mae e'n bwdwr, seno werth taten.

O! Mae e'n ddiog, mae e'n hollol
ddi–werth.

Oh! He's lazy, he's quite useless.

taten ddu   taten biws ei lliw

purple potato

tato potsh   tato wedi'u cymysgu
ag ychydig o gawl   *potatoes mashed
with some broth*

tawch (eg)

arogl anhyfryd   *a bad smell*

Beth yw'r tawch 'ma?

Beth yw'r arogl drwg?

What's this bad smell?

tawnt (eg)

siom a chynnwrf o fethu cael ei
ffordd ei hun/anfodlonrwydd
(WWST)   *disappointment from not
having one's own way*

tebyg (ans)

cyffelyb   *like*

Tebyg iawn 'i bod hi.

It's very likely.

tebigol (ans)

tebyg   *like*

Mae'n debigol i dewan nw lawr wsnoth
nesa.

Mae'n debyg y deuan nhw i lawr
wythnos nesaf.

*It's likely that they'll come down next
week.*

teg (ans)

yn deg   *very*

Sai ishe sêt in i top in deg.

Dw i ddim eisiau sedd yn y pen
ucha'n deg.

I don't want a seat at the very top.

teido (be)

cymhennu   *to tidy*

Teida'r rhŵm, ma llawer gormod o
dwmbwriach.

Cymhenna'r stafell, mae llawer
gormod o annibendod.

*Clean up this room, there's far too
much mess.*

teie (ell)

tai   *house(s)*

Ma lot o deie wedi câl 'u codi in ir ardal
in ddiweddar.

Codwyd llawer o dai yn yr ardal
yn ddiweddar.

*Many houses have been built in the
area lately.*

teilwr (eg)

gwas priodas (CShB) *best man*
awr deilwr   awr cyn iddi nosi'n
llwyr, pan oedd hi'n rhy dywyll i'r
teiliwr weithio ond yn rhy olau i
gyfiawnhau cynnau cannwyll.
(lit. The tailor's hour. The hour before
nightfall when it would be too light to
justify lighting a candle but too dark to
work.)

teirus (ans)

blinderus *tiresome*
Ma hwn in waith teirus ofnadw.
Mae hwn yn waith blinderus dros
ben.
This is very tiresome work.

teiso/deiso (be)

gwneud tas *to make a rick*

tempri/tempru (be)

(CShB) tymheru *to temper*
We chi'n rhwto halen ar ffreipan fel bo'r
bwyd neu'r menyn ddim in stico.
Roeddech chi'n rhwbio halen ar
badell ffrio fel na fyddai'r bwyd
neu'r menyn yn glynu.
You would rub salt onto the frying-pan
so that food or butter wouldn't stick.

temprus (ans)

wedi'i dymheru *to be tempered*
Wedd ishe neud i fudde'n demprus neu
fe fidde'r menyn in stico indi i gyd.
Roedd rhaid tymheru'r fuddai neu
fe fyddai'r menyn yn glynu ynddi
i gyd.
One had to temper the butter-churn or
the butter would stick to it.

tendo (be)

edrych ar ôl/gweini ar rywun
to look after someone/to attend
Tenda'r tân tra bo fi mas.
Edrych ar ôl y tân tra 'mod i allan.
Attend to the fire while I'm out.

tene (ans)

tenau/nawr ac yn y man
thin/once in a while
Sneb in galw 'ma nawr, dim ond amell
waith in dene.
Does neb yn galw yma nawr, dim
ond yn awr ac yn y man.
Nobody calls here now, only once in a
while.

tent (eg)

tyndra *tightness/tension*
Ma'r rhaff 'ma'n slac, sdim tamed o
dent indi.
Mae'r rhaff yn llac, does dim
tamaid o dyndra ynddi.
This rope is slack, there's no tightness
in it.

termad (eg)

cerydd *reprimand*
Câth e dermad am ddwgyd y fale.
Cafodd gerydd am ddwyn yr
afalau.
He was reprimanded for stealing the
apples.

termo/termu (be)

ceryddu *to reprimand*

teser (eg)

tes/gwres haf (CShB)
quivering heat (on hot summer's day)

tewi/tewy (eg)

tywydd *weather*

tewi cifatal (eg) tywydd
cyfnewidiol *mixed weather*

tewyll (ans)

tywyll/dall *dark/blind*

Ma hi'n dewyll.

Mae hi'n ddall.

She's blind.

Mae mor dewyll â bola buwch ddu.

Mae mor dywyll â'r fagddu.

It's pitch dark.

tewillu (be)

tywyllu *to become dark*

Mae'n tewillu'n glou'r diddie 'ma.

Mae hi'n tywyllu'n gynnar y
dyddiau hyn.

It's getting dark early these days.

ticyn (eg)

gorchudd matras gwely (WWST)
mattress cover

deunydd i ddal y pluf mewn gwely
pluf neu obennydd

*material to contain the feathers in a
feather bed or pillow*

tich (eg)

Ma rhyw hen dich 'da fi in ing
ngwddwg i.

Mae rhyw hen grygni gen i yn fy
nghorn gwddf.

I've got a frog in my throat.

tiddiant (eg)

tyfiant *growth*

Mae tiddiant ofnadw obiti'r cwrt a'r clos
a neb i ddrich ar ôl i lle.

Mae tyfiant ofnadwy o gwmpas y

cwrt a'r buarth a neb i edrych ar
ôl y lle.

*There's a terrible growth about the
forecourt and farmyard with no one to
look after the place.*

tiddu (be)

tyfu *to grow*

tingu (be)

tyngu *to swear*

tima (adf)

dyma *here is/are*

timor (eg) **timore** (ell)

tymor tymhorau *season(s)*

So'r timore fel we nw.

Dyw'r tymhorau ddim fel y buon
nhw.

*The season's aren't the same as they
used to be.*

tin (eg) **tine** (ell)

pen-ôl *backside/rectum*

"Faint o waith nath e heddi?" "Dim
mwy na lled 'i din."

*"How much work did he do today?"
"No more than the width of his
backside."*

Es i llwyr in nhin i'r capel.

Es i o'm hanfodd i'r capel.

I went unwillingly to chapel.

Mae'n bryd i ti roi di din in giêr.
(aflednais/*vulgar*)

Mae'n bryd i ti symud ymlaen a
gweithredu.

*It's about time you put your arse into
gear.*

tinnu ar en nhin methu cydsynio
failing to agree

tin babi (eg)

Mae e mor ddi-ddal â tin babi/whiaden.

Ni allwch ddibynnu arno o gwbl.

He's as fickle as they come.

tin deryn (eg)

Mae'n ddigon ôr i rewi baw wrth din deryn.

It's cold enough to freeze the balls off a brass monkey.

tin giâr (eg)

Mae mor ddu â tin giâr.

Mae mor ddu â thin iâr.

It's as black as coal.

tinnu (be)

tynnu *to pull/to draw*

Mae'n tinnu am ddeg o'r gloch.

Mae hi bron â bod yn ddeg o'r gloch.

It's drawing towards ten o'clock.

tinnu ato (be)

to draw in (of weather)

Ma'r dydd in tinnu ato.

Mae'r dydd yn byrhau.

The day is drawing in.

tinnu bant (be)

cadw i dynnu *to keep on pulling*

Tinnwch bant ar i rhaff 'na, bois!

Cadwch i dynnu ar y rhaff yna, fechgyn!

Keep on pulling on that rope, lads!

tinnu drw'r drain (be)

tynnu drwy'r drain *(lit. To be dragged through the brambles.)*

Wit ti'n drichid fel se ti wedi câl di dinnu drw'r drain.

Mae golwg anniben ofnadwy arnat ti.

You look very bedraggled.

tinnu mlân (be)

yr amser yn mynd yn ei flaen *getting on (of time)*

Mae'n tinnu mlân, well inni find getre!

Mae'r amser yn mynd yn ei flaen, mae'n well inni fynd adre.

The time is getting on, we better go home.

tinnu 'nôl

Tinnu 'nôl ma nw'n gobeitho neud.

Maen nhw'n gobeithio dychwelyd i'r ardal i fyw.

They hope to return to live in the area.

tinnu pilyn drw'r dŵr

rhoi golchad gyflym i ddilledyn

to rinse an article of clothing/a swill

tinnu silw ato'i unan

tynnu sylw ato ei hunan

to draw attention to oneself

tinnu tato

tynnu tatws

to pick potatoes in the autumn

tir coch (eg)

tir wedi'i aredig *ploughed land*

Shwd mae'n cochi?

Sut mae'r aredig yn dod yn ei flaen?

How's the ploughing getting along?

tir glas (eg)

tir porfa *grassland*

tish-baw! (ebych)

twt-twt! *tut-tut!*

tithe (rhag)

ti hefyd *you (emphatic)*

'Run peth i tithe!

'Run peth i tithau!

The same to you!

Mae'n 'ti a tithe' rhinto ni erbyn hyn.

Galwn 'ti a tithau' ar ein gilydd erbyn hyn.

We use 'ti a tithau'(as opposed to 'chi a chithau') between us by now.

tiwel (eg)
 tywel (WWST) *towel*

toili (eg)
 gweledigaeth o angladd
 apparition of a funeral

tolio (be)
 cynilo *to cut down*
 Tolia ar i shwgir 'na!
 Paid â mynd â chymaint o siwgwr!
 Cut down on the sugar!
 Tolia! (ar y sbîd) Arafa! *Slow down!*
 (singular)
 Toliwch! Arafwch! *Slow down!*
 (plural)

tomdilis (ell)
 cennin Pedr *daffodils*

ton (eb) **tonne** (ell)
 wave(s)
 O, blant i tonne! (ebych)
 (interjection)

tonc (eb)
 cân/tiwn *tune*
 Rhowch donc inni ar i piano!
 Rhowch donc inni ar y piano!
 Give us a tune on the piano!

tonfeydd (ell)
 tonnau (WWST) *waves*

tonis (ell)
 gwŷr melyn o'r Dwyrain (CShB)
 people from the east

topi (be)
 taro â'r pen *to butt*

toplyd (ans)
 tueddol i dopi (am darw)
 tendancy to butt (of bull)

topyn (eg)
 anhawster/gwaith caled (WWST)
 difficulty/hard work

torddu (ans)
 bol du *black belly(of sheep)*
 dafad dorddu dafad â bol du
 black-bellied sheep

torrad (eb)
 ffunud *spitting image*
 Mae e'r un dorrad â'i dad.
 Mae e'r un ffunud â'i dad.
 He's the spitting image of his father.

torred (eg)
 troglwth/troglwyth/torraid
 litter of pigs

torri ddi'n dynn (be)
 ei gadael hi i'r funud ola
 to cut it fine
 Dalo ni'r bws sach inni'i thorri ddi'n dynn.
 Cael a chael fu inni ddal y bws.
 We cut it fine to catch the bus.

torri'i enw (be)
 llofnodi *to sign one's name*

torri'i fogel (be)
 Mae e biti dorri'i fogel ishe câl mind i'r parti.
 Mae e bron â thorri'i fol am gael mynd i'r parti.
 He's beside himself wanting to go to the party.

torri gwynt (be)
 to break wind

Torrodd wynt fel dafad in parc swêds.
(lit. He broke wind like a sheep in a field of swedes.)

torri mater

Mae'n galled torri mater gida unrhyw un.

Mae'n gallu trafod gydag unrhyw un.

She can discuss matters with anyone.

torri pen rheswm (be)

dadlau *to discuss/to argue*

We'r siop in ganolfan dda i dorri pen rheswm slawer dy.

Roedd y siop yn ganolfan dda i ddadlau yn yr hen ddyddiau.

The shop used to be a good centre to have a discussion in bygone days.

torri whant (be)

lliniaru newyn *to alleviate hunger*

tost (ans)

poenus *sore*

Mae'i thrâd hi'n dost iawn.

Mae ei thraed yn boenus iawn.

Her feet are very sore.

tostyn (eg)

tost *toast*

Wen i mor dwym â tostyn in slwmran o flân i tân.

Roeddwn yn gynnes fel tost yn hepian cysgu o flaen y tân.

I was as snug as a bug in a rug, slumbering in front of the fire.

towlad/dowlad (eb)

taflod/llofft/croglofft *loft*

towlad (eg)

tafliad ergyd *a throw/a knock/a blow*

Buodd i ddamwen in dowlad imbed iddi nw.

Bu'r ddamwain yn ergyd enbyd iddyn nhw.

The accident was a terrible blow to them.

Ces dowlad gas ar i beic.

Cefais dafliad cas oddi ar y beic.

I had a nasty fall off my bike.

towlu'i gapan miwn (be)

taflu ei gapan i mewn

to throw his cap in

Hen arferiad o daflu eich capan i mewn drwy ddrws y tŷ cyn eich bod yn mynd i mewn. Fe'i gwneid yn enwedig pan fu cynnen rhwng yr ymwelydd a thrigolion y tŷ neu os nad oedd wedi eu gweld ers tro.

Old custom of throwing your cap through someone's door before entering. Done especially if the two parties had had a quarrel or if they hadn't seen one another for a while.

towlu gole/tân (be)

melltennu *lightning*

towlu rhwbeth off

taflu rhywbeth ymlaen/gohirio

to postpone

We rhaid towlu'r cingerdd off achos ir eira.

Roedd rhaid gohirio'r gyngerdd oblegid yr eira.

The concert had to be postponed because of the snow.

trabŵd (ans)

Wedd e'n whys trabŵd wedi rhedeg getre pentigili.

Roedd yn diferu o chwys wedi rhedeg adre yr holl ffordd.

He was all of a sweat after running all the way home.

trâd (ell)

(gweler/see trôd*)*

traddu (be)

dolur rhydd (ar greaduriaid)

diarrhoea (in livestock)

trafeilwr (eg)

teithiwr *(commercial) traveller*

trafeilu (be)

teithio *to travel*

trangwls (ell)

pethau/trugareddau *things*

Cer i nôl y trangwls 'te.

Cer i nôl y trugareddau felly.

Go and get the things then.

trampan (be)

teithio *to travel/to gallivant*

Fuodd hi'n trampan wsnoth ddwetha.

Bu hi'n teithio wythnos ddiwetha.

She went gallivanting last week.

trampsan (be)

trafaelio/ar gerdded *to gallivant*

Buo nw'n trampsan rownd i dre drw'r dydd.

Buon nhw'n cerdded o gwmpas y dre drwy'r dydd.

They walked around the town all day.

trannoth/trennoth (adf)

trannoeth *next day*

trash (eg)

yr hyn a dorrir wrth dorri'r cloddiau *the cuttings of a hedgerow*

trasho (be)

torri'r cloddiau â chryman

Ma ishe trasho'r cloddie in ofnadw.

Mae angen torri'r cloddiau'n ofnadwy.

The hedgerows need cutting badly.

trâth (eg) **treithe** (ell)

traeth(-au) *beach(es)*

trefen (eb)

y drefn *providence*

Rhaid pligu i'r drefen ta pwy mor ano yw hi.

Rhaid plygu i'r drefn er mor anodd yw hi.

One must bow to providence however difficult it may be.

Trefen giâr ddu.

Dedwi mas

A domi'n tŷ.

Hen rigwm am rywun anhrefnus.

An old saying said of someone who is disorganised.

tregl (eg)

triagl *treacle*

treial (be)

ceisio *to try*

Sdim lot in i clopa, ond mae e'n treial 'i ore.

Does dim llawer yn y pen, ond mae e'n ceisio ei orau.

He hasn't got much upstairs, but he tries his best.

Well i ni'i threial hi 'to!

Mae'n well inni gychwyn ar ein taith unwaith eto!

We might as well be off on our journey once again!

treile (ell)

llwybrau (cwningod) (WWP)
tracks (of rabbits)

treni (eg)

trueni *pity*
Treni bod ir isgol wedi'i chau.
Trueni bod yr ysgol wedi'i chau.
It's a pity that the school has been closed.

trensh (eg) **trenshys** (ell)
ffos ffosydd *trench(es)*

tret (eb)

anrheg *a present*
Rhoio nw dret fach iddi am neud cistal in ir arholiade.
Rhoesant anrheg fach iddi am wneud cystal yn yr arholiadau.
They gave her a small gift for doing so well in the exams.

treto (be)

tretio *to treat*
Fe dreto nw ni i bryd o fwyd.
Fe dalon nhw am bryd o fwyd i ni.
They treated us to a meal.

tribe (eb)

trybedd *tripod*

tribini (eg)

trybini *trouble*

trifer (eg)

tryfer *gaff*
fforch dridaint â choes chwe throedfedd ar gyfer pysgota
three-pronged fork with a six foot long handle for fishing

trigo (be)

marw (am anifail) *to die (of animal)*

tristo (be)

ymddiried *to trust*
Sena i'n 'i dristo fe hyd in nrwyn i.
Dw i ddim yn ymddiried ynddo o gwbl.
I don't trust him at all.

trôd/trwêd (eb) **trâd/trade** (ell)

troed traed *foot feet*
Os na wit ti'n câl di drâd dana ti, ddaw dim byd i ben.
Os na chei dy draed danat, ni chyflawnir dim.
If you don't find your feet, nothing will be achieved.
Mae e ar 'i drâd ôl nawr 'to.
Mae e'n flin nawr eto.
He is annoyed now again.
Sdim i 'mhen i'n safio dim o 'nhrâd i.
Rwy'n anghofus iawn.
I'm very forgetful.
Mae'n bryd i ni roid trâd in tir.
Mae'n bryd i ni frysio.
We should make haste.

trâd moch

anhrefn *confusion*
Mae'n drâd moch 'ma fel arfer.
Mae'n anhrefn llwyr yma fel arfer.
It's total confusion here as usual.

trôd ir ebol (eg)

troed yr ebol
coltsfoot (Tussilago farfara)

trochi (be)

difwyno *to soil*
We'r pilyn in iawn nes iti drochi paent indo.

Roedd y dilledyn yn iawn nes iti ei
ddifwyno â phaent.
*The garment was all right until you
soiled it with paint.*

trogen (eb)
math o bryf bychan *tick*
Wdw i'n cisgu fel trogen in i boreue.
Rwy'n cysgu fel twrch yn y
boreau.
I sleep like a log in the mornings.

troi (be)
to turn
Mae e'n ddigon i droi ar ddyn.
Mae e'n ddigon i wneud dyn i
chwydu.
It's enough to make someone sick.
troi mas (be)
troi'r defed neu'r ponis i'r cwmins
*to lead the sheep or ponies onto the
common land*
troi mas (be)
troi allan *to turn out*
Mae wedi troi mas in ddwarnod ffein
heddi 'to.
Mae wedi troi allan yn ddiwrnod
braf heddiw eto.
It's turned out a fine day today again.
troi a triglan (be)
troi a throsi *to toss and turn*
Wedd hi'n troi a triglan, in ffeili'n deg â
mind i gisgu.
Roedd hi'n troi a throsi, yn
methu'n lan â mynd i gysgu.
*She was tossing and turning, failing to
go to sleep.*
troi'r cornel (be)(wedi salwch)
to turn the corner (after an illness)

troiedig (ans)
tröedig/rhywbeth neu rywun

sy'n troi eich stumog/gwrthun
*something or someone that turns your
stomach/repulsive*
Wedd hi'n droiedig i weld i cinron drost
i cig.
Roedd hi'n ddigon i droi eich
stumog i weld y cynhron dros y
cig.
*It turned your stomach to see the
maggots on the meat.*

troilo (be)
treulio *to wear*
Ma blew'r brwsh 'ma wedi troilo'n
ddim.
Mae blew'r brws wedi treulio'n
ddim.
*The bristles of the brush have worn to
nothing.*

trolen (eb)
Ma'i mor dew â trolen.
Mae hi mor dew â phathew.
She is as fat as a pig.

troli (eb)
math o dwmplen o does a
braster wedi ei berwi mewn cawl
(WWST) *a kind of dumpling made
of dough and fat boiled in broth*

trom (ans)
beichiog *heavy/pregnant*

trondol (eb)
dolen cwpan *cup handle*

trot (eb)
trot/tuth *trot*
Des i 'nôl fel ir awel, wen i biti fod ar
drot.
Dychwelais fel yr awel, roeddwn
yn trotian bron.

*I returned like the wind, I was nearly
going at a trot.*

trowr (eg)
peiriant i droi'r gwair
a hay-making machine

trugaredde (ell)
manion bethau *odds and ends*
Ma rhyw drugaredde penna in llenwi'r
rhŵm.
Mae'r ystafell yn llawn o fanion
bethau.
The room is full of odds and ends.

trwbli (be)
poeni *to trouble*
Wedd 'i ben-lin in 'i drwbli.
Roedd ei ben-lin yn ei boeni.
His knee troubled him.

trwblus/trwbwl (ans)
cymylog (am gwrw/gwin)
thick, cloudy (of beer/wine/water)

trwc (eg) **trwce** (ell)
lori loriäu (WWST) *lorry lorries*

trwco (be)
gosod anifeiliaid ac ati mewn tryc
trên (WWW) *to load animals etc,
onto a train truck*
cyfnewid *to exchange*
I chi'n folon trwco'r papur pumpunt
'ma am bunnodd?
Ydych chi'n fodlon newid y papur
pumpunt hwn am bunnoedd?
*Would you be willing to change this
fiver for pound coins?*

trw dyn
Dima'r diwarnod oera leni, mae e'n
mind trw dyn.
Dyma'r diwrnod oeraf eleni, mae
e'n mynd trwyddoch chi.
*This is the coldest day this year, it
pierces through you.*

trwêd (eb)
(gweler/see trôd*)*

trwêdnweth (ans)
troednoeth (CShB) *bare foot*

trŵel (eb)
trywel *trowel*

trwmedd (ans)
trymaidd *close/sultry*
Mae'n ano gweitho in i tewi trwmedd
'ma.
Mae'n anodd gweithio yn y
tywydd trymaidd hwn.
*It's difficult to work in this sultry
weather.*

trwper (eg)
marchfilwr *trooper*
rhegi fel trwper rhegi bob yn ail air
to swear like a trooper

**trwnshal/trwnshan/trwsian/
twsian** (be)
tisian *to sneeze*

trwnshad (eg)
tisiad *a sneeze*

trwst (eg) **trwste** (ell)
taran taranau *thunder*
We'r trwste'n ddichrinllid o agos.

Roedd y taranau'n ofnadwy o agos.

That thunder was terribly close.

trwsto (be)

taranu *to thunder*

Gliwo chi ddi'n trwsto in istod i nos?

Glywsoch chi hi'n taranu yn ystod y nos?

Did you hear it thundering during the night?

trwyddi draw (ardd)

trwy'r trwch *through and through*

Ma'r defed a'r ŵyn wedi cimisgu trwyddi draw.

Mae'r defaid a'r ŵyn wedi cymysgu ymhlith ei gilydd.

The sheep and lambs are all mixed among each other.

trwy fach!

i alw'r gwartheg *calling the cows*

trwyn (eg) **trwyne** (ell)

nose (s)

'Na lle wedd 'i'n cered â'i thrwyn in'r âr.

Dyna lle roedd hi'n cerdded â'i thrwyn fry.

There she was walking with her nose in the air.

Dala rhywun â'i drwyn am mlân.

Dal rhywun ar ei wendid.

To take someone at advantage.

trycholeth (WWW) **drichioleth** (eg)

drychiolaeth *apparition*

tshep (ans)

rhad *cheap*

Seni'n hobi tshep.

Dyw hi ddim yn hobi rhad.

It's not a cheap hobby.

tshwps

(gweler/see shwps*)*

tuchan (be)

cwyno *to groan*

Be sy'n bod arna ti'n tuchan fan'na achán?

Beth sy'n bod arnat ti'n cwyno fan yna fachgen?

What's the matter with you groaning there, boy?

tuchanad (eb)

ochenaid *a groan*

tŵarch/twârch (ell) **twarchen** (eb)

tywarchen (CShB) *turf*

mawn (CSB) *peat*

cineia codi twârch cynhaeaf codi tyweirch *collecting peat*

tŷ-twârch adeilad lle cedwid y mawn *an outbuilding where peat was stored*

tân twârch tân mawn *peat fire*

twba (eg) **twbeie** (ell)

twba tybiau

twbeie moron tybiau mawrion *large tubs*

twc (eg)

plwc/tyniad (plwc o amser) (CShB) *a pull/a tuck/a pleat*

twcian/twco (be)

tynnu (am boen yn y dannedd) *tucking (pain of toothache)* (GDD)

Ma 'nant i'n twcian in ofnadw gida'r ddannodd 'ma.

Mae fy nant yn tynnu'n ofnadwy gyda'r ddannoedd hon.
I have a terrible stabbing pain in this tooth.

twein (eg)

cortyn *twine/rope*

twein bêls cortyn byrnau gwair
twine for bale of hay

twel! (ebych)

wyt ti'n gweld! *you see! (interjection)*

Gwedes i bod ti wedi mistaco, twel!

Dwedais i wrthyt dy fod wedi gwneud camgymeriad, wyt ti'n gweld!

I told you that you had made a mistake, you see!

twês (eg)

toes *dough*

Rhaid pobi'r twês i ddachre.

Rhaid tylino'r toes i ddechrau.

One has to knead the dough to begin with.

twffyn (eg)

cudyn *a tuft*

We twffyn o fwstashen in arfer bod 'dag e.

Roedd cudyn o fwstás yn arfer bod ganddo.

He used to have a tuft of a moustache.

twlc (eg)

cwt mochyn *pigsty*

Cla lan in wir, ma'r lle 'ma fel twlc.

Glanha yn wir, mae'r lle yma fel twlc mochyn.

Do clean up, this place looks like a pigsty.

twlpe (ell)

(gweler/see talpe)

twlsyn (eg)

arf *a tool*

twll (eg) **twlle** (ell)

twll tyllau *hole(s)*

Fe holodd e ni in dwll.

Fe'n holodd ni yn fanwl iawn.

He asked us thoroughly.

Ma ishe bwyd arna i, dwi biti find in dwll.

Mae eisiau bwyd arna i, rwy bron â llwgu.

I'm starving, I'm so famished.

twllu (be)

tyllu *to make a hole/dying to*

Odd e biti dwllu ishe mynd i'r ffair.

Roedd e bron â marw eisiau mynd i'r ffair.

He was dying to go to the fair.

tŵm (eg) **twme** (ell)

carreg fedd cerrig beddau
tombstone(s)

twmbwriach (ell)

annibendod
untidy odds and ends/junk

Âth ati i glirio'r twmbwriach wedd e wedi casglu drost i blinidde.

Aeth ati i glirio'r annibendod oedd wedi ymgasglu dros y blynyddoedd.

She went about to clear the junk that had gathered over the years.

twmlo (be)

cwympo/rholio (yn belen)
to fall/to roll

anhrefnu/creu llanastr (WWP)
to create a mess
Pan we ni'n blant fe fidde ni'n twmlo lawr i llether.
Pan oeddem ni'n blant arferem rolio'n belen i lawr y llethr.
When we were children we used to roll like a ball down the slope.

twmpri (eg)
pentwr o sbwriel (WW)
a heap of rubbish

twmpriach (eg) (WWW)
annibendod *untidiness*

twmryn (eg)
sŵn/twrw (WWST) *a noise/a din*

twmstan (eb)
carreg fedd *a tombstone* (WWP)

twp/twpedd (ans)
hurt *stupid*
mor dwp â llo/sledj
as thick as two short planks
Mae e'n dalentog o dwp.
He's exceptionally thick.
Ma rhyw olwg dwpedd arni.
Mae rhyw olwg go dwp arni.
She appears to be as thick as two short planks.
Anghofies i'n walet fel bues i dwpa.
Anghofiais fy walet fel y bûm i fwya ffôl.
I forgot my wallet, more fool I.

twrci (eg) **twrcwns** (ell)
turkey(s)
Fe gochodd fel twrci.
Fe wridodd.
He went as red as a beetroot.

twrch (eg)
baedd *boar*
Mae'n cisgu fel twrch.
Mae hi'n cysgu fel mochyn.
She's sleeping like a log.

twrn-owt (eg)
ffws a ffwdan *fuss and bother*
Weles i riôd i fath dwrn-owt a we 'da nw in cisho câl i cwpwrt lan stâr.
Welais i erioed y fath ffws a ffwdan oedd ganddyn nhw wrth geisio cael y cwpwrdd i fyny'r grisiau.
I never saw such fuss and bother as they were trying to get the cupboard upstairs.

twrpant (eg)
tyrpant *turpentine*
Cimisges i'r twrpant a'r linsid-oil.
Cymysgais y tyrpant a'r olew had llin.
I mixed the turpentine with the linseed oil.

twsh-twsh! (ebych)
tut-tut!

twts/twtsi/twtsyn (eg) **twtsen** (eb)
(iaith plentyn) gair anwes i alw babi neu blentyn bach
(childish) a word of endearment to greet a baby or young child

tŵ-tŵs
dim tŵ-tŵs dim amheuaeth (WWW) *no doubt*

twthian (be) (WWW)
tuchan *to grumble*

Th

thenciw (eg)

  diolch *thank you*

tho i/tha i/wrtha i wrthyf fi
tho ti wrthyt ti
tho fe wrtho fe
tho hi wrthi hi
tho ni wrthon ni
tho chi wrthoch chi
tho nw wrthyn nhw

  Gwed tho nw bidda i 'da nw whap.

  Dwed wrthyn nhw y bydda i gyda
  nhw ymhen fawr o dro.

  Tell them that I'll be with them
  presently.

U

uffach gols! (ebych)

  hell's bells! (interjection)

uffachol (ans)

  uffernol *hellish*

  Dwi'n teimlo'n uffachol o dost.

  Rwy'n teimlo'n uffernol o sâl.

  I feel hellishly ill.

uffer o gym tŵ

  cerydd ofnadw *a terrible telling off*

us (ell)

  mân us rhisgl y grawn llafur *chaff*

  Twylli di ddim hen dderyn ag us.

  Thwylli di ddim hen aderyn ag us.

  You won't deceive an old bird with
  chaff.

W

w! (ebych)

ddyn! *man! (interjection)*

Beth wit ti'n meddwl wit ti'n neud, w?

Beth wyt ti'n meddwl dy fod yn ei wneud, ddyn?

What do you think you're doing, man?

wabyn (eg) (WWP)

clamp/peth anferth

a huge person or object

wâc (eb)

tro *a walk*

Âth hi am wâc fach rownd ir eglws.

Aeth hi am dro bach heibio i'r eglwys.

She went for a little walk past the church.

waco (be)

mynd am dro *to gallivant*

Ma nw wedi mind i waco heddi.

Maen nhw wedi mynd i galifantio heddiw eto.

They have gone gallivanting today again.

wachal drolian (be)

(Login) simsanu ar y dibyn

to sway on the edge

Drich fel ma'r tŷ 'na'n wachal drolian ar i dibyn.

Edrych ar y tŷ yna fel petai'n simsanu ar y dibyn.

Look at that house as if it's swaying on the cliff top.

Wachal!

Byddwch ofalus! *Beware!* (GDD)

Wachal–dân

enw ar hen adfail yn Llan-y-cefn

name of an old ruin in Llan-y-cefn

Wachal sithu

enw ar gae *name of a field*

wàd (eb)

ergyd/curfa *a hit*

wado bant (be)

gyrru ymlaen *to carry on/to go ahead*

wado mlân *gyrru arni to carry on*

wafo/wefo (be)

chwifio llaw *to wave*

Wafodd hi ar 'i ffrindie in i train.

Chwifiodd hi ei llaw ar ei ffrindiau yn y trên.

She waved at her friends on the train.

waffer (eg)

Mae mor dene â waffer wedi iddi fod ar ddeiet.

Mae hi cyn feined â brwynen wedi iddi fod ar ddeiet.

She's as thin as a rake after being on a diet.

wagen (eb)

wagon

Pob un â'i wagen yw hi 'ma.

Pawb â'i lwyth yw hi yma.

Every one has his load to bear here.

walplad (eb)

gwalblaid *wall-plate*

pren a osodir ar ben y wal i gynnal y trawstiau

the timber on top of a wall to support the beams (GDD)

walpyn (eg)

mawr ei faint (WW)

a large person or object

walle (adf)

efallai *perhaps*

wanieth (eg)

(*gweler/see* gwanieth)

waplyn/wablyn/woplyn/woblyn
(eg)

ffroth sebon ar gyfer eillio ac ati
soap suds

miwn waplyn o whys   yn chwys
diferu   *to be all of a sweat*

warin (eb)

cwningar *rabbit warren*

wast (eg) (ans)

gwastraff ofer/dwli *waste/nonsense*

Siarad wast yw peth fel 'na!

Siarad dwli yw peth fel yna!

That's silly talk!

wasto (be)

gwastraffu *to waste*

wastad/wastod (ans)

gwastad *flat/always*

watsho (be)

gwylio *to watch*

Watsha di rhag i'r ci ruthro arna ti.

Gwylia rhag i'r ci ymosod arnat ti.

Beware that the dog might attack you.

wath (cys)

waeth/oherwydd *because*

Angofiodd find i'r cifarfod, wath weno
wedi'i nodi in 'i ddidiadur.

Anghofiodd fynd i'r cyfarfod
oherwydd doedd e ddim wedi'i
nodi yn ei ddyddiadur.

*He forgot to go to the meeting because
he hadn't noted it in his diary.*

wben (be)

ubain/llefain *to cry*

We'r babi'n wben in 'i got.

Roedd y babi'n llefain yn ei grud.

The baby was crying in his carry-cot.

wê/wedd/odd

oedd roedd *was*

Gorffennol 'bod'

wen i/on i roeddwn i   *I was*

we ti/ot ti roeddet ti   *you were*

wedd e/odd e roedd ef   *he/it was*

wedd hi/odd hi roedd hi   *she/it
was*

wen ni/on ni roedden ni   *we were*

wech chi/och chi roeddech chi
you were

wen nw/on nhw roedden nhw
they were

Negyddol

wena i/wen i ddim

do'n i ddim/doeddwn i ddim

wenot ti/we ti ddim

do't ti ddim/doeddet ti ddim

weno fe/wedd e ddim

doedd e ddim

weni hi/wedd hi ddim

doedd hi ddim

wenon ni/wen ni ddim

do'n ni ddim/doedden ni ddim

wenoch chi/wech chi ddim

do'ch chi ddim/doeddech chi ddim

wenin nw/we nw ddim

do'n nhw ddim/doedden nhw ddim

Wedd 'i'n pishtillo hi.

Roedd hi'n bwrw'n drwm.
It was pouring down.
Wena i 'na.
Doeddwn i ddim yna.
I wasn't there.
Weno ni'n câl dillad newi in finich.
Doedden ni ddim yn cael dillad
newydd yn aml.
We didn't have new clothes very often.
We dim bai arno. Doedd dim bai
arno. *It was kind of him.* (GDD)
We dim llai 'da fi na fise fe'n dwâd fel
addawodd e.
Roeddwn yn siŵr y byddai'n dod
yn unol â'i addewid.
*I felt sure he would come as he had
promised.* (GDD)

wêd (eg)
oed *age*
Dim ond blwydd wêd yw hi.
Nid yw ond yn flwydd oed.
She's only a year old.

wedjen/wejen (eb)
cariadfarch *girlfriend*

weindo (be)
cynhyrfu *to wind*
Mae e fel se fe wedi câl 'i weindo heddi
'to!
Mae e wedi cynhyrfu heddiw eto.
He's hyperactive today again.

weito (be)
aros/disgwyl *to wait* (WWP)

wên/ôn (eg) **ŵyn** (ell)
oen ŵyn *lamb(s)*

wên swci (eg)
oen llywaeth *pet lamb*
Mae e mor wrion â wên swci.
Mae e mor ddiniwed ag oen
llywaeth.
He's as harmless as a pet lamb.

wep (eb)
ystum ar wyneb sydd ar fin llefain
awry lip on the verge of crying/grimace
Beth yw'r wep sy da ti, achán?
Beth yw'r ystum sydd ar dy
wyneb, fachgen?
*Why have you got such a grimace,
boy?*

wêr/ôr (ans)
oer *cold*
Wedd hi'n ddichrinllid o wêr neithwr.
Roedd hi'n ofnadwy o oer
neithiwr.
It was terribly cold last night.

werbyn (eg)
gwerbyn (rhiw) (CShB) *ascent*

wermwnt (eg)
wermwd *wormwood*

wês/ôs (eg, bf)
oes/bywyd *age*
oes *yes, there is/are*

wêth /lwêth
eto *again*
Wedd 'i getre dydd Mowrth wêth!
Roedd hi gartre ddydd Mawrth
eto!
She was home on Tuesday again!

wff (ans)

(iaith plentyn) twym *(childish) hot*
Watsha! Ma hwnna'n wff.
Gwylia! Mae hwnna'n dwym.
Beware! That's hot.

wfftan (be)

wfftian *to flout*

wfftog (ans)

difrïol *dismissive/defamatory*
Ma nw'n siarad in wfftog iawn amdeni.
Dŷn nhw ddim yn meddwl rhyw
lawer amdani.
*They're talking quite dismissively
about her.*

wha (eb)

chwa *breeze/gust*
Bidde câl rhiwun ifanc ar i pwyllgor fel
wha o awyr iach.
Byddai cael rhywun ifanc ar y
pwyllgor fel chwa o awyr iach.
*To have someone young on the
committee would be a breath of fresh
air.*

whaith (adf)

ychwaith *either/neither*
Seno fe am find i'r isgol whaith.
Dyw e ddim am fynd i'r ysgol
ychwaith.
He doesn't want to go to school either.

whâl (ans)

chwâl *scattered*
Âth i cwmpni ar whâl wedi gadel i
coleg.
Aeth y cwmni ar chwâl wedi
gadael y coleg.
*The company dispersed after leaving
college.*

whalad (eb)

curfa *a beating/a thrashing*

whalben (eb)

rhywbeth/rhywun mawr (WW)
a large woman/object

whalu (be)

chwalu *to scatter/to trash*
Whalo nw'r lle in rhacs jibidêrs.
Chwalon nhw'r lle yn gyrbibion
mân.
They trashed the place into pieces.

whampen/whompen (eb)

merch/menyw neu rywbeth mawr
a large girl/woman or object
In ôl un hen goel, whampen o fenyw o'r
enw Beca roiodd mentig 'i dillad i Twm
Carnabwth.
Yn ôl un hen goel menyw fawr o'r
enw Beca roes benthyg ei dillad i
Twm Carnabwth.
*According to one old legend it was a
large woman named Beca who lent her
clothes to Twm Carnabwth.*

whampyn/whompyn (eg)
whamps (ell)

rhywun neu rywbeth mawr ei faint
a large boy/man or object

whannen (eb) **whain** (ell)

chwannen chwain *flea(s)*
Wedi'i salwch mae mor wan â
whannen.
Wedi ei salwch mae hi mor wan â
brwynen.
*After her illness she's as weak as a
kitten.*

whant (eg)
chwant *appetite*
Sdim whant bwyd arna i o gwbwl
heddi.
Does dim archwaeth at fwyd gen i
o gwbl heddiw.
I have no appetite at all today.

whap (eg)
eiliad *moment*
Peidiwch â poeni, bidda i 'da chi whap.
Peidiwch â phoeni, byddaf fi gyda
chi mewn eiliad.
*Don't worry, I'll be with you in a
moment.*

whâr (eb) **whiorydd** (ell)
chwaer chwiorydd *sister(s)*
Mae'n whâr in byw ing Nghardydd.
Mae fy chwaer yn byw yng
Nghaerdydd.
My sister lives in Cardiff.

whare (be)
chwarae *to play*
Whareiodd e'n dda in i gêm.
Chwaraeodd e'n dda yn y gêm.
He played well in the match.
Ma ishe rhwbeth i ifed arna i dim
whare.
Mae angen rhywbeth i yfed arna i,
does dim dwywaith.
*I need something to drink, there's no
two ways about it.*

whare cip (be)
gêm lle mae plentyn yn rhedeg ar
ôl y gweddill a gweiddi cip pan
fo'n cyffwrdd â rhywun a hwnnw
yn ei dro yn rhedeg nes dal plentyn
arall.
*A game where a child runs after the
others and shouts 'cip' when he touches*

*someone who in turn runs until he
catches another child.*

whare cwato (be)
chwarae mig *to play hide-and-seek*
Ma plant imhob wês in leico whare
cwato.
Mae plant ymhob oes yn hoffi
chwarae mig.
*Children in every age like playing
hide-and-seek.*

whare'r jawl (be)
peri anesmwytho *to play hell with*
Ma 'nhrâd i'n whare'r jawl â fi.
Mae fy nhraed yn chwarae'r diawl
â fi.
My feet play hell with me.

whare scotsh (be) *to play hopscotch*

whare (bf)
(am ddiod) eplesu *to ferment*
So'r peth ifed i'w weld in dachre whare
o gwbwl.
Nid yw'r ddiod i'w gweld yn
eplesu o gwbl.
The beer doesn't seem to ferment at all.

whe (eb)
hoe *a rest/a respite*
Arsa funud! Mae'n rhaid i fi gâl whe
fach.
Aros funud! Mae'n rhaid i mi gael
hoe fach.
Wait a minute! I must have a rest.

whech (ans)
chwech *six*
Ma nw'n byw in i plwy ers whech bline.
Maen nhw'n byw yn y plwyf ers
chwe blynedd.
*They have lived in the parish for six
years.*
hen whech hen ddyled (CShB)
an old debt

whedel/wheddel (eb)
chwedl/dywediad (WWW)
a legend/a saying

whelps (ell)
glaslanciau *youths*

wherthin (be)
chwerthin *to laugh*
Wharddodd/Wharthodd e am ben i dyn.
Chwarddodd e am ben y dyn.
He laughed at the man.

wherw (ans)
chwerw *bitter*
Ga i beint o wherw, plis?
Gaf i beint o chwerw, os gwelwch yn dda?
May I have a pint of bitter, please?

wherwi (be)
chwerwi *to become embittered*

whiblen (eb)
diod fain *small beer*

whidalen (eb)
chwysigen ddyfrllyd *watery blister*
pothell ar y bys ger yr ewin
a blister on the finger near the nail

whiddi (eg)
chwydd *a swelling*

whiddo (be)
chwyddo *to swell*
Ma'r drws 'ma wedi whiddo in i tewi glyb.
Mae'r drws hwn wedi chwyddo yn y tywydd gwlyb.

The door has swollen in this wet weather.

whingil (ans)
ansefydlog *unstable*
Mae e'n weddol whingil ar 'i drâd.
Mae e'n weddol ansefydlog ar ei draed.
He's quite unsteady on his feet.

whilan (eb) **whilanod** (ell)
gwylan(-od) *seagull(s)*
'Na dderyn herllug yw'r whilan.
Dyna aderyn haerllug yw'r wylan.
The seagull is such a bold bird.

whîl (eb) **whîls** (ell)
olwyn(-ion) *wheel(s)*
Mae'n siarad Cwmrâg fel whîl.
Mae hi'n siarad Cymraeg yn rhugl.
She speaks Welsh fluently.

whilber (eb) **whilberi** (ell)
berfa berfâu *wheelbarrow(s)*

whilen (eb)
chwilen *beetle*
Ma rhyw whilen wedi codi i'w ben e.
Mae ganddo ryw chwilen yn ei ben.
He has a bee in his bonnet.

whilgrwt (eg) **whilgrwts** (ell)

glaslanc *teenager(s)/youth*

whilibawan (be)

segura *to dawdle*

Beth i chi'n whilibawan fel hyn?
Taclwch, inni gâl mind.

I beth r'ych chi'n segura fel hyn?
Paratowch, inni gael mynd.

Why are you dawdling like this? Get ready, so that we can go.

whilio/whilo (be)

chwilio *to search*

Whiliodd hi bob twll a cornel ond ffeilodd ffindio'r arian.

Chwiliodd hi bob twll a chornel ond ni lwyddodd i ddod o hyd i'r arian.

She searched every nook and cranny but she didn't manage to find the money.

whilio hanes

Rhaid i fi find i whilio hanes i plant 'na.

Rhaid i mi fynd i weld beth mae'r plant yna yn ei wneud.

I must go and see what the children are up to.

whîlo (be)

gyrru ar olwynion *to drive*

whin/whyn (eg)

chwyn *weeds*

whindrew/windrew

ewinrhew *frostbite*

(gweler/see wyndrew*)*

whindrewi (be)

cael ewinrhew *to get frostbite*

whinfforch (eb)

(gweler/see winfforch*)*

whinnu (be)

chwynnu *to weed*

whipir-wìl (eg)

y dyn a gasglai'r plant oedd yn chwarae triwant o'r ysgol

whipper-in/school attendance officer

whipet (eg)

milgi *whippet*

Mae'n rhedeg obiti'r lle fel whipet.

Mae hi'n rhedeg o gwmpas y lle fel milgi.

She runs about the place like a whippet.

whiret/wheret (eb) **whirets** (ell)

bonclust/cernod *box on the ears/clout*

Cei di wiret os na watshi di.

Cei di fonclust os na wyli di.

You'll have a clout if you're not careful.

whyrn (ans)

chwyrn *rapid*

whis/whys (eg)

chwys *sweat*

wen i'n whis pys *roeddwn yn chwysu'n ddi-baid*

I was sweating heavily

whisg/whishg (eg)

(Tufton) trafferth *trouble*

whish-git! (ebych)

gair i yrru cath ymaith

a word to send a cat away

whisl/whît

chwisl/chwibanogl *a whistle*
golchi'r whît cael diod
to have a drink

whit–what

(*gweler/see* wit–wat)

whith (ans)

chwith *left*
Trowch i'r whith a'r whith wêth.
Trowch i'r chwith ac i'r chwith
drachefn.
Turn left and left again.
gweld i whith digio *to take offence*
Gwelodd hi'r whith in ofnadw pan na
châth hi wahoddiad.
Gwelodd hi'n chwith ofnadwy pan
na chafodd hi wahoddiad.
*She took offence when she was not
invited.*

whithryn

ychydig bach *a bit/a small quantity*
Sdim whithryn o ots 'dag e bo fe wedi
colli.
Does dim tamaid o wahaniaeth
ganddo ei fod wedi colli.
*He doesn't mind in the slightest that
he has lost.*

whiw (ans)

ar amrantiad *all of a sudden*
Whithodd i gwynt i drws ar agor, whiw.
Chwythodd y gwynt y drws ar
agor ar amrantiad.
*The wind blew the door open all of a
sudden.*

whyth corn/gwlith corn (eg)

gwe pry copyn *cobweb(s)*

wi (eg) **wie** (ell)

wy wyau *egg(s)*
wie whied wyau hwyaid *duck eggs*
wi addo ŵy addod *nest-egg*
Rhoid yr ŵy addod mewn nyth
fel nad âi'r iâr i ddodwy yn rhywle
arall.
*The nest-egg would be placed in a
nest to discourage the hen from laying
elsewhere.*
wi clwc ŵy clonc *an addled egg*
"Ma golwg dda iawn ar wi clwc 'fyd!"
*(lit. An addled egg looks well also, i.e.
appearances can be deceptive.)*

wilgrwt (eg) **wilgrwts** (ell)

glaslanc(-iau) *teenager(s)*

willys (eb)

ewyllys *a will*

wimps (ell)

glaslanciau *teenager(s)*
We lot o wimps ifenc in neud drigioni
obiti'r lle.
Roedd haid o laslanciau yn
gwneud drygioni o gwmpas y lle.
*A gang of teenagers were making
mischief in the area.*

wincad (eg)

chwinciad *a wink*
Bidd hi 'da chi miwn wincad lligad llo.
Bydd hi gyda chi ar amrantiad.
She'll be with you in a wink.

winci (eb)

gwenci *weasel*
Mae e'n rhedeg fel winci obiti'r lle.
Mae e'n rhedeg fel gwenci o
gwmpas.
He runs like a weasel about the place.

winco (be)

winkio *to wink/blink*

Wedd i darten rhiwbob in sur iawn, we ti'n winco wrth 'i bita hi.

Roedd y darten rhiwbob yn sur iawn, roeddet ti'n wincio wrth ei bwyta hi.

The rhubarb tart was very sour, you blinked as you ate it.

wine/gwine (ell) **gewin** (eg)

ewinedd *fingernail(s)*

winfforch (eb)

whynfforch = darn o bren a phen fforchog iddo a ddefnyddir gyda chryman i dorri tyfiant y clawdd

a stick with a forked end used with a sickle to cut the growth on a hedge

winnu/whinnu (be)

chwynnu *to weed*

winsh (eb)

ffynnon ddofn *a deep well*

winshyn

bwsiel *bushel*

winshyn o farlish *bwsiel o farlys*

a bushel of barley

wip (ans)

yn sydyn *suddenly (onomatopaeic)*

Fe gwmpodd wip lwyr 'i ben.

Fe syrthiodd yn sydyn wysg ei ben.

He fell suddenly headlong.

Fe basith ir hen bwl 'ma wip 'da tam'bach o lwc.

Fe aiff y salwch hwn heibio yn sydyn gydag ychydig o lwc.

This bout of illness will pass suddenly with a little bit of luck.

wirione fach annwil! (ebych)

Ar fy ngwir! *My word!*

wishgers (ell)

barf *beard*

"Alli di ddim shafo a cadw wishgers."

Cyfeiriad amaethyddol – os yw'r stoc yn fawr maen nhw'n pori'n helaeth ond os yw'r stoc yn ychydig caiff y borfa dyfu.

"You can't shave and keep a beard."

Agricultural reference – if there's a large stock there's much grazing but if the stock is small the grass can grow.

wishgersyn (eg) **wishgersod** (ell)

sildyn (pysgodyn) *minnow(s)*

wit–wat (ans)

anwadal/oriog *changeable/fickle*

Mae e mor wit-wat, so ti'n galled dibinnu arno.

Mae e mor anwadal, alli di ddim dibynnu arno.

He's so fickle, you can't rely on him.

wiwen wêr (eb)

awel fechan fain *a short cold breeze*

Ma hen wiwen wêr 'da hi os sefi di in rhyw fan.

Mae hen awel fach fain ond i ti sefyll yn rhyw fan.

There's a cold breeze if you just stand in a certain place.

wmbarél (eg)

ymbarél *umbrella*

wmed (eg) **wmede** (ell)

wyneb (-au) *face(s)*

wmed i weired /wared (adf)

upside-down (GDD)

wmed-weud (be) dadlau/ateb yn ôl
to argue/to answer back

wmedu (be)
wynebu *to face*
Rhaid wmedu'r broblem rhywbryd.
Rhaid wynebu'r broblem
rhywbryd.
*The problem will have to be faced
sometime.*

wmla (be)
ymladd *to fight*
Ma nw'n wmla fel ci a cath.
Maen nhw'n ymladd fel ci a chath.
They fight like a cat and dog.

wnifeintodd (adf)
lluosog 'wn i faint'/nifer mawr
amser hir (WWST) *a lot*

wps-a-deis! (ebych)
(iaith plentyn) gair i gyfarch
plentyn wrth ei godi neu pan fo'n
syrthio
*upsadaisy = a word spoken to a child
when lifting it up or when it falls*

wpseto (be)
tramgwyddo *to upset*

wr (geiryn ar ddiwedd brawddeg)
fachgen, ddyn
*a particle used at end of sentence
(gweler/see* achán, es) *man/lad*
**Beth i chi'n meddwl ich bod in neud,
wr?**
Beth ydych chi'n meddwl rydych
chi'n ei wneud, ddyn?
*What do you think that you're doing,
man?*

**wrglo/werglo/wirglo/rwrglo/
wglo** (eb)
gweirglodd *meadow*
Wrglo Whipin (enw ar gae ar fferm
Llandre Isaf *name of a field in
Llandre Isaf farm*)

wrth (ardd)
oddi wrth *from*
Ces lithir wrth i teulu.
Cefais lythyr oddi wrth y teulu.
I received a letter from the family.

wsnoth (eb) **wsnothe** (ell)
wythnos(-au) *week(s)*

wyndrew (eg)
ewinrhew/gwynrhew (ar y bysedd)
(CShB) *frost-bite*

wylle (adf)
efallai (WWP) *perhaps*

Y

ych a fi!/ach a fi! (ebych)
ugh! (interjection)

yfon hir (adf)
(gweler/see ofon hir)

yndife?
onide? (WWP) *isn't it?*

yw nw (bf)
ydyn/yn nhw
We'r plant i gyd 'ma, cwmint yw nw, chwel.
Roedd y plant i gyd yma, cymaint ydyn nhw, fel y gwelwch!
All the children are here, as many as they are, you see.
P'un a yw nw'n lân neu beido.
P'un ai ydyn nhw'n lân neu beidio.
Whether they are clean or not.

LLYFRYDDIAETH

CBA   *Cydymaith Byd Amaeth*, Huw Jones (Gwasg Carreg Gwalch, Cyfrolau 1, 2, 3, 4, 1999–2001)

BMALG   *Blodau'r Maes a'r Ardd ar Lafar Gwlad*, Gwenllian Awbery (Gwasg Carreg Gwalch, 1995)

CP   *Cerddi'r Plant*, E. Llwyd Williams, Waldo Williams (Gwasg Gomer, 1970)

CSHB   *Cawl Shir Bemro*, W. R. Evans (Gwasg Gomer, 1986)

CrSB   *Crwydro Sir Benfro* Cyfrol 1 a 2 (Llyfrau'r Dryw, Llandybïe, Sir Gaerfyrddin, 1958 a1960).
Cyfrol 1 Ail argraffiad (Christopher Davies, Abertawe, 1977)

CSB   *Cymraeg Sir Benfro*, Gwenllian Awbery (Gwasg Carreg Gwalch, 1991)

CCC   *Cymraeg, Cymrâg, Cymrêg*, Beth Thomas, Peter Wynn Thomas (Gwasg Taf, Caerdydd, 1989)

DBTh   *Dyfed: Blas ar ei thafodieithoedd*, Christine James, David Thorne (Gwasg Gomer, 1992)

DOPG   *Dim ond Pen Gair*, Erwyd Howells (Cymdeithas Lyfrau Ceredigion, 1990. Argraffiad newydd, 1991)

GA   *Geiriadur yr Academi*, Bruce Griffiths, Dafydd Glyn Jones (Gwasg Prifysgol Cymru, Caerdydd, 1995)

GPC   *Geiriadur Prifysgol Cymru*, (Gwasg Prifysgol Cymru, Caerdydd, 1950–2002)

GDD   *A Glossary of the Demetion Dialect*, W. Meredith Morris 1910. (Ail argraffiad facsimile, Llanerch Publishers, Felinfach)

WW   *Wês Wês*, gol. Gwyn Griffiths a John Phillips (Gwasg Gomer, 1976)

WWP   *Wês Wês Pentigily*, Gwyn Griffiths (Gwasg Gomer, 1994)

WWST   *Wês Wês – Shwrne 'to*, gol. Gwyn Griffiths (Cyhoeddiadau'r Frenni, 1982)

WWW   *Wês Wês – Wêth*, gol. Gwyn Griffiths a John Phillips (Cyhoeddiadau'r Frenni, 1978)

YGM   *Y Geiriadur Mawr*, H. Meurig Evans, MA, W. O. Thomas, BA (Christopher Davies, Llandybïe a Gwasg Gomer)

Hefyd o'r Lolfa:

ar drywydd

Waldo

ar gewn beic

Trotting Horse

Hefin Wyn

£14.95

CYFRES TI'N JOCAN

hiwmor
SIR BENFRO

Mair Garnon

y Lolfa

£3.95

Am restr gyflawn o lyfrau'r Lolfa, mynnwch
gopi am ddim o'n catalog
neu hwyliwch i mewn i'n gwefan

www.ylolfa.com

lle gallwch archebu llyfrau ar-lein.

TALYBONT CEREDIGION CYMRU SY24 5HE
ebost ylolfa@ylolfa.com
gwefan www.ylolfa.com
ffôn 01970 832 304
ffacs 832 782